しい着こなし　装う楽しみ

物ことはじめ事典

監修／石田節子（衣裳らくや）
スタイリング／斉藤房江（衣裳らくや）

マイナビ

はじめに

着心地も　気持ちも楽に　着物初め　してみませんか？

街で着物姿の女性がいると、つい見てしまうことがあるでしょう。華やかな振袖も若々しくてよいですが、日常着のようにあたりまえにサラリと着こなしている、そんな大人の女性の着物姿にもあこがれてしまいますね。ですが「着物って難しそう」「成人式に美容院で苦しく着付けられてよい印象がない」という方もいるでしょう。ただ、よく考えてみてください。つい数十年前まで、日本人は日常を着物で過ごしていたのです。着物で家事をし、着物で買い物に行き、着物でデートし、着物で仕事をしていました。着物が堅苦しいと感じるのは着付けが間違っているか、自分に合っていないからです。

本書では、昔ながらの「手結び」を、初心者でも結びやすいように「仮ひも」を使用した方法で紹介しています。身に付ける道具は極力少なくし、楽で動きやすいのが特徴です。着物＝苦しい、という方程式を打ち壊し、ふだん着として過ごしやすい、食べても苦しくない着付けです。着物は直線に仕立ててあり、それを丸みのある体に身に付けるのですからシワができたりおはしょりが斜めになるのは自然なこと。何度も着物を着て、自分らしい着姿を探していくことが、着物上級者への早道となります。着て行く機会がない……、などと考えず、食事へ、映画館へ、ショッピングへと普段の外出に着物で出かけ、まずは慣れることから初めましょう。

何度も着ることで自分らしい和装がつかめてくるのと同時に、どんな和装がすてきか、自分の好みかも分かってきます。さらに、街や着物店、映画やテレビなどで、着物姿の女性をよく観察するのも見る目を養うコツです。

日本には四季があります。周囲や自然と調和する和装は、より美しく見えるものです。四季折々の自然や行事を意識しながら装いにとり入れることは、着物の楽しみの一つといえるでしょう。一月、二月と、各月の装いの基本や楽しみを紹介しているので、参考にしてください。

そのほか、大人の女性として着物を装うために最低限知っておきたい、着物の種類やＴＰＯ、たたみ方や収納の仕方など、基本情報も初心者でも分かりやすいように紹介しています。

さあ、難しく考えず、まずは本書をめくってみてください。そして、着物を着てみましょう。着ないことには何も始まりません。着ることで着物を知り、ますます好きになっていくことでしょう。着物のすばらしさが、少しでも多くの方に伝わることを願っています。

着物の各部の名称

着物や帯には、パーツや着たときの部分によって、名称があります。
ここでは、着物にお太鼓結びをしたときの名称を紹介します。
購入するときや、着付けをするときに、各名称を覚えておくと便利です。

衿《えり》

必ず左が上に重なります。先端を衿先といいます。中心から左右の途中まで、かけ衿（共衿）がかけられ、着付けのときに、左右を確認するための目安になります。

帯《おび》の上線《うわせん》

胴に巻いた帯の上の辺です。

前帯《まえおび》

胴に巻いた帯の前に見える部分です。

帯《おび》の下線《したせん》

胴に巻いた帯の下の辺です。

袖口《そでぐち》

手を出す部分のことです。

袖《そで》

袖全体を指します。

袂《たもと》

袖の下の部分です。

上前《うわまえ》

脇から上に重なる部分全体を指します。反対側を下前。両方を前身頃ともいいます。

おはしょり

着丈を調整したときに出る部分。おはしょりの出ない着方を対丈《ついたけ》といいます。

脇線《わきせん》

前と後ろの身頃の合わせ目です。

褄《つま》

衿から下の縁です。衿下や立褄、褄下ともいいます。

着丈《きたけ》

着物を着付けたときの寸法。身丈より、おはしょり分短くなります。

おくみ線《せん》

前身頃の生地の合わせ目のことです。

すそ

着物の腰から下の部分で、着たときの下の縁をすそ線といいます。

着物の寸法名

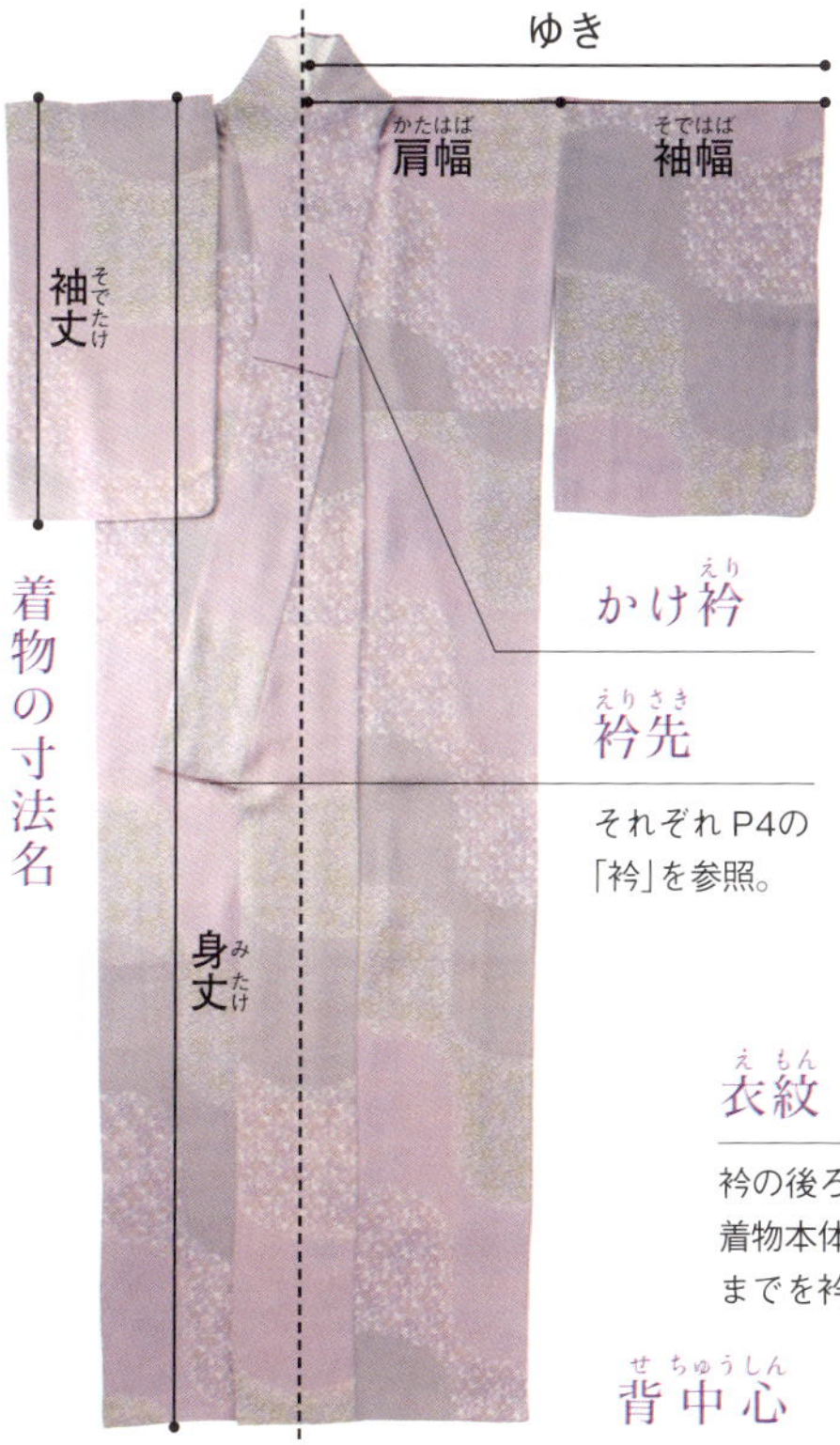

かけ衿《えり》

衿先《えりさき》

それぞれ P4の「衿」を参照。

背中心《せちゅうしん》

左右の後ろ身頃の合わせ目で、背縫いとも呼ばれます。おはしょりより上は必ず体の中心にきます。

身丈…背縫いの長さ（繰り越しからすそまで）
袖丈…袖の肩山から袂までの長さ
肩幅…肩山線の背中心から袖の縫い目までの長さ
袖幅…袖と身頃の縫い目から袖口までの長さ
ゆき…肩幅と袖幅を合わせた長さ

肩山《かたやま》

前身頃と後ろ身頃の肩での境目のこと。折り筋があるまま着ます。

身《み》八《や》つ口《くち》

身頃の脇の開いている部分。男性の着物は開いていません。

胴裏《どううら》

裏地のうち、八掛以外の部分を指します。

八掛《はっかけ》

褄やすその縁、袖口など、着物を着たときの動きによって見える位置の裏地は、胴裏とは別布にしておしゃれを楽しみます。

衣紋《えもん》

衿の後ろの部分を指します。着物本体の肩山から背中心までを衿肩あきといいます。

背中心《せちゅうしん》

お太鼓《たいこ》

一重太鼓や二重太鼓などをしたときの、後ろのふっくら作った四角部分です。上の線をお太鼓の山、下の線（たれとの境目）をお太鼓の下線といいます。

たれ

帯結びをするときの形を作る側を指します。お太鼓結びでは、下にたれた部分のこと。先端をたれ先といいます。

て先《さき》

帯の胴に巻く側の先端。全体をてといいます。

後《うし》ろ身頃《みごろ》

袖と衿以外で、後ろ側全体を指します。

おうちでできる着物の基本BOOK

もくじ

第3章 季節の着物遊び 十二か月コーディネート

第4章 そろえる楽しみを知る 着物・帯・小物について

第5章 大切な着物のための 手入れ・収納のコツ

column

第1章

ぐっと身近になる

着物の種類とTPO

着物は洋服と違い、格による形の変化がなく、柄ゆきや素材によって格が決まります。

まずは基本的な着物の種類と格、TPOを覚えましょう。

フォーマルとカジュアルの違いが分かるようになれば、着物がもっと身近に感じられるようになるはずです。

さあ、気軽に着物を楽しむための、第一歩の始まりです。

和装の仕組みを知る

和装に必要なアイテムには、おしゃれの目的だけではなく、装いの格を調整したり、着付けの道具としての役割を担うものがあります。各アイテムの特徴と役割を知ることで、上手に選べるようになります。

複数のアイテムから和装は仕上がる

　洋服の場合、同じスカートやトップスでも、形や丈などさまざまなデザインがありますが、和装用のアイテムのほとんどは、ある程度形が決まっています。さらにフォーマルとカジュアルが明確に分かれていないため、多種多様な組み合わせが自由にできる洋服と違い、和装は一定のルールにしたがって、アイテムを組み合わせる必要があります。

　和装においてのルールとは、それぞれのアイテムの格をそろえることです。洋装と比べるとフォーマルとカジュアルを分けやすい和装アイテムは、基本の装いとなる着物と帯の格に合わせるように組み合わせます。これにより、装いのフォーマル度が増したり、逆に少しカジュアルダウンさせせたいときには着物と帯以外のアイテムのフォーマル度をやや下げるなど、格の調整をすることができるのです。

　着たときに表に見えるため、とくに格を注意すべきアイテムは左ページで紹介しています。さらに、半衿をつける長襦袢（Ｐ138）や、その下に着る肌襦袢とすそよけ、着付けに使うひもやコーリンベルト、帯板、帯枕などの道具類（Ｐ29）を用意して、和装が仕上がります。それぞれ用途や意味を理解してそろえましょう。

コーディネートの楽しみが和装の魅力

　必要なアイテムが多い分、和装は色や柄の組み合わせひとつで全体の雰囲気ががらりと変わり、幅広いコーディネートを楽しむことができます。また洋装では考えられない色の組み合わせが意外と合うのも魅力。色のバリエーションも多く、たとえば同じ赤でも微妙に濃淡を変えた赤が和装の色には数多く存在するため、一概に赤色といってもいく通りもの色の組み合わせができるのです。

　さらに和装アイテムには、おしゃれや格を決める目的だけではなく、着付けをする上で必要なものもあります。たとえば、帯締めは全体のコーディネートの中ではほんの挿し色にしかなりません。けれども帯結びを支える大事な役目もあります。このようにそれぞれのアイテムの役割を知ることで、着物の種類によってどのアイテムが必要になるかがわかるようになります。

　最後に、四季のある日本ならではのおしゃれとして、和装での季節の表現について触れておきます。洋服は季節によって長袖や半袖などデザインが変わりますが、和装アイテムは生地の厚みや、裏地の有無などの違いはあっても、基本的な形は年間通して同じです。だからこそ和装には四季折々の柄を表したアイテムが多くあり、それらを組み合わせることで、日本人は古くから季節を愛でてきました。今でも和装で表現する季節は、情緒ある遊びとして親しまれ続けています。

和装をコーディネートするアイテム

和装はどんな仕組みになっているのでしょう。着物を着たときに、表に見えてくるアイテムを紹介します。

着物

和装の中でもっとも面積比率の大きいアイテムで、帯とともに和装コーディネートの基本となり、格を決めるポイントになります。身丈を身長ほどの長さで作り、帯の下でおはしょりをとって着ます。

半衿

長襦袢の衿にかぶせて縫い付け(P30参照)、着物の衿の内側に少し見せる衿です。おしゃれの目的以外に、着物の衿が皮脂などによって汚れるのを防ぐ役割もあります。写真はもっとも一般的な白半衿(P138参照)。

帯揚げ

帯枕(P29参照)を隠したり、帯結びの形を支えるなど、おしゃれの目的以外に着付けをするうえでも重要な役割があります。着物や帯の格に合わせて使い分けます。(種類や選び方はP137参照)

帯

着物に次いで和装の核となるアイテムです。長さや幅、素材によって種類があり、着物の格や雰囲気によって選びます。結び方も、場面や好みによって変えられます。半幅帯やへこ帯は単体で締められますが、名古屋帯(写真上)や袋帯は帯揚げや帯締めが必要になります。(種類や選び方はP136参照)

帯締め

帯結びを支える重要なひもです。名古屋帯や袋帯の帯結びには必須で、締めやすさも大切。細いひもですが、コーディネートのポイントにもなります。着物や帯の格に合わせて使い分けます。(種類や選び方はP137参照)

履物

台がコルク製で、革や布でくるんでいるのが草履、木製の台や木製の歯が付いたものが下駄。いずれも和装用の履物です。あらたまった装いには必ず草履を履くのがルール。和の装いでも足元は重要です。(種類や選び方はP139参照)

帯留め

おもに帯締めよりも細い、二分ひもや三分ひもに通して使う装飾品。帯締めは通常は前で結びますが、帯留めを使う場合は、結び目を後ろに回して帯結びの中に隠します。(種類や選び方はP137参照)

足袋

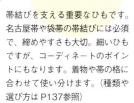

洋装でいうくつ下。草履には必ず足袋を履きます。素材は木綿や伸縮性のある化繊が主流。足首の後ろ側に付いている、「こはぜ」という金具で留めます。

着物の種類で選ぶ

着物は種類が違ってもほとんど形が同じですが、どんなところを見ると違いが分かるのでしょうか。種類の見分け方のコツを紹介します。

「染め」と「織り」

着物には大きく分けて「染め」と「織り」があります。染めの着物は生糸を布に織ってから染めた後染めを基本とし、しなやかなやわらかさが特徴で「やわらかもの」とも呼ばれます。留袖や訪問着に代表され、小紋以外のフォーマル着物はおもに染めの着物です。一方、織りの着物は糸を染めてから布に織る先染めが基本で、おもに紬《つむぎ》を指します。張りがあるので着付けがしやすく、多くはカジュアル着物に分類されます。

帯にも染めと織りがありますが、格は真逆で、織り帯のほうが格上になることを覚えておきましょう。

柄ゆきによる種類

着物は模様の配置バランスによる柄ゆきによって、三種類に分けることができます。一つは絵羽柄《えばがら》と呼ばれる、縫い目で柄がつながっている柄ゆきで、留袖や訪問着など格の高

着物の種類早見表

表は上がフォーマル着物、下がカジュアル着物とし、それぞれ右から左に向かってカジュアルダウンしていくように並べています。TPOを見極める参考にしてください。喪服と化繊はこの中に組み込めない枠として、左に分けています。

フォーマル着物

黒留袖《くろとめそで》
⇒ P18

既婚女性の正礼装。もっとも正式な染め抜き日向五つ紋を入れる。合わせる小物もすべて最高格のものにするのがルール。

色留袖《いろとめそで》
⇒ P18

五つ紋で黒留袖と同格になり、三つ紋で準礼装、一つ紋で略礼装に。最近は三つ紋、一つ紋が主流。

正礼装 → よそゆき

カジュアル着物

小紋《こもん》
⇒ P20

上下なく繰り返し柄を後染めした着物。古典柄の小紋は、あらたまったよそゆき着にもなる。

御召《おめし》
⇒ P24

織りの着物で、小紋と紬の間の格に位置づけられる。染めの着物のようなやわらかな風合いがあり、無地感覚のものや細い縞柄は帯次第でよそゆきとして着られる。

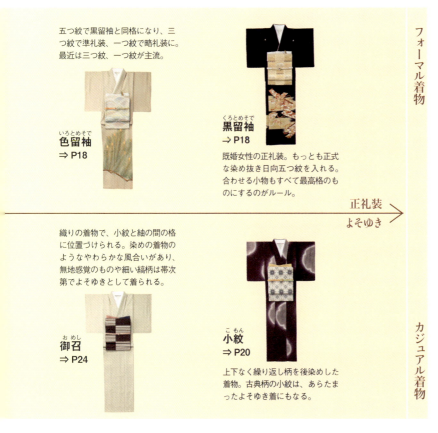

い礼装に用いられます。二つ目にどこから見ても柄の向きが上を向いている付け下げ柄、三つ目がプリントワンピースのように柄の向きが上下関係なく配された小紋柄です。この順にカジュアルダウンしていきます。

さらに、柄の種類によってもフォーマル度は左右されます。モダンな柄や幾何学柄よりも、伝統的な古典柄のほうが格は上です。重厚感があり、おめでたい柄が多く使われているため、結婚式や式典などあらたまった祝儀の席にふさわしいからだと考えられています。

素材による種類

着物の素材は、おもに正絹・木綿・ウール・化繊に分かれます。洋服でも同様ですが、正絹は格上とされ、その中でも礼装用になる染めの着物は、しなやかでまとったときに美しいドレープを生み、見た目にも上質感があります。紬や御召などの織りの着物はよそゆき用やおしゃれ着に。木綿やウールは普段着として扱います。化繊は柄ゆきにより格が決まるので、帯や小物は格に準じます。いろいろな着物を見たり触れたりして覚えていきましょう。

留袖に次ぐ準礼装。縫い目で柄がつながる絵羽柄で、肩や袖にも柄が入る。結婚披露宴のお呼ばれや、パーティーなど社交向き。

訪問着《ほうもんぎ》
⇒ P14

色無地《いろむじ》
⇒ P16

紋の数によって格が変わり、五つ紋で留袖に次ぐ礼装に、三つ紋で準礼装、一つ紋で略礼装に。弔事向きの地紋と色で色喪服にもなる。

訪問着の略式として考案された略礼装。シンプルな柄付けが多いが、最近は縫い目で柄がつながるように計算されて染められた付け下げ訪問着もある。

付《つ》け下《さ》げ
⇒ P19

← 略礼装
普段着

紬よりもカジュアルな普段着。気軽な友人とのお出かけなどに向く。無地感覚のものでも、ホテルなどあらたまった場所には不向き。

紬《つむぎ》
⇒ P22

絹糸を染めてから織る織りの着物。基本はカジュアルな普段着だが、作家ものや希少価値の高い素材、無地感覚の柄のものは帯次第でよそゆき着になる。

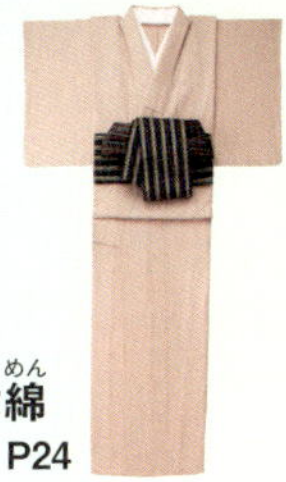

木綿《もめん》
⇒ P24

ウール
⇒ P25

着物が日常着だった明治時代に、洋服のウール織機で織られた普段着。軽くて自宅で洗える手軽さから流行した。現在は絹混のシルクウールが主流になっている。

その他の着物

黒留袖と同様、もっとも正式な染め抜きの日向五つ紋を必ず入れる。合わせる小物は黒で統一するのが一般的とされているが、地域によっては白色を用いる場合もある。

喪服《もふく》
⇒ P19

ポリエステルなど化学繊維の着物。柄や織り方で格が変わるのが特徴。訪問着や色無地は正絹と変わらず礼装として着ることができる。

化繊《かせん》
⇒ P25

フォーマル着物

結婚式や式典など、あらたまった場面にはフォーマルな着物を着用します。格上なものから、留袖、訪問着、色無地、付け下げとなりますが、紋の数や合わせる帯によっても格は上下します。

訪問着《ほうもんぎ》

おしゃれの要素が強い、絵《え》羽《ば》柄《がら》の着物

留袖に次ぐ準礼装 昨今では無紋が一般的

社交着として誕生した訪問着は、留袖に次ぐ準礼装として、式典からパーティー、結婚式など、幅広いフォーマルシーンで着られます。古典からモダンまで柄が豊富で、ほかの礼装に比べるとおしゃれの要素が強く、未婚、既婚を問わずに着ることができます。留袖と同様に、縫い目で柄がつながるように染め

結婚式や入学式には古典柄の淡色を

古典柄の淡く上品な色合いの訪問着は、結婚式や子どもの卒業・入学式にふさわしい品格のある装いです。おめでたいとされる七宝など吉祥文様の帯を合わせることで、よりお祝いの雰囲気が強調されます。

訪問着の装いルール

帯	金銀を多用した豪華な袋帯、またはしゃれ袋帯（P136参照）
帯揚げ	綸子や縮緬地で、淡い地色のもので品よくまとめる
帯締め	金糸銀糸を組んだ、太めの平組が基本
長襦袢	礼装用の白、または準・略礼装用の淡色のものを合わせる
半衿	塩瀬の白または淡色、刺繍半衿
履物	かかとがやや高めのエナメル製の草履が基本
バッグ	金糸銀糸を使用した布またはエナメル
その他	伊達衿は白または色を。貴石など礼装用の帯留めも使用可。扇子は祝儀用を左脇に挿す

着物の柄から一色をとった伊達衿で華やかさをプラス

黒地に大胆に菊を織り出した袋帯を合わせて、パーティーの装いに。半衿にはラメを効かせ、伊達衿を重ねることで、より華やかに演出します。

帯Change

初釜には、華やかな色紙取りの訪問着で

流派によって多少の差はありますが、一般的に華美になりすぎない装いが茶席にはふさわしいとされています。四季折々の柄をとり入れた訪問着なら、あらゆるお茶席に重宝します。お道具を傷つけないよう、帯留めや髪飾りはつけません。伊達衿で華やかに装うかどうかは主催者の方に確認をとりましょう。

絵羽柄とは

格の高い着物に用いられる柄のつけ方。白生地の状態で一度着物の形に仮縫いをし、縫い目でつながるように柄を染めます。黒留袖、色留袖、訪問着は必ず絵羽柄です。

られた絵羽柄ですが、胸や袖にも柄が入るのが特徴的です。

着る場面に合わせて柄を選びましょう

同じ訪問着でも、柄の雰囲気によって着て行く場面はやや異なります。古典的な柄であれば式典や結婚式に、モダンな柄や抽象的なデザインならパーティーや友人の披露宴など、華やかさを求められる場面にふさわしい装いとなります。帯はあらたまった装いには格調高い袋帯を、おしゃれに装うパーティーなどでは、モダンなデザインの袋帯やしゃれ袋帯を合わせることもできます。

訪問着の POINT

- 帯や小物など、合わせるアイテムは全てフォーマル用にします。
- 伊達衿を重ねることで華やかさが増します。
- 控えめに格調高く装う場合は、淡色の古典柄が上品です。
- 四季折々の柄をとり入れた訪問着は、季節を選ばずに着られて重宝します。

色無地《いろむじ》

紋の数によって、格と着用シーンが変動する着物

色無地の装いルール

帯	袋帯やしゃれ袋帯。無紋なら名古屋帯も可
帯揚げ・帯締め	装う目的によって格を合わせる
長襦袢	礼装用の白、または準・略礼装用の淡色のものを合わせる
半衿	塩瀬の白半衿のほか淡色の刺繍半衿
履物	エナメルやパール加工の草履
バッグ	場面に合わせて布製のバッグや華やかな場面ではパーティーバッグでも
その他	礼装なら伊達衿を重ねて華やかにするのも可。帯留めは着て行く場面に合わせて選ぶ。扇子は祝儀扇のほか、朱や象牙の骨のものでも

結婚式には豪華な唐織の袋帯を

吉祥文様を組み合わせた地紋の色無地は、重厚感のある豪華な唐織の袋帯を合わせれば、ドレス感覚のモダンな装いになります。色無地はさびしくなりがちなので、華やかにしましょう。バッグ・草履セット／合同履物

帯Change

上品な袋帯を合わせてお茶会へ

季節感のない地紋であれば、色無地はあらゆる茶席に重宝する着物です。上品な淡色の袋帯が、色無地の品のよさを際立たせます。草履／合同履物

茶席に欠かせない紋が映える一色染めの着物

一色染めのシンプルな色無地は、染め抜き日向五つ紋の留袖に次ぐ正装になり、あらたまった式典から格式ある結婚式、授賞式などに着ることができます。また一つ紋、三つ紋は準礼装として子どもの卒業・入学式、友人の披露宴、茶会など、さまざまなフォーマルシーンで着ることができます。またもっとも正式な染め抜き日向五つ紋を付け

染め帯を合わせてカジュアルダウン

縮緬《ちりめん》の色無地に、金糸銀糸を多用していない染めの帯を合わせることで、品よくカジュアルダウンできます。食事会など仰々しすぎずにきちんとした装いをしたい日にぴったりです。

草履／合同履物

観劇には、カクテルドレス感覚で着こなして

オペラやクラシックの演奏会など、ドレッシーに装う場面では、幾何学柄の織りのしゃれ袋帯を合わせてモダンな雰囲気に。カクテルドレス感覚の装いで自然と場面になじみます。草履／合同履物

地紋の種類

色無地の地紋には慶事用と弔事向き、慶弔両用があります。慶弔両用の地紋の色無地は、地味な色に染めて色喪服として着ることができます。

宝尽くし

吉祥文様の一つで、結婚式などおめでたい席にふさわしい慶事用になります。白生地／ワタマサ

立涌《たてわく》

慶弔両用の地紋です。有職文様には立涌のように慶弔両用になる文様が多くあります。

紗綾形《さやがた》

梵字の卍を崩して四方につなげた文様（別名卍つなぎ）で、慶弔両用の地紋です。

るほか、刺繍などのしゃれ紋を背中に付けてもすてきです。

地紋や色で、着て行く場面を選ぶ

地紋のあるものは慶弔で使い分けます。慶事には、縁起のよい吉祥文様などの地紋を選びます。流水や菊花、雲取りなどは慶弔両用とされますが、色喪服にもなるので結婚式などには避けたほうが無難です。色は、淡色が上品に見えて礼装向き、弔事にはグレーや紫、水色、小豆色などを用います。それぞれ慶弔以外の装いにも着られるので、着て行く場面に合わせて帯や小物を選びましょう。

色無地のPOINT

- 地紋によって慶事向きと弔事向き、慶弔両用とがあります。
- 帯合わせ次第で、フォーマル度が変わります。
- 茶席など、慶事以外の格式あるシーンで重宝する着物です。
- 紋の有無や数によって、礼装から準、略礼装、おしゃれ着になります。

色留袖《いろとめそで》

染め抜き日向五つ紋で、黒留袖と同格に

結婚式には豪華な唐織の袋帯を

松を大胆に描いた色留袖に青海波《せいがいは》文の袋帯を。ベージュは老若を問わない地色です。淡色で上品なフォーマル用の小物を合わせて、準礼装の装いです。

未婚・既婚問わずに着られる礼装

色留袖は、未婚、既婚問わずに着られる礼装です。最近は三つ紋か、または一つ紋であえて格を下げた準礼装にし、式典からパーティーまで着られる範囲を広げる傾向にあります。五つ紋で黒留袖と同格になります。皇室の園遊会などでは、女性は色留袖を正礼装として装うのが一般的です。帯や小物は紋の数に準じて選びます。

黒留袖《くろとめそで》

もっとも格が高い、既婚女性の正礼装

最高格でそろえて祝儀の装いに

檜《ひ》扇《おうぎ》や短冊など伝統的な古典柄をあしらった黒留袖に、おめでたい文様である武具の鎧《よろい》縅《おどし》文を表現した袋帯を合わせて祝儀の装いに。小物も最高格にします。

白の比翼仕立てに五つ紋が決まりごと

既婚女性のもっとも正式な礼装となるのが黒留袖です。黒地に絵羽柄の着物に最上格の紋である染め抜き日向五つ紋が付けられ、比翼仕立てになっています。帯は金糸銀糸を多用した豪華な袋帯を合わせ、その他の小物は白を基調とするのがルールです。現在では結婚式で新郎新婦の母親や仲人が着る着物として認識されています。

黒留袖の装いルール

帯	金糸銀糸を多用した格調高く豪華な織りの袋帯
帯揚げ	白の綸子または総絞りか、それに金銀をあしらったもの
帯締め	白地に金銀の組ひも。丸ぐけならクラシックな雰囲気に
長襦袢	白地の礼装用
半衿	塩瀬の白半衿が基本
履物	佐賀錦など金地銀地の高級な布製草履を。バッグと対になっているのが一般的
バッグ	草履と同じ素材の高級布製
その他	比翼が付いているので伊達衿は不要。帯留めはパールなど宝石の礼装用を。黒骨に金銀紙の祝儀扇を左脇に挿す

色留袖の装いルール

帯	金糸銀糸を織り込んだ格調高い袋帯
帯揚げ	五つ紋なら白を。三つ紋、一つ紋なら淡い地色のものでも可
帯締め	五つ紋なら白地に金糸銀糸を織り込んだものを。三つ紋、一つ紋なら淡色のものでも可
長襦袢	五つ紋なら白の礼装用。三つ紋、一つ紋なら淡色の準礼装用でも
半衿	塩瀬の白半衿が基本
履物	布製またはエナメル製の草履。かかとが高いほうが格調高い
バッグ	金糸銀糸を使用した布製またはエナメルや、パーティーであればビーズをあしらった小振りなもの
その他	五つ紋以外なら比翼仕立てにせず、白の伊達衿を合わせることも

付《つ》け下《さ》げ

訪問着を簡素にした略礼装

軽めの帯で、気軽なお茶会に

訪問着（P14）と比べると色数の少ない付け下げは、重くなりすぎないコーディネートに。配色を抑えた軽めの袋帯に淡色の小物を合わせれば、幅広く活用できます。

控え目な柄付けで、茶人に愛される着物

訪問着の略式として考案された付け下げは、シンプルな柄付けから茶席の着物に適していると、茶人に好まれてきました。基本的には絵羽柄ではなく、柄が上を向くように付けられています。縫い目をまたがって柄付けされた、付け下げ訪問着などは、見た目は訪問着と区別が付きにくいのに、比較的安価なことからも人気があります。

付け下げの装いルール

帯	あらたまった装いにはやや軽めの礼装用の袋帯を。パーティーなどおしゃれ着として着る場合はしゃれ袋帯や名古屋帯でも可
帯揚げ	TPOに合わせて、淡い地色からアクセントとなる色使いまで
帯締め	TPOに合わせて、礼装用からカジュアルすぎない色使いを
長襦袢	淡色の準・略礼装用を
半衿	塩瀬の白半衿のほか、刺繍半衿も可
履物	エナメル製やパール加工の草履
バッグ	布製からエナメル製、パーティーではビーズなど
その他	華やかに装うなら伊達衿を重ねるのも可

喪服《もふく》

染め抜き日向五つ紋の、黒一色の着物

黒でそろえて弔意を表現

地紋（P17）のない黒喪服がもっとも正式な喪服になります。小物は現在は黒で統一するのが一般的。流水や雲取りなど、弔事にふさわしい地紋の黒喪帯を合わせます。

おもに喪主と親族が着る、葬儀、告別式の喪服

喪服は地紋のない黒一色の着物に、袋帯または名古屋帯の黒喪帯を合わせるのが、もっとも正式です。帯締めと帯揚げは、地域によっては白を用いる場合もありますが、最近は黒で統一するのが一般的とされています。草履、バッグともに布製が正式ですが、つやのない革製でもかまいません。半衿、長襦袢、足袋は白を着用します。

喪服の装いルール

帯	袋帯または名古屋帯で、無地または地紋の入った黒喪帯
帯揚げ	黒一色の綸子または縮緬地。白地を合わせる地域もある
帯締め	黒の平組または丸組を。白地を合わせる地域もある
長襦袢	白の無地または弔事用の地紋が入った白
半衿	塩瀬の白半衿
履物	布または革製で、光沢のない黒地の草履
バッグ	布または布製で、光沢のない黒地
その他	帯留めは蓮など弔事に用いるモチーフで、パールやシルバー素材を。不祝儀用の黒扇子もあるが、必須ではない

カジュアル着物

小紋《こもん》

繰り返し柄が特徴の、後染めの着物

食事やお出かけなど気軽に楽しめる着物です。浴衣のように半幅帯や下駄などの軽快な装いもできます。着物に慣れるために、まずはカジュアル着物から始めるのもおすすめです。

柄と合わせる帯次第でよそゆき着にも

小紋は柄の種類によって、カジュアルな普段着にも改まったよそゆき着にもなります。ポップな柄や抽象柄、幾何学柄は趣味的な雰囲気が強く、遊びを効かせた柄の名古屋帯やときには半幅帯でカジュアルに装うことができます。一方、伝統的な古典柄であれば、しゃれ袋帯や、金糸銀糸を用いた織りや染めの

しゃれ袋帯であらたまった装いに

古典柄の小紋にしゃれ袋帯を合わせた装いは、レストランウエディングなどの気軽なパーティーで着ることができます。帯揚げ、帯締めやその他の小物も上品な色使いと上質な素材を意識するとよいでしょう。

小紋の装いルール

帯	しゃれ袋帯、織りや染めの名古屋帯、八寸帯。遊び着には半幅帯も
帯揚げ	よそゆき着には上品な淡色を、遊び着には金銀を使わない色使いで
帯締め	よそゆき着には上質な組ひもを、遊び着には金糸銀糸を避ける
長襦袢	よそゆき着には上品な淡色を、遊び着なら色柄に合わせて自由に
半衿	塩瀬の白半衿のほか、刺繍半衿、遊び着には色半衿も
足袋	白足袋または遊び着には色足袋も
履物	よそゆき着にはエナメル製やパール加工のものを。遊び着には下駄を合わせてもよい
バッグ	よそゆき着には布またはエナメル素材を。遊び着は自由に選ぶ
その他	装いの格や着ていく場面に合わせて帯留めを選ぶ

織りしゃれ袋帯できちんと感を演出

縮緬《ちりめん》地に菊の柄を染めた小紋に織りのしゃれ袋帯を合わせることで、少しよそゆきの装いに。友人との食事会や、レセプションパーティーなど、おしゃれをしたい場面にふさわしい装いです。

帯留め／おそらく工房
草履／合同履物

染め名古屋帯でおしゃれな遊び着に

墨絵調に紅葉を描いた染め名古屋帯を合わせれば、おしゃれな遊び着に。もみじは色を挿さない「白もみじ」であれば、秋だけでなく春先や青葉の季節にも合わせることができます。

江戸小紋は小紋と違うの？

同じ型染めの技法を用いますが、江戸小紋は一色で染めて柄を白く抜くのが特徴です。ほかの小紋よりも格は上になり、紋をつければあらたまった装いとして着用できます。

［礼装向き］

角通し　行儀　鮫

三役と呼ばれる江戸小紋の最上格。柄は細かいほど格が上がり、もっとも細かいものは、柄の名称の頭に「極」を付けて呼ばれます。

江戸小紋／江紋屋

［おしゃれ着向き］

末広（扇子）　六花（雪の結晶）

武士の裃《かみしも》に使われていた江戸小紋が江戸庶民にも広がると、粋な江戸っ子らしい柄が考案されるようになりました。

名古屋帯を合わせてドレスアップしたよそゆき着として装うことができます。

着用の目的に合わせて柄や小物選びを

友人とのショッピングやランチなど、あくまでもおしゃれな遊び着として小紋を着るのか、それとも少しあらたまった場所によそゆき着として着たいのか、着用の目的に合わせて柄を選ぶとよいでしょう。よそゆき着として着る場合には、色半衿は避け、足袋も必ず白を履きます。普段の装いなら、礼装用さえ合わせなければとくにルールはありません。自由なおしゃれを楽しんでみましょう。

小紋の POINT

- 伝統的な柄のよそゆき用小紋は、レストランウエディングにも着られます。
- 同じ小紋でも合わせる帯次第でフォーマル度が変わります。
- フォーマルに装う場合は必ず白足袋を履きます。
- カジュアルに装う場合は、色柄足袋や色半衿、下駄もOK。

紬の装いルール

帯	よそゆき紬ならしゃれ袋帯や織り名古屋帯を。普段紬は染めの名古屋帯や半幅帯で
帯揚げ	好みの色のおしゃれ用を自由に選ぶ
帯締め	好みの色のおしゃれ用を自由に選ぶ
長襦袢	着物に合わせて自由にを選ぶ
半衿	塩瀬の白半衿のほか、金糸銀糸を使わない刺繍半衿、色半衿も可
足袋	白足袋、色足袋など好みのもの
履物	よそゆきにはパール加工やエナメル製を。普段着には下駄でも可
バッグ	和洋問わずに好みのもの
その他	紬は基本的に普段着に該当するので、帯留めは季節のモチーフなど自由に合わせる

紬《つむぎ》

全国各地で生産される、織りの着物の代表格

染め帯を合わせて気軽な街着に

浮き織りで光沢感があり、淡い縞模様で遠目には無地にも見える上品な紬は、やさしい色合いの染め帯を合わせれば軽やかな街着になります。洋装用のバッグを合わせれば、友人とのショッピングにもおすすめの装いです。

上品な織り帯でランクアップ

白を基調とした上品な織り帯を合わせれば、少しあらたまった装いに。気軽なパーティーに着て行けます。

草履／合同履物

基本はカジュアル柄次第でよそゆきにも

本来、紬は養蚕《ようさん》農家が献上できない屑繭《くずまゆ》を使って自家用の布を作ったのが始まりで、普段着の着物をさします。そのため生産される土地ごとに、風合いや手触り、柄など、異なる特徴があります。あくまでもカジュアルなので、式典や正式な場面で着る礼装にはなりませんが、最近では絵羽柄や無地場の多い紬、紬の白生地を後染めしたもの、

素朴な絣にふっくら やさしい名古屋帯を

ざっくりとした風合いの名古屋帯が、素朴な絣柄とも相性抜群。おしゃれな街着として着れば、着慣れた雰囲気を演出できます。

バッグ／竹巧彩
草履／合同履物

帯Change

紬の柄の種類

素朴な風合いが手技を感じさせる紬には、産地ごとにおもに3種類の柄の入れ方があります。

絣の紬
糸を括《くく》って防染して斑《まだら》模様の糸を作り、それを織って柄出します。かすれた部分が味わいの一つ。

格子の紬
経緯の糸の色を変えて格子や縞柄を表現した紬。先染めではもっともシンプルな文様になります。

後染め紬
白生地を織り、後染めした紬。色無地や小紋柄、絵羽柄などがあります。

半幅帯でちょっと そこまでお買い物

素朴な琉球絣《がすり》には、半幅帯に下駄を合わせて近所への買い物や、気心の知れた友人や家族と近所の居酒屋へ。

高名な作家ものなどはしゃれ袋帯を合わせてよそゆき着として着てもよいとされています。

一枚目に選ぶなら、無地感覚の紬がベスト

無地場の多い紬は、染め名古屋帯や半幅帯を合わせればカジュアルな普段着に、織り名古屋帯やしゃれ袋帯を合わせれば、ちょっとしたよそゆき着として着ることができます。帯を合わせやすく、着られるシーンも広がるので、着物初心者の最初の一枚におすすめです。

また、刺繍半衿や帯留めとも相性がよく、プラスアルファのおしゃれを楽しみやすいのも特徴です。

紬の POINT

- 細い縞や無地感覚の紬は、帯次第でよそゆき着になります。
- 絣柄や格子は普段着として、半幅帯を合わせられます。
- 普段着であれば下駄を履くことができます。
- 帯揚げや帯締め、小物はフォーマル以外から自由に選ぶことができます。

御召《おめし》

染め物の風合いを持つ、織りの着物

都会になじむスーツ感覚の装い

小絣と大小の凹凸が特徴の白鷹《しらたか》御召《おめし》に、モダンな博多織の帯を合わせて、スーツ感覚の知的な装いに。美術鑑賞やショッピングに最適です。バッグ／きものギャラリー凛

やわらかものの風合いを持つ織りの着物

徳川十一代将軍家斉《いえなり》が好んで御召しになったことからその名が付いた御召は、染めもののやわらかな風合いを持つ、織りの着物です。かつては御召というと矢《や》絣《がすり》でしたが、現在では縞や無地感覚のものが主流になっています。合わせる帯によってお稽古着からおしゃれ着、よそゆき着となり、大変着回しの効く着物として重宝されています。

木綿《もめん》

産地によって異なる風合いが特徴

気軽な木綿は半幅帯でらくちんに

気軽に着られる木綿着物には、半幅の献上帯を合わせて、お稽古や気軽な飲み会に。縞などの幾何学柄は帯を合わせやすく便利。

素朴な風合いと気軽さが魅力の普段着

紬と同様、全国各地で生産される木綿着物は、裏地をつけず、単衣《ひとえ》仕立てにするのが一般的です。盛夏以外は季節を問わずに着ることができますが、産地によって生地の厚みが異なるため、厚手なら秋から冬、薄手なら春から初夏にかけて着るとよいでしょう。正絹の着物に比べると安価で着やすく、半幅帯に下駄といった軽装に向きます。

木綿の装いのルール

帯	八寸帯や名古屋帯、半幅帯から選ぶ
帯揚げ	着物の色に合わせてカジュアルなものから自由に選ぶ
帯締め	着物の色に合わせてカジュアルなものから自由に選ぶ
長襦袢	着物の色に合わせてカジュアルなものから自由に選ぶ
半衿	塩瀬の白半衿のほか、色柄半衿も可
足袋	白足袋のほか、色柄足袋も。夏には素足に下駄でも可
履物	かかとの低い革製の草履や下駄を。草履を履く場合は必ず足袋を合わせて
バッグ	かごバッグやカジュアルな手提げの布バッグなどを合わせる
その他	帯留めと扇子はカジュアルなものから選ぶ

御召の装いルール

帯	よそゆき感覚の御召には軽めの袋帯や織り名古屋帯を。普段着には名古屋帯や半幅帯を合わせても可
帯揚げ	フォーマル用以外から、装いに合わせて自由に選ぶ
帯締め	フォーマル用以外から、装いに合わせて自由に選ぶ
長襦袢	よそゆき着には淡色のものを、普段着は好みの色柄を選ぶ
半衿	塩瀬の白半衿のほか、刺繍や色柄半衿を合わせても可
足袋	白足袋のほか、普段着には色柄足袋を合わせても可
履物	よそゆき着には草履を、遊び着には下駄を合わせても可
バッグ	金銀の入っていない布製やエナメル製のほか、洋装用も可
その他	帯留めと扇子はおしゃれ用から選ぶ

ウール

手入れのしやすさが魅力の普段着

洋服感覚で色合わせを

薄く軽い生地に格子を後染めしたウール着物を洋服感覚でコーディネートすれば、街並みになじむワンピース風に。着物／源氏小紋(堀井)、帯／三勝、バッグ／ここん.

最近の主流は絹混のシルクウール

着物が日常着だった昭和初期に、洋服のウール織機で作られるようになりました。自宅で手軽に手入れができることから浸透しました。最近は絹混のシルクウールが登場し、やわらかな風合いと洋服感覚の色柄が人気を呼んでいます。昔のウール着物は、今風の色柄を選ぶとよいでしょう。裏地は付けず、単衣仕立てが主流です。

ウールの装いのルール

帯	八寸帯や名古屋帯、半幅帯から選ぶ
帯揚げ	着物の色に合わせてカジュアルなものから自由に選ぶ
帯締め	着物の色に合わせてカジュアルなものから自由に選ぶ
長襦袢	着物の色に合わせてカジュアルなものから自由に選ぶ
半衿	塩瀬の白半衿のほか、色柄半衿も可
足袋	白足袋のほか、色柄足袋も可
履物	革製の草履のほか、下駄を履いても可
バッグ	かごバッグやカジュアルな手提げバッグなどを合わせる
その他	帯留めと扇子はカジュアルなものから選ぶ

化《か》繊《せん》　柄ゆきによって格が変わる着物

雨の日も重宝する、手頃な着物

絹に似せて作られた化学繊維の着物です。柄ゆきにより格が決まり、それにより合わせる帯や小物を選びます。柄や素材感は訪問着から色無地、小紋、紬とさまざまです。通気性があり、静電気の起きにくい素材など、着心地のよいものを選びましょう。比較的安価に購入でき、自宅で手軽に洗えることから、天候が不安定な日に着物を着る必要がある場合にたいへん重宝します。

ちょっとしたよそゆきには小紋柄

化繊の着物をよそゆき風にコーディネート。四季折々の花が描かれた小紋は、季節を問わずに着られるので重宝します。桜文の帯を合わせれば、お花見会に最適。

化繊の装いのルール

柄や素材感による着物の格に準じて、カジュアル用から礼装用の帯や小物を選ぶ

フォーマルからおしゃれ着まで楽しめる 紋《もん》

日本特有の家紋は、身分を証明する目的のほか、
家紋を入れることによって、着物自体が持つ格を上げる役割があります。
また、しゃれ紋と呼ばれるおしゃれ用は、
家紋とは関係のないモチーフを用いることもできます。

■紋の決まり

五つ紋	後ろに背紋一つと袖紋二つ、前に抱き紋二つで合わせて五つ。正礼装として着る留袖や色無地、黒喪服に付けます。
三つ紋	後ろに背紋一つと袖紋二つで合わせて三つ。準礼装として着る色無地や色留袖に付けます。
一つ紋	後ろに背紋一つ。略礼装として着る色無地や色留袖、羽織などに付けます。おしゃれ着として家紋以外をつけるときにも。

■紋の入る位置

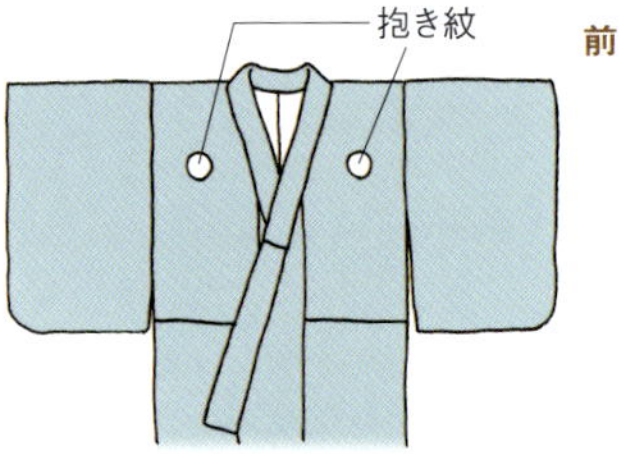

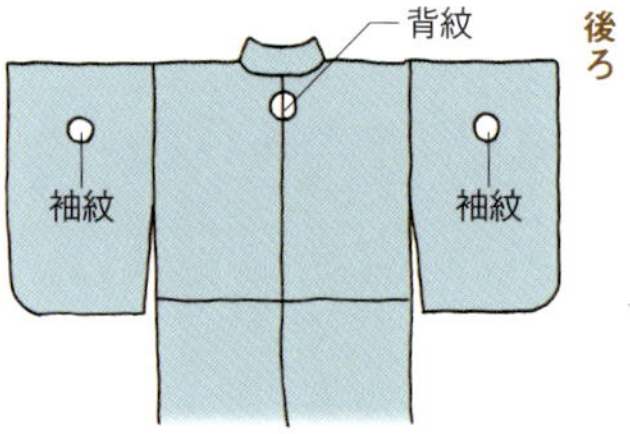

紋の数と格

着物に入れる紋の数は一つ、三つ、五つの順に格上になります。さらに紋の種類によっても格は変動し、もっとも正式なのが「染め抜き紋」、続いて「刺繍紋」は略式になり、「しゃれ紋」はおしゃれ用になります。最近では黒留袖と黒喪服以外の礼装にはあえて五つ紋は入れずに三つ紋や一つ紋で格を下げ、着用範囲を広げる傾向にあります。

■紋の種類

オリジナル

専門店などで、オリジナルのしゃれ紋を入れることもできます。写真はスタイリスト斉藤房江さんがデザインした紋。「サイコロ」と「藤の花の房」、「エ」で名前を読み解く紋になっています。

しゃれ紋

好みのモチーフや家紋を自由にアレンジした紋のこと。色無地や江戸小紋、紬などに入れておしゃれを楽しみます。染めや縫いのほか、アップリケなどを貼り、紋を用いることもあります。

陰紋（刺繍紋）

紋の輪郭だけを染め抜いたり縫ったりした紋を陰紋といい、日向紋のほうが格は上になります。写真は色糸縫いの陰紋です。

日向紋（染め抜き紋）

紋の形を全て染め抜いたり縫ったりした紋のことをいいます。別名陽紋とも。染め抜きで五つ日向紋を入れた紋が、もっとも格の高い紋になり、黒留袖と黒喪服には必ず入れます。

第2章

かんたん、苦しくない

自分でできる着付け

長時間着ていても、食事をしても
苦しくならない着付けは理想的ですね。
着物が日常着だった頃は、苦しくないのが当たり前でした。
この章では、当時の着付けに近い、タオルなど余計な道具を
一切使わず、締め付けの少ない着付けを紹介します。
苦しくならないポイントときれいに見えるコツを覚えて、
自分らしく着物を着てみましょう。

着付けを始める前に

着物を着る前に、着付けに必要な物や事前の準備、そして着付けの流れを把握しておきましょう。あわてずに、上手に着るための第一歩になります。

着付けに使う道具類を用意する

着物の着付けには、いくつかの専用の着付け道具が必要になります。それぞれの道具の意味や役割は、着付けを覚えていくうちに徐々に理解できるようになりますが、最初は三《み》河芯《かわしん》や伊達締めなど、耳慣れない名前に混乱してしまうかもしれません。着付け用の道具を初めてそろえる場合には、買い忘れがないようにチェックリストを持参して、専門店やデパートの呉服売り場などでまとめて購入することをおすすめします。道具が多いように感じるかもしれませんが、一度そろえれば、どんな着物にも使えるものばかりです。

また着付け道具は、着付け教室（または流派）のオリジナルのものがあり、すすめられるままに購入しても、かえって着付けが複雑になることに気づいたり、余計な道具を重ねすぎて、着物の下がひもだらけに……ということも多々あります。まずはP29のチェックリストで紹介している道具とおすすめの種類を参考に、最低限そろえておくべき物を用意しましょう。着物に慣れてきて、それぞれの道具の意味と役割を理解できるようになったら、ほかに自分に合った道具があるかどうか探してみるのもよいでしょう。

TPOを考えてコーディネートを決める

着物、帯、帯揚げ、帯締めなどコーディネートをあらかじめ決めて用意します。装う目的がはっきりしているなら、フォーマルかカジュアルかなど、1章を参照にして選びましょう。仕立てるのに数週間から数か月かかるので、反物から購入するなら早めの行動を心がけます。

成人式のときに使ったものや、親や親戚から譲り受けたものを使う場合は注意が必要です。長年しまいっぱなしにしておくと、生地が傷んだりしみが出ている場合もあるので、今も使えるものかどうか確認を。古い着物や帯は寸法が足りないこともあるので、必ず広げてチェックしましょう。

着るまでの流れを把握する

必要なものがそろったら、着るまでにどんな工程があるのか、流れを確認しておきます。事前に着物を吊るしたり、半衿を付けたりなど、準備が必要です。着る順番も、足袋を履くところから確認しておくと、当日も安心です。

また着付けの手順も、時間があれば実際に着物を使って練習しておくことをおすすめします。とくに帯結びは柄の出方やての長さなどを確認して覚えておくと、本番で何度もやり直さずに、一度で帯結びが決まりやすくなります。

着付けに必要な物チェックリスト

※がついた7点はP11で特徴や役割を理解し、TPOや季節など、コーディネートを考えて用意しましょう。

着物を着る前に身につける物

☑ 足袋※

☑ 半衿※

☑ 長襦袢

着物を着る前に羽織る下着です。対丈《ついたけ》のワンピース型が一般的ですが、上下で分かれたセパレート型もあり、好みで選ぶことができます。(P138参照)

☑ 伊達締め

長襦袢の胸元を押さえるのに使います。正絹の博多織が通気性もよく、締め心地も優れています。

☑ 肌着・すそよけ

長襦袢の下に着る肌着は、直接肌に触れるものなので、通気性や肌触りなどにすぐれたさらし木綿が一般的。すそよけは静電気の起きにくいキュプラがおすすめです。

☑ 三河芯

長襦袢の衿に縫い付けて、衿の芯にします。三河芯の上に半衿をかぶせて縫い付けます。半衿の内側に差し込むプラスチック芯もあります。

着物の着付けに必要な物

☑ 腰ひも

着物のすそ線を決めるひもです。素材はモスリンが一般的。通気性もよく締め心地もよい正絹もおすすめです。

☑ コーリンベルト

胸元を固定するために使います。伊達締めで代用できますが、締めつけが少なく、着心地がラクチンです。

☑ 着物※

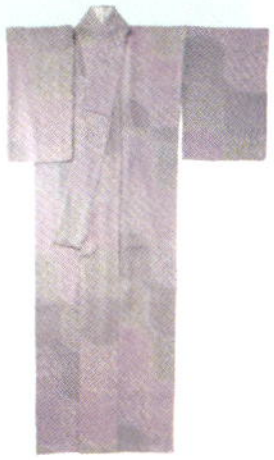

帯結びに必要な物

☑ 帯板

胴に巻いた帯に余計なシワが出ないようにするために使います。ベルトが付いているタイプがおすすめ。夏は通気性のよいメッシュ素材で暑さ対策を。

☑ 仮ひも

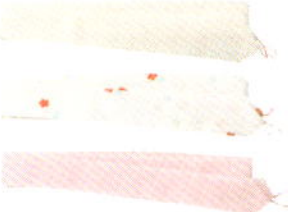

名古屋帯、袋帯の帯結びをする過程で、仮留めするために使用します。腰ひもと同じものですが、別に3本用意します。写真は仮ひもとして作られた、扱いやすい短いひもです。

☑ 帯※

☑ 帯枕

帯結びの形を整えるのに使います。一般的に礼装用には大きめの枕を、カジュアルな装いには小さめの帯枕が適しているとされています。

☑ 帯揚げ※

☑ 帯締め※

帯留め※

着る前にしておくこと

ここでは着付けまでの具体的な流れを紹介します。準備をきちんとしておくことが着物美人への近道。前日までと当日の準備を確認しておきましょう。

前日までの一式確認と半衿付けを忘れずに

着る予定の日まで余裕のあるうちに、まずは着物や道具一式を確認しましょう。とくに久しぶりに着物を着る場合、次回までに買い直そうと思っていたアイテムを買い忘れていたりと、足りないものがあるかもしれません。買いに行く時間も考えて、必ず一度確認をしておくことをおすすめします。また半衿は、前日までに縫い付けておきましょう。

伊達衿の付け方

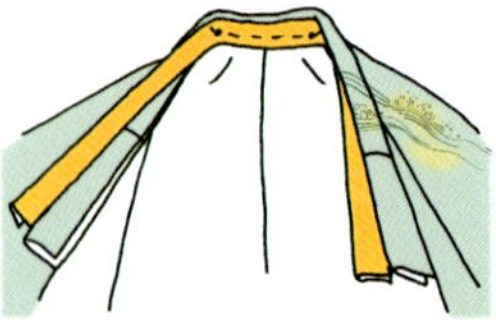

着物の衿幅を半分に折り、そこに幅を半分に折った伊達衿を合わせ、肩線の間をざっくりと縫います。着物の衿の折り返した部分だけに縫い付けるようにしましょう。縫い目は長襦袢の半衿が重なるので見えません。

三《み》河《かわ》芯《しん》と半衿のつけ方

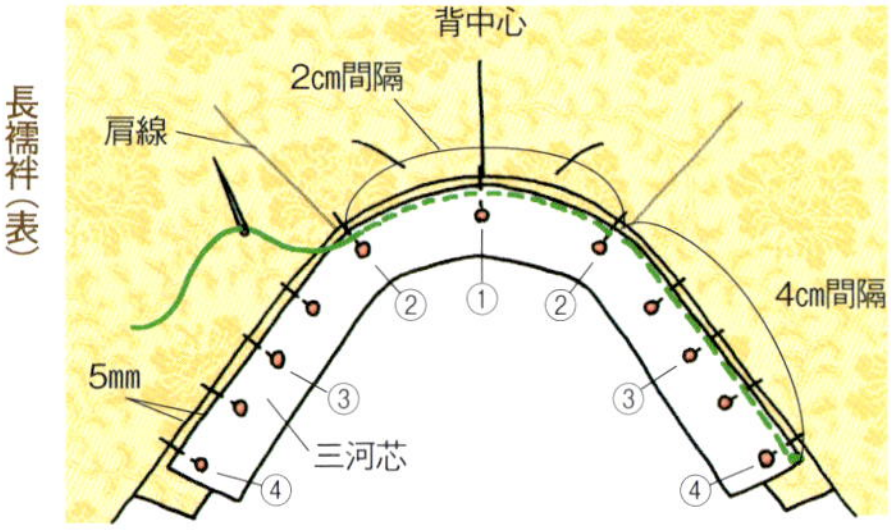

1 三河芯を長襦袢の表につける

三河芯の幅を長襦袢の衿幅の２倍よりやや狭く切ります。長襦袢の衿が約5mmのぞく位置で、三河芯の長さの中心と長襦袢の背中心を合わせた位置①で針で留めます。残り②〜④の順で留め、さらに間も針で留めます。白糸を縫い針に通し、端から、約4cm間隔、肩線と肩線の間は2cm間隔の縫い目で縫います。

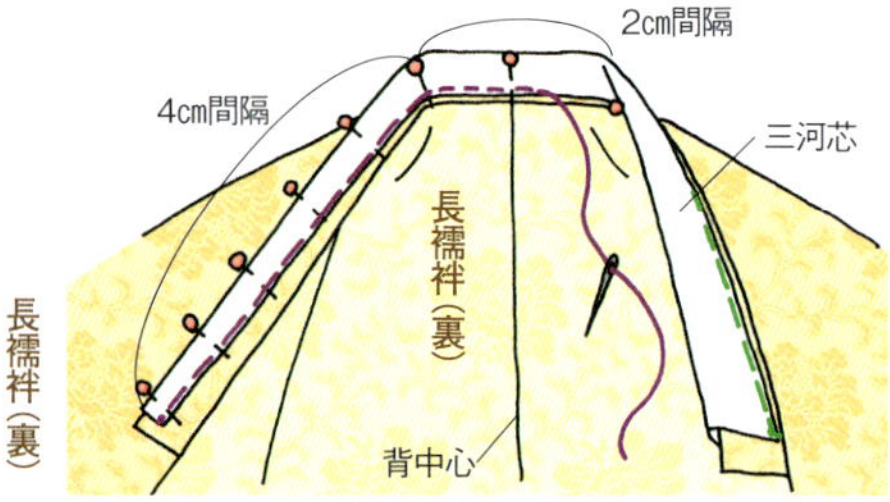

2 三河芯を衿にかぶせて縫う

長襦袢を裏返し、衿に三河芯をかぶせて折り、1と同様に縫います。

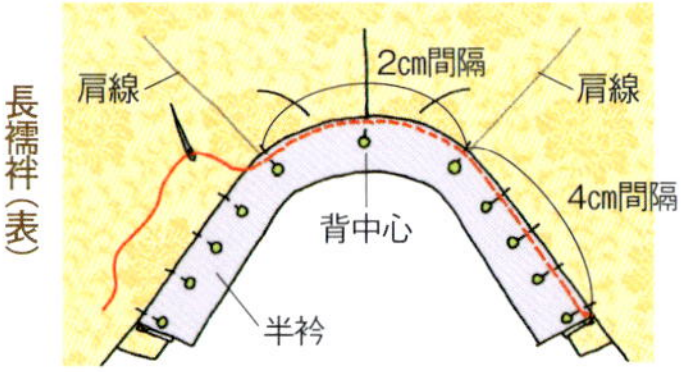

3 半衿を長襦袢の表につける

半衿の表になるほうの辺を幅1cmを内側に折ってアイロンをかけます。長襦袢を表を上にして半衿の折った部分を衿つけ位置と合うようにして1と同じ要領で針で留め、縫います。

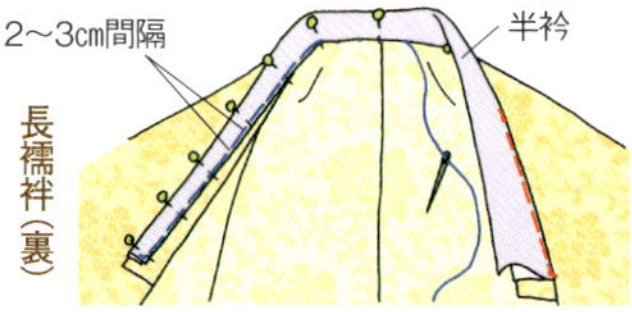

4 半衿を三河芯にかぶせて縫う

長襦袢を裏返し、半衿を三河芯が見えないようにかぶせ、端を内側に折って針で留め、端から2〜3cm間隔の縫い目で肩線まで縫います。

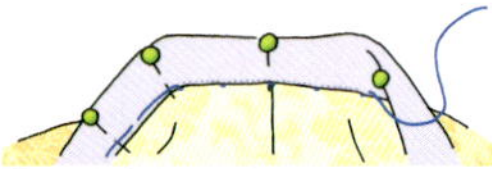

5 衣紋の内側を縫う

左右の肩線の間は、縫い目が見えないよう、本ぐけ縫いなどで細かく（5~7mm間隔で）縫います。残りは4と同様に縫ってできあがりです。

着物を着るまでの流れ

前日までの準備

〈必要な物をそろえる〉

着付けに必要なものがそろっているか、着付け道具と着物一式を広げて確認します。足りないものがあった場合や、着物などに傷みがあった場合に備え、日にちに余裕をもって確認しましょう。

〈着付けの流れを把握〉

本や教科書など参考になるものがあればもう一度見直して、当日の着付けの手順を再確認しておくとよいでしょう。余裕があれば、一度実際に着付けをして、帯の柄の位置などを確認しておくのもおすすめです。

〈半衿を付ける〉

忘れがちなのが半衿付けです。必ず前日までに半衿を縫い付け、すでに長襦袢につけていても、汚れなどがないかを確認しましょう。もしも汚れていても、前日に気が付けば新しい半衿を付け直すことができます。

〈着物を吊るす〉

着物を吊るしておくことで、余計なたたみジワがある程度伸び、収納のにおいを飛ばすことができます。

当日の準備

〈必要な物を出しておく〉

着付けを始める前に、着付けに必要なアイテム（P29）や出かけるときに必要なものを手にとりやすい位置に出しておきます。着付け途中や、着付けが終わった後に物をとり出したり探したりすると、着崩れてしまうリスクがあるので気を付けましょう。

〈ヘアメイクを済ませておく〉

前開きの洋服に着替えて、ヘアメイクをしましょう。着物を着てからヘアメイクをすると、腕を上げる動作で着付けが乱れてしまいます。また、スプレーで着物を傷めてしまうので、必ず着付けの前にすませます。ヘアメイクが終わったら手を洗ってから着付けを始めましょう。

■着物の吊るし方

ハンガーは着物用か、洋服用なら厚みのあるものを使います。針金ハンガーは肩の部分に跡がつきやすいのでNGです。

着物のすそが床につかないように吊るします。新品ならしつけ糸をはずしておきましょう。

■置く場所のアドバイス

着付けの道具

しゃがむ動作はせっかくの着付けを崩してしまいがち。椅子の背など高さのある位置に置くと、とりやすいです。

履物

普段履かないため、シューズボックスの上に収納しがちな履物は、着付けをする前に玄関に出しておきましょう。汚れの確認もしておきます。

手荷物

着物を着る当日は何かとあわただしいものです。前日にバッグを出した時点であらかじめ荷物も準備しておきます。

いよいよ、着付けのスタートです

次ページ以降、着物の名称を用いて着付けの手順を説明します。各名称が分からない場合は、P4～5を見て確認しましょう。

着付け工程1

足袋・下着を付ける

流れを把握し、準備が整ったら着付けを始めましょう。長襦袢を着る前に足袋を履き、すそよけと肌着を着ます。一つずつ確認しながら手順を追っていけば、必ず着られます。

用意するもの

- 足袋
- すそよけ
- 肌襦袢

足袋は0.5㎝小さいストレッチ素材のものがおすすめです。

足袋を履く

肌襦袢、すそよけを付ける前に足袋を履きます。足袋のサイズは、通常の靴のサイズよりも0・5㎝小さめがベストです。きつさを感じる場合は、こはぜ（足袋の留め具）の留め位置を変えてみましょう。

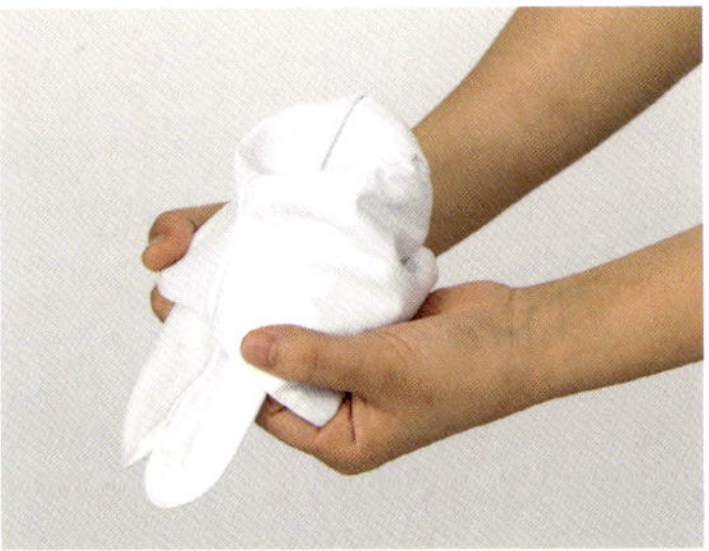

1 足袋を折り返す
履きやすいように、足の甲辺りまで足袋をひっくり返します。

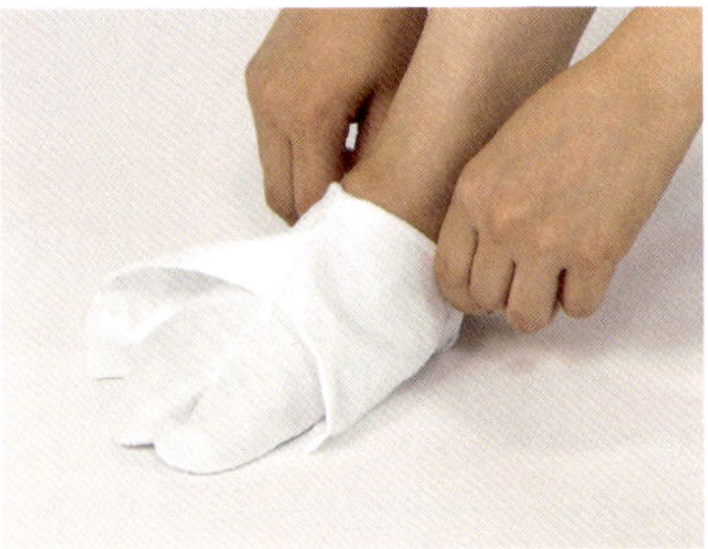

2 つま先を入れる
つま先までしっかりと足を入れます。

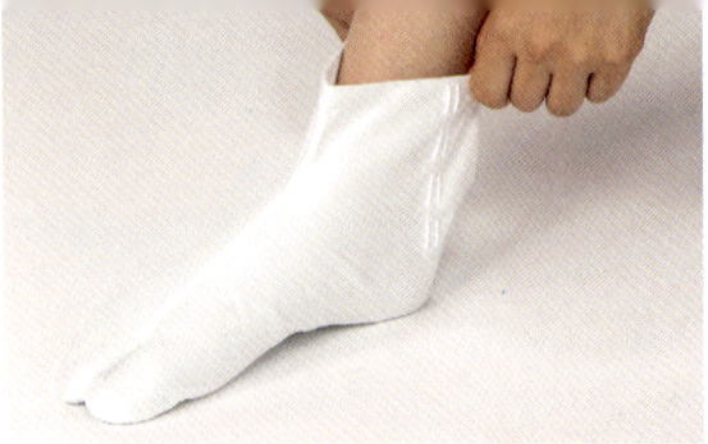

3 かかとまで入れる
ひっくり返しておいた部分をもとに戻し、かかとまで入れて上にぐっと引き上げ、足袋をフィットさせます。

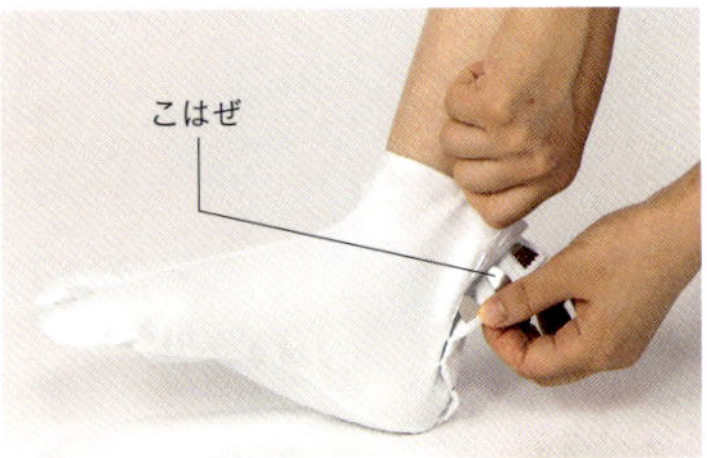

4 こはぜを留める
こはぜを下から留めていきます。親指で押し込むようにして、ループ状の糸の元まで入れます。つま先を上げると留めやすくなります。

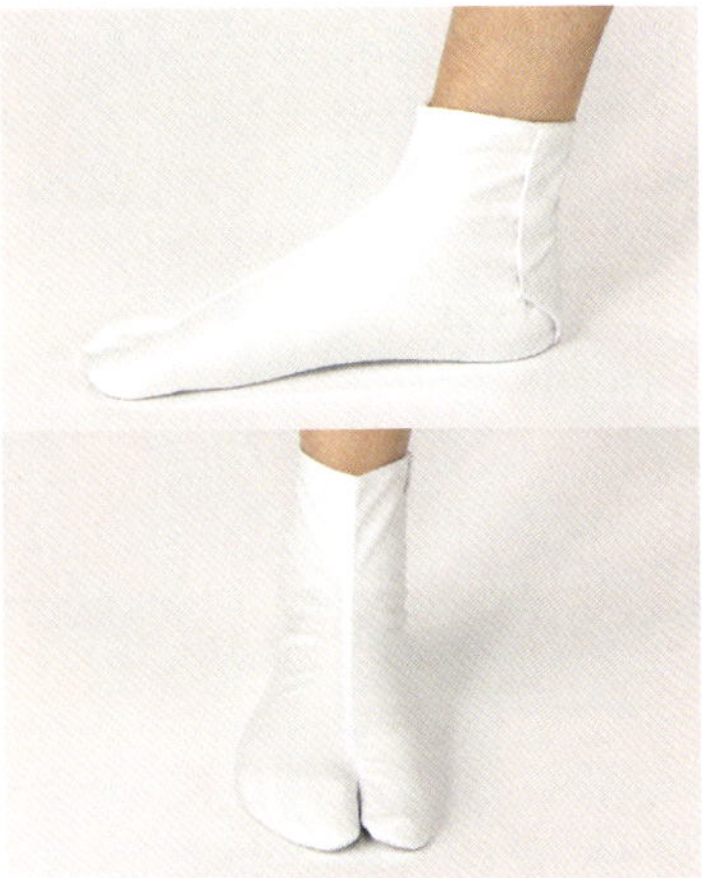

5 できあがり確認
上までこはぜを留めます。余計なシワがないのが理想的。足を動かしてみて、窮屈な場合は、きつい部分のこはぜの留め位置を外側にするなど工夫しましょう。

すそよけ、肌襦袢を着る

すそよけは、長すぎると足さばきが悪くなるので、丈の長さはやや短めにします。肌襦袢の衿合わせは、長襦袢と着物と同様、左側が上になります。

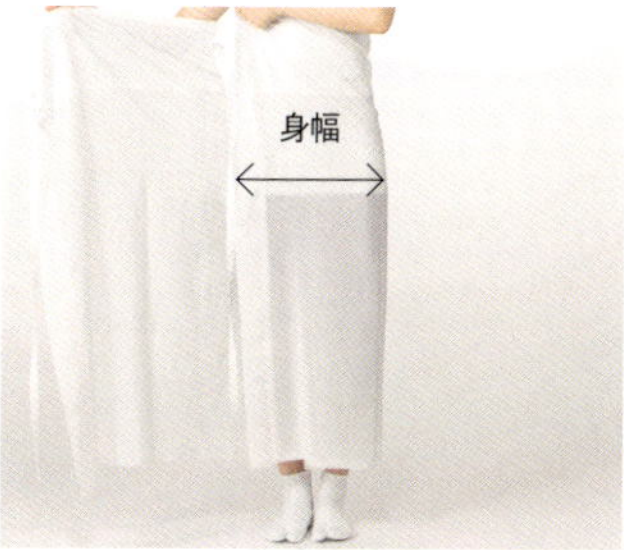

1 身幅を測る

丈を足袋の上線が見えるか見えないかくらいの位置にし、左側のすそよけを体に合わせて、身幅分を測ります。

2 右側を体に巻きつける

1の幅がずれないように静かに左手を広げ、右側のすそ先を少し上げ気味にしながら体に巻きつけます。余った分は体の横から折り返します。

3 左側を重ねる

左側も少しすそ先を上げ気味にしながら体に合わせます。

4 腰の布を下に折る

腰の上にできた余りの生地を折り下げます。

5 ひもを後ろで交差させる

ひもを後ろで交差させて前に回し、軽く左右に引いて引き締めます。

6 前で結ぶ

体の真ん中よりもやや横で、締め付けないように蝶結びをし、結び目から先はひもに挟みます。

7 肌襦袢を着る

肌襦袢に袖を通し、左右対称になっているかを確認したら、左側が上にくるように衿を合わせます。後ろ身頃を下に引いて衿を抜きます。ひもが付いたタイプは、軽く蝶結びにします。

きれいのコツ！

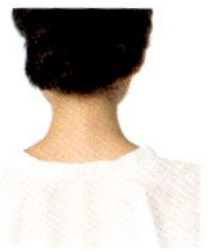

首の後ろの出っ張った骨が見えるくらいの位置まで衿を抜きます。指で触って確認しましょう。

着付け工程2

長襦袢を着る

長襦袢の着付けは、着物の土台になる重要なプロセスです。きれいに着ないと着崩れの原因にもなるのでていねいに着ましょう。伊達締めを結んだ後にシワをとることも大切です。

用意するもの

- 長襦袢
- 伊達締め

長襦袢には半衿を縫い付けておきます(p30参照)。

長襦袢の着付けの流れ

上前と下前を合わせる
▼
伊達締めを巻く
▼
シワやたるみをとる
▼
できあがり

上前と下前を合わせる

衣紋の抜き加減と衿合わせが決まるプロセスです。衿合わせは深めにしておくと、着付けている間に衿合わせが浅くなるのを防ぎます。

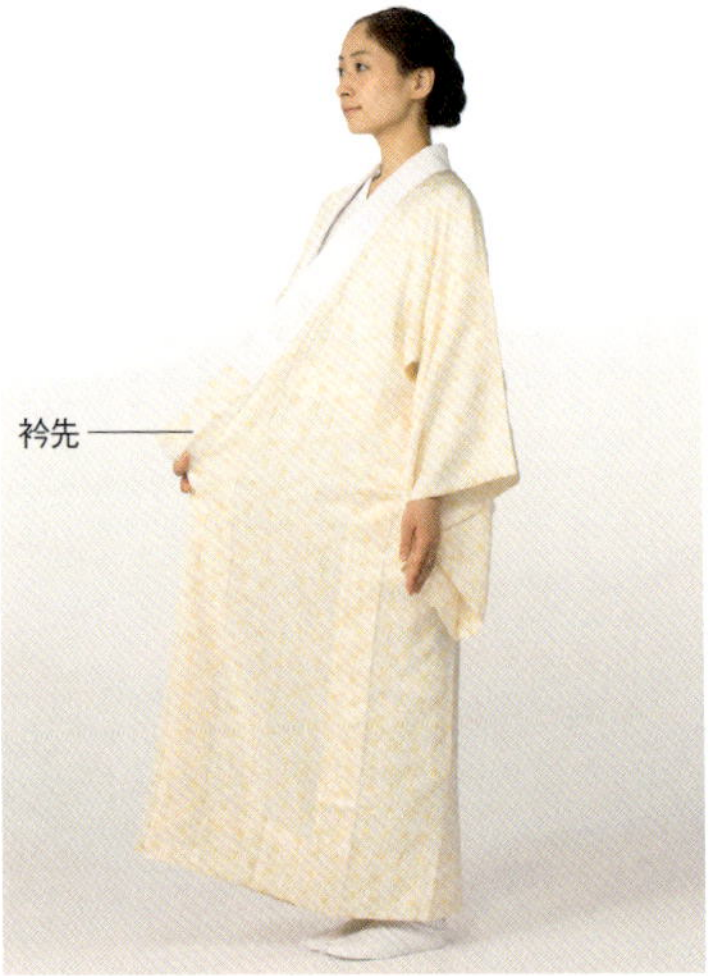

1 長襦袢を羽織る

長襦袢を羽織り、左右の衿先を合わせて背中心を体の真ん中に合わせます。

2 衣紋を抜く

利き手で左右の衿先を持ち、もう一方の手を後ろに回して背中心を下に引き、衣紋をこぶしひとつ分抜きます。

きれいのコツ！

衣紋はこぶしひとつ分を目安に抜くのが基本です。長襦袢の汚れ防止にもなるので、肌着の縁は見えていても大丈夫です。ただし、縁以外のさらしの部分は、見えないように注意しましょう。

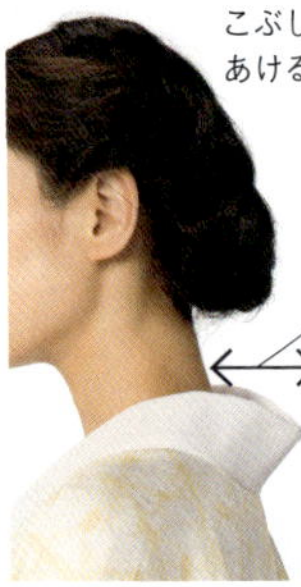

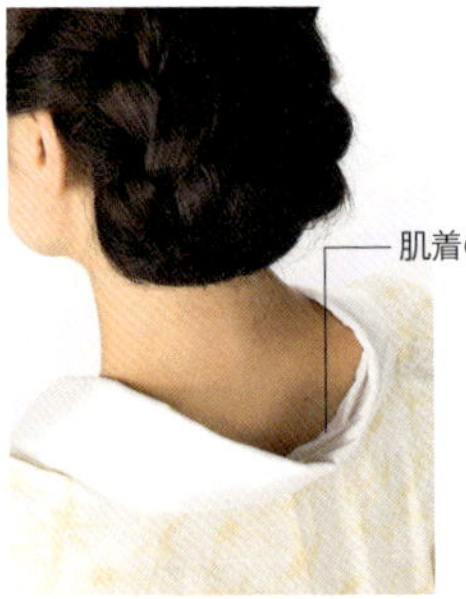

3 下前を合わせる

2で抜いた衣紋が詰まらないように気をつけながら、下前を静かに胸を包むように体に合わせます。

4 上前を合わせる

上前も体に合わせ、左手を身八つ口から入れて下前の衿を持ち、右手で上前の衿を持って左右の衿を、のどのくぼみが隠れる程度に引き合わせます。

伊達締めを巻く

衿合わせをキープするためにも、伊達締めを巻く位置は低くならないようバストの下ぎりぎりを目安にします。上に羽織る着物に影響するので、余計な凹凸は作らないようにしましょう。

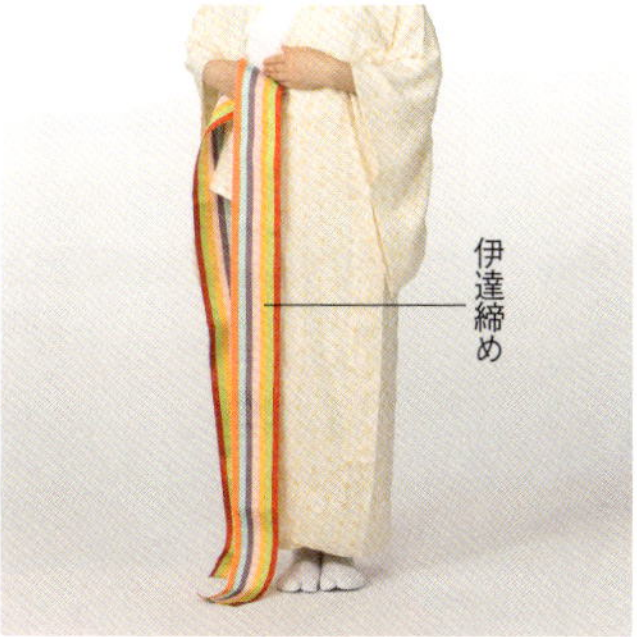

5 伊達締めを持つ

上前と下前の合わせが崩れないよう左手で押さえたまま、右手で伊達締めの真ん中を持って衿のバストの下辺りに当てます。

6 伊達締めを前に通す

左手で伊達締めをつまみ、左へスライドさせて伊達締めを体の前に渡します。

7 伊達締めを後ろで交差

伊達締めを後ろに回し、持ち手を替えて交差させます。

きれいのコツ！

平らにたたんで折り上げることで、余計な凹凸を防ぎ、上に羽織る着物にもひびかなくなります。

8 下側を折り返す

下側になったほうの伊達締めを、手首を返す要領で上に返します。

9 左右に引き締める

体のすぐ脇で、伊達締めの下側を持って左右に引いて締めます。

10 前で蝶結びをする

体の真ん中よりもやや横で蝶結びにし、固定します。

11 端を挟み込む

結び目から先は、胴に巻いた伊達締めに挟み込みます。

シワやたるみをとる

長襦袢の着付けに余計なシワやたるみがあると、着物の着付けがきれいに決まらない原因にも。できるだけ凹凸をなくして長襦袢をぴったりと体に沿わせるようにしましょう。

12 背中のシワをとる

両手で上半身の脇を左右に引っ張り、背中のシワをとります。

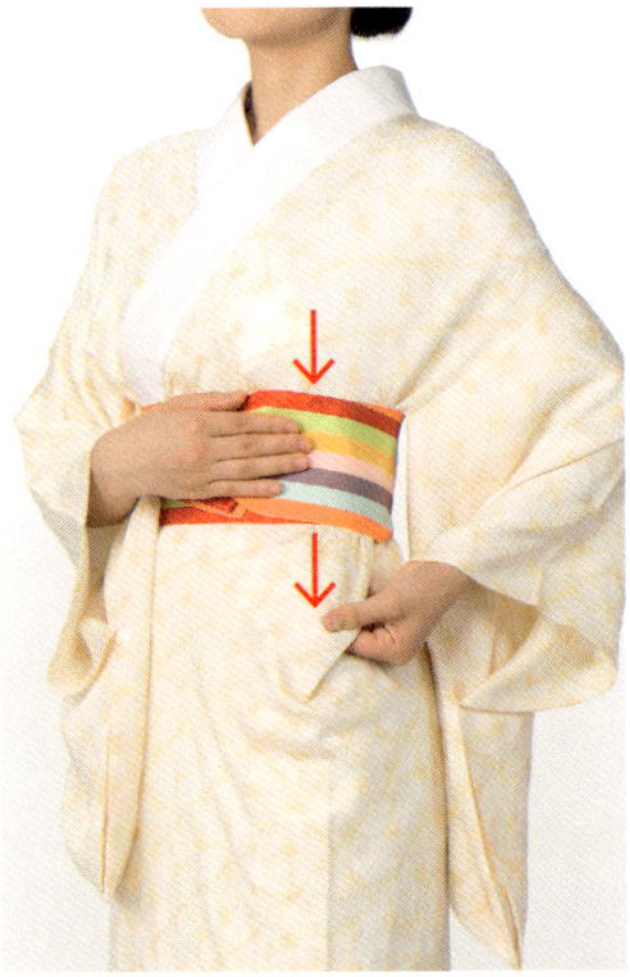

13 脇のシワをとる

右手で伊達締めを押さえ、左手で伊達締めの下の脇線を下に引き、脇のたるみをとります。右脇は左右の手を替えて同様にします。

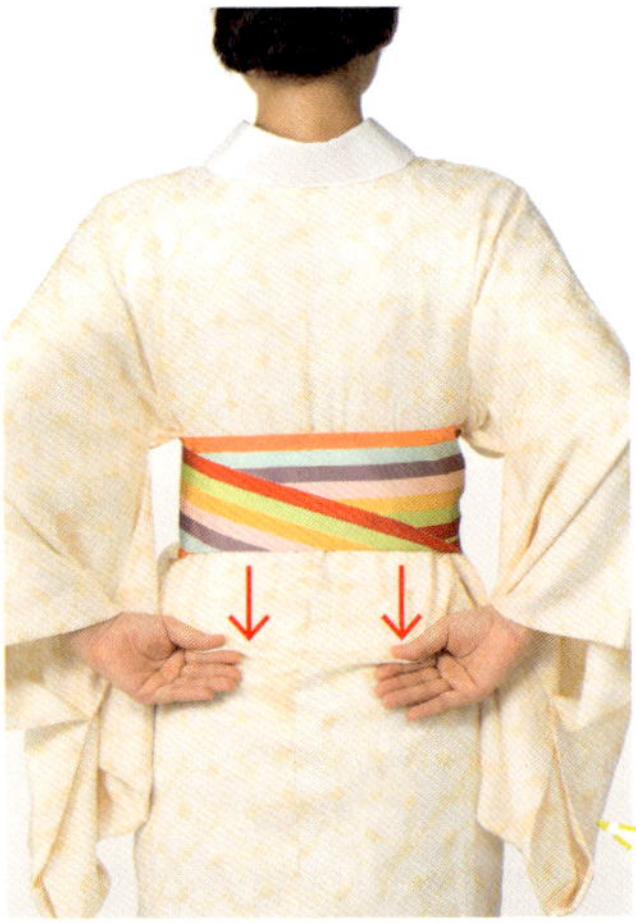

14 衣紋を抜き直す

おしりの上辺り2点を両手でぐっと下に引き、衣紋を抜き直します。背中のゆるみもとれます。

きれいのコツ！

衣紋の抜き加減は、詰まりやすいものです。着物の着付けや帯結びの最後の仕上げなど、ところどころで衣紋を抜き直します。

長襦袢の着付けできあがり

長襦袢の着付けの完成です。着物の着付けの大切なベースとなるので、左右対称か、余計な凹凸が入っていないかなど、しっかりと確認をしましょう。

チェックポイント

後ろ姿

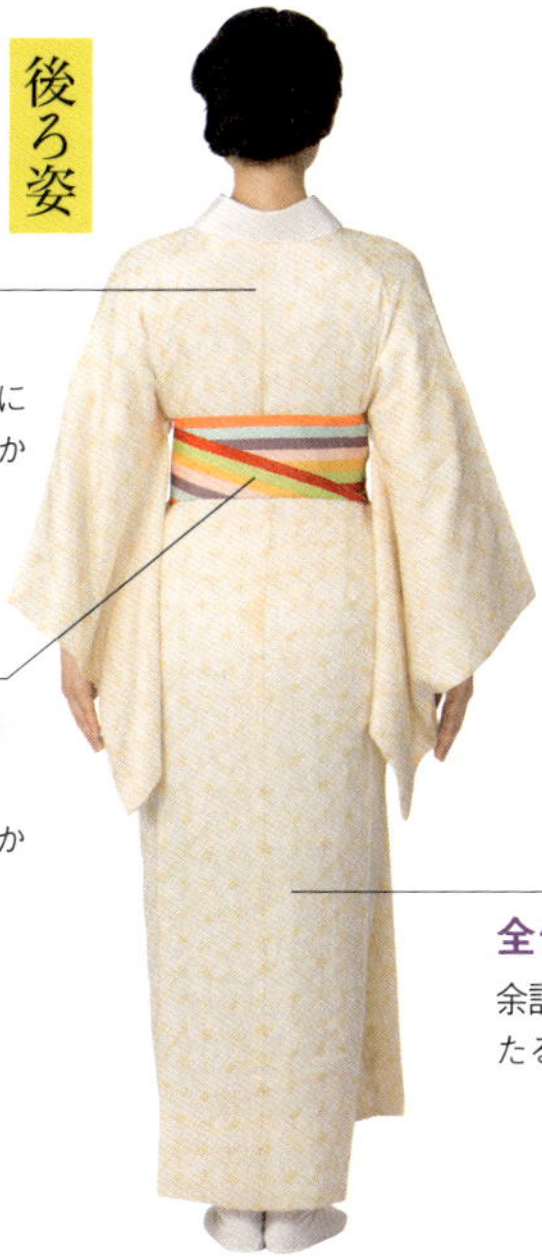

背中心
体の真ん中に通っているか

伊達締め
平らになっているか

全体
余計なシワやたるみはないか

前姿

衿合わせ
のどのくぼみが隠れる程度になっているか

伊達締め
締めている位置がバストのすぐ下辺りか

全体
余計なシワやたるみはないか

横姿

衣紋
こぶし一つ分を目安に抜いているか

脇
だぶついていないか

着付け工程3

着物の着付け

なるべく道具を少なくし、らくに気軽に着物を楽しめる着付けをご紹介します。まずは自分で着てみましょう。着ることでコツが分かり、自分に似合う形も見えてきます。

用意するもの

- 着物
- 腰ひも
- コーリンベルト

全て手にとりやすいように置いておきます。

着物の着付けの流れ

着物を羽織る
▼
すそ線を決める
▼
下前と上前を合わせる
▼
おはしょりを整える
▼
衿を整え、
コーリンベルトで留める
▼
できあがり

着物を羽織る

着物は、長襦袢の衿や衣紋が着崩れないように注意しながら羽織ります。手の動きはなるべく低い位置にし、あまり肩を上げないようにすることが大切です。

●長襦袢を着たところ（P34～37）からスタートします。

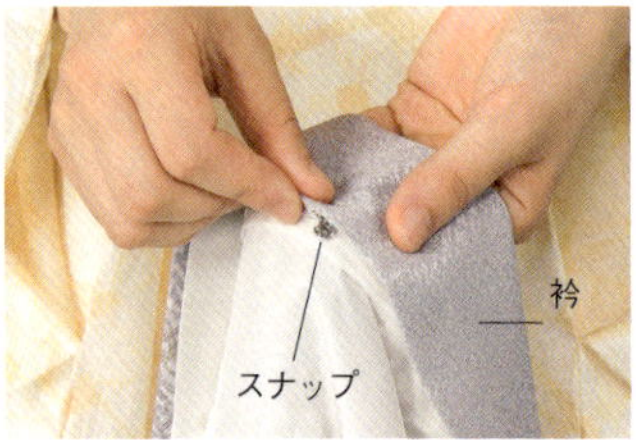

1 衿幅を折る
背中心（P5）辺りの衿の幅を内側に半分に折り、スナップまたは糸で留めます。

きれいのコツ！
着物を着る動作は、一貫した流れになっています。スムーズに動けるようになれば、美しい動作になります。長襦袢が着崩れしないように気を配りましょう。

2 背中心を確認する
背中心を真ん中にして、肩幅くらい離した位置で、両手で衿を持ちます。

3 背中心から折る

左右で持った衿を、背中心から手前に折り合わせます。

4 利き手で持つ

折り合わせた衿を、利き手だけで持ちます。

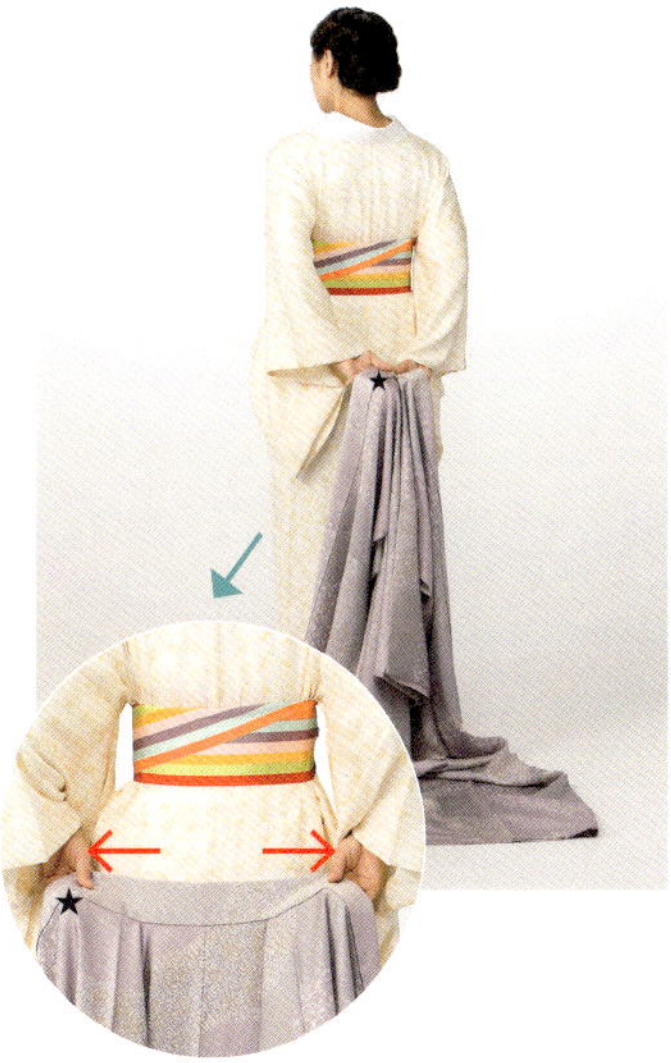

5 後ろに回して衿を広げる

着物を腰よりも下位置から後ろへ回し、もう一方の手に山折り一つ★を渡し、両手で衿を持って広げます。

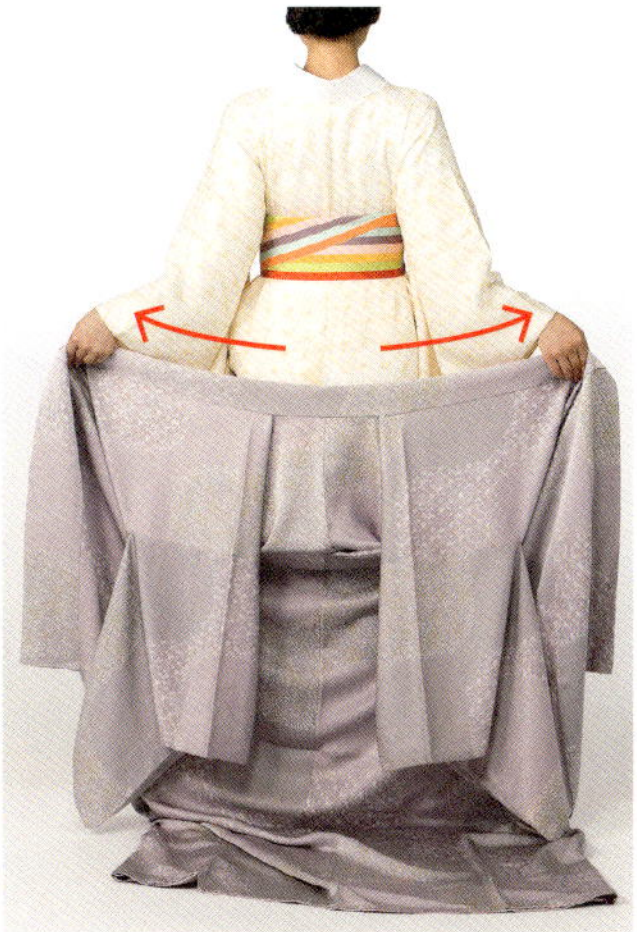

6 着物を広げる

さらに両手を均等にスライドさせ、肩幅よりも広めに着物を広げます。

きれいのコツ！

両方いっぺんにかけず、片方ずつ行うことで長襦袢が着崩れることなく、着物を羽織ることができます。

7 片側ずつ肩にかける

着物を肩に片方ずつかけます。長襦袢の着付けが崩れないよう、肩をなるべく上げないようにします。

8 逆側も肩にかける

7でかけた着物がずれないように手で持ったまま、もう片方も肩にかけます。着物の衿は、長襦袢の衿に自然に沿わせておきます。

9 着物を肩にかけた状態

7、8で着物をかけた状態。着物が肩からずれ落ちないよう静かに手を離すことがポイントです。

10 長襦袢の袂《たもと》を持つ

まず、袖を通さないほうの手で袖を通すほうの衿を持って押さえます。袖を通すほうの手で、同じ側の長襦袢の袂を小さくまとめて持ちます。

11 袖に手を通す

長襦袢の袂を持ったまま、袖に手を通します。通したら袂を離します。

12 逆側も手を通す

もう片方も同様に、長襦袢の袂を持って着物の袖に手を通したら、着物の袂と合わせます。

13 左右の衿を持つ

両手を下におろした辺りで、左右の衿を持ちます。

すそ線を決める

やわらかい布を持ち上げ、すそを地面と水平にするには、体（腰）にピンと張ることが必要です。着物の張りがゆるまないよう、気をつけながら行っていきましょう。

下前と上前を合わせる

下半身の着付けが決まります。一旦、上前を合わせて幅を測ってから開き、下前→上前の順で合わせます。これは、表に出る上前の幅をきれいに決めるための手順です。20で登場する腰ひもは、着物を支える重要な役割があります。

14 前に引く

左右の衿を持ったまま、腰に着物を押し付けるようにしながら、前に引きます。

15 すそ線を上げる

衿を前に引いたまま、着物を持ち上げてすそ線を上げます。こうすることで、腰まわりのだぶつきを上半身に寄せることができます。

16 すそ線を決める

15で引き上げた着物を、床すれすれまでおろしてすそ線を決めます。

きれいのコツ！

すそ線は、前から見たときに、草履の鼻緒の付け根が見えるか見えないかくらいが基本になります。礼装は気持ち長めに、カジュアル着物なら丈を短めにすると軽快な印象です。また草履を脱ぐことがあらかじめ分かっているときには、すそを踏まないよう短めに着付けましょう。

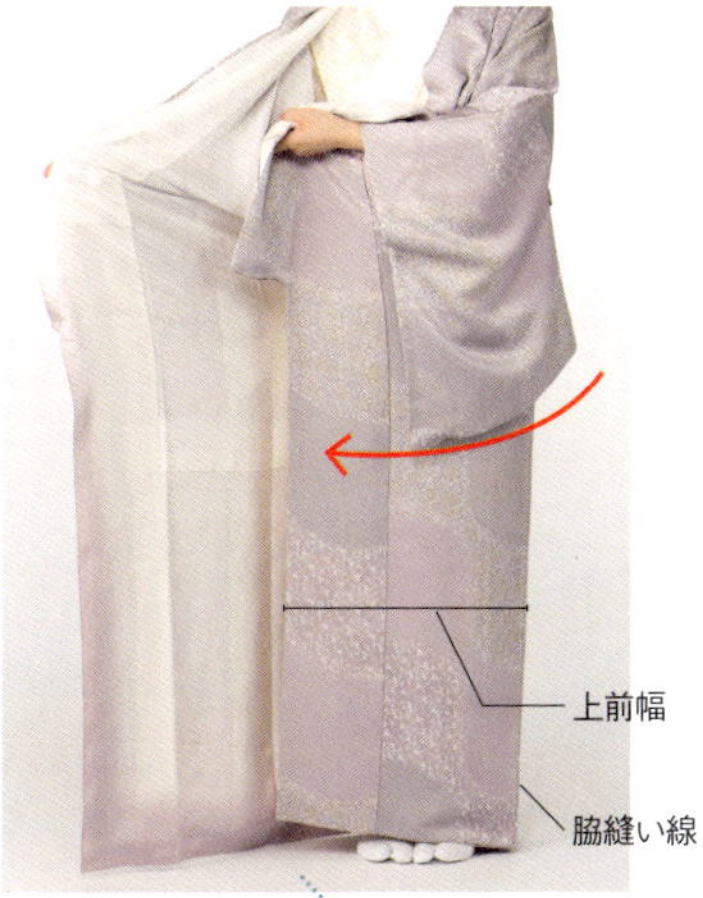

17 上前幅を決める

すそ線の位置はそのままに、上前の脇縫い線が正面から見たときに体の真横にくるように合わせ、上前の幅を決めます。脇縫い線は、真横から見ると、少し前になります。

ラクチンポイント

サイズが合っていれば、脇縫い線が真横にくるようにすると自然に上前幅が合います。自分のサイズに誂えた着物は、らくにきれいに着付けをすることができます。

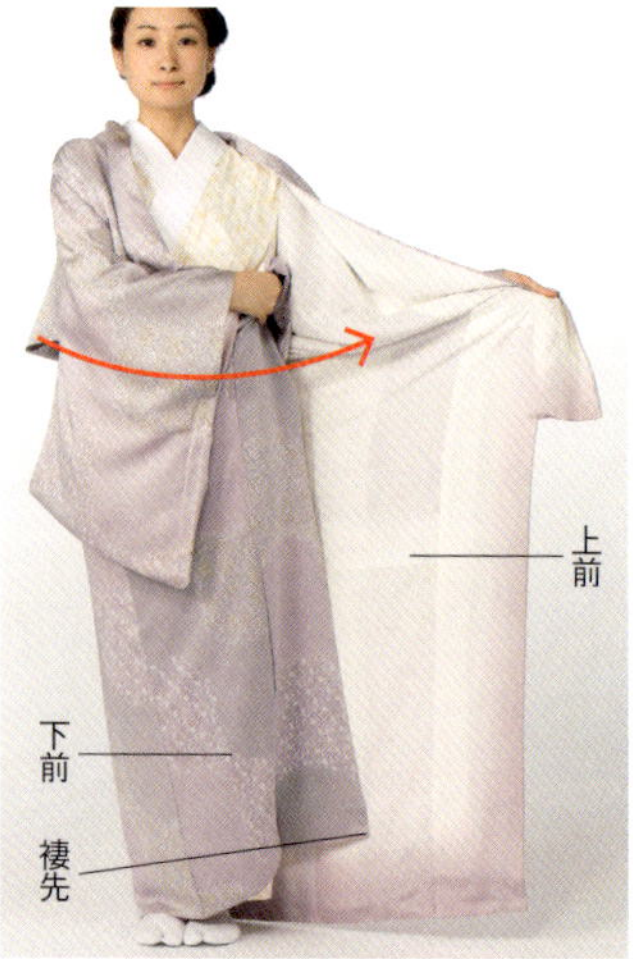

18 下前を合わせる

17で決めた上前幅をキープしたまま、静かに上前を広げ、下前を体に合わせ、手首を返すようにして褄先《つまさき》を上げます。

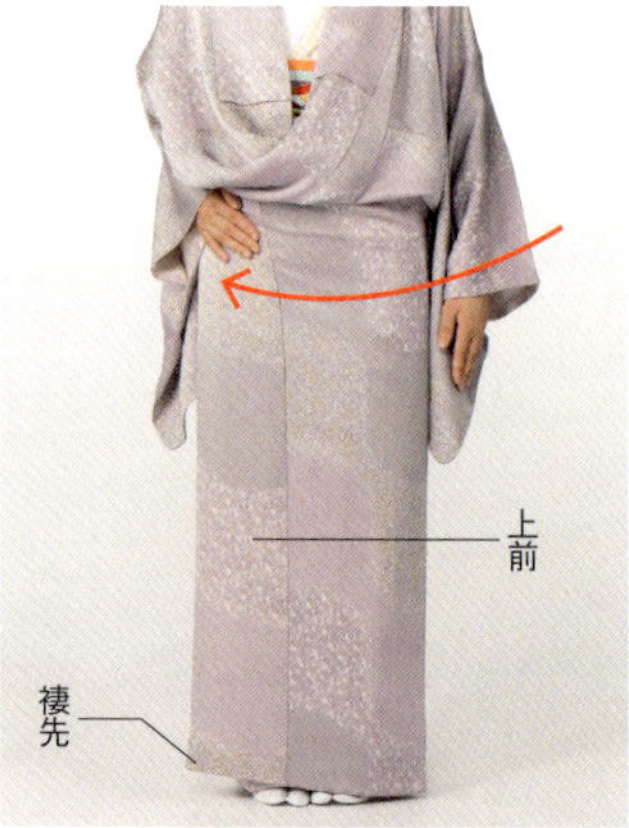

19 上前を合わせる

上前も同様に下前に重ねて褄先を上げ、重ねた部分を押さえます。しっかりと体にフィットさせることで、下前が下がってくるのを防ぐことができます。

20 腰ひもを持つ

腰ひもの真ん中を持ちます。利き手で上前を押さえたまま、もう片方の手でウエストの凹みよりも下、腰骨の少し上に当てます。

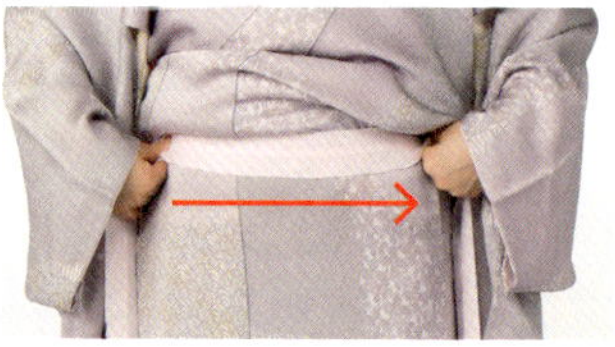

21 体の前に通す

下半身の着付けがずれないように上前をしっかり押さえながら、左手をスライドさせて、腰ひもを体の前に通します。

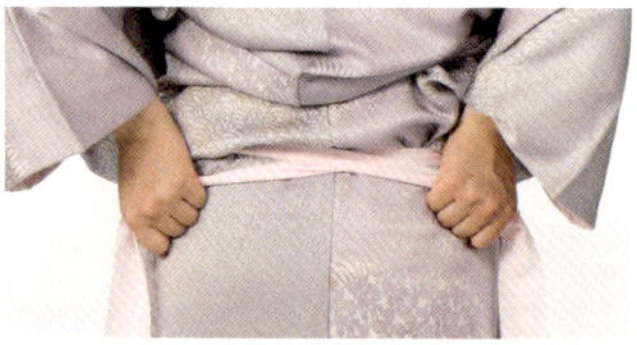

22 後ろで交差させる

左右の腰ひもを後ろに回したら、持ち手を替えて交差させます。

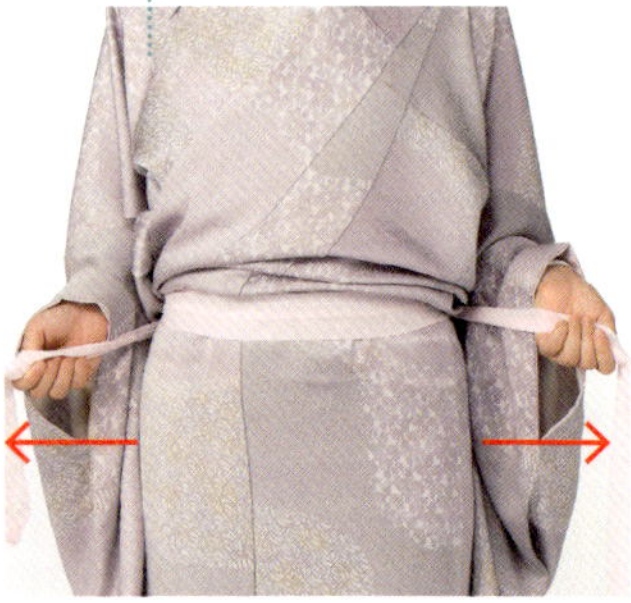

23 腰ひもを締める

腰ひもを左右に引いて、しっかり締めます。

ラクチンポイント

前で結ぶときに締めても腹部がきつくなるだけになってしまうので、苦しくない程度にしっかり締めましょう。

24 腰ひもを結ぶ

体の真ん中を避けた位置で、腰ひもを蝶結び（または片蝶結び）にします。

おはしょりを整える

上半身の余った部分が腰ひもに挟まっていることもあります。ここでおはしょり部分をきれいに整えてすっきりした着姿を目指しましょう。

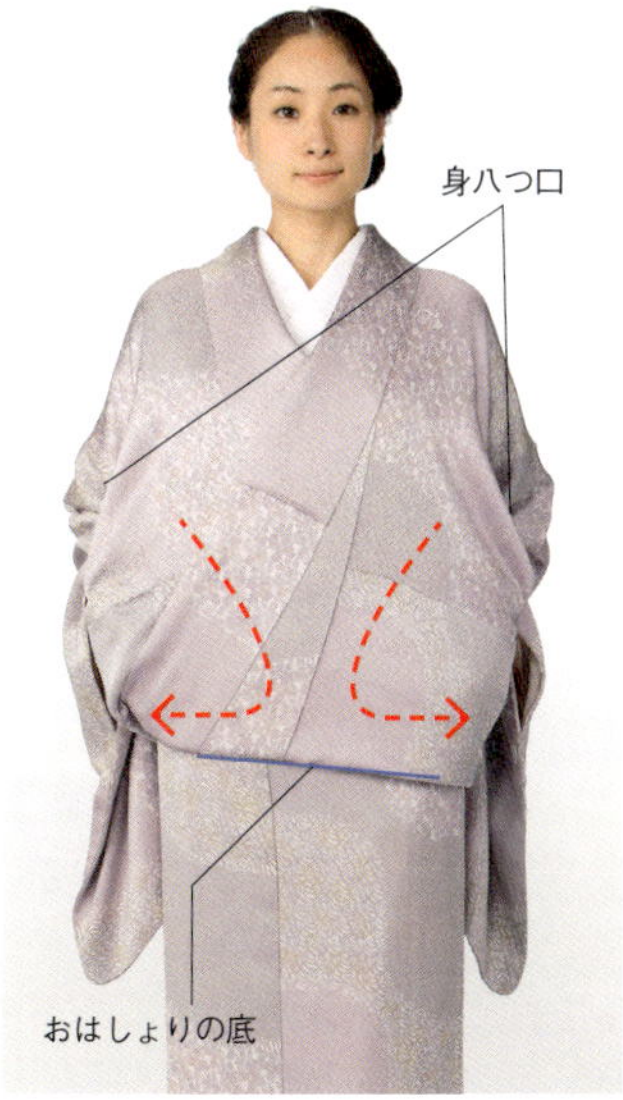

25 身八つ口から手を入れる

両手をそれぞれ左右の身八つ口から入れて、指先をおはしょりの底にあてて、外側へしごくようにして、だぶつきを整えます。

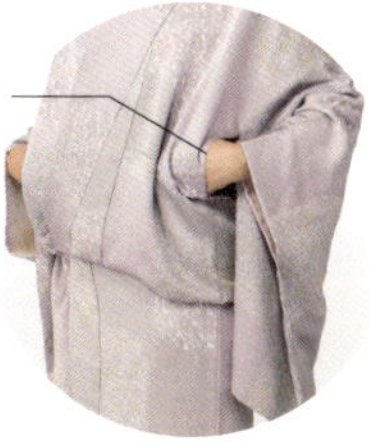

着物の脇下にあいている穴「身八つ口」から手を入れます。

26 後ろを整える

身八つ口に入れた左右の手を後ろへ回し、同じように指先を使っておはしょりを整えます。

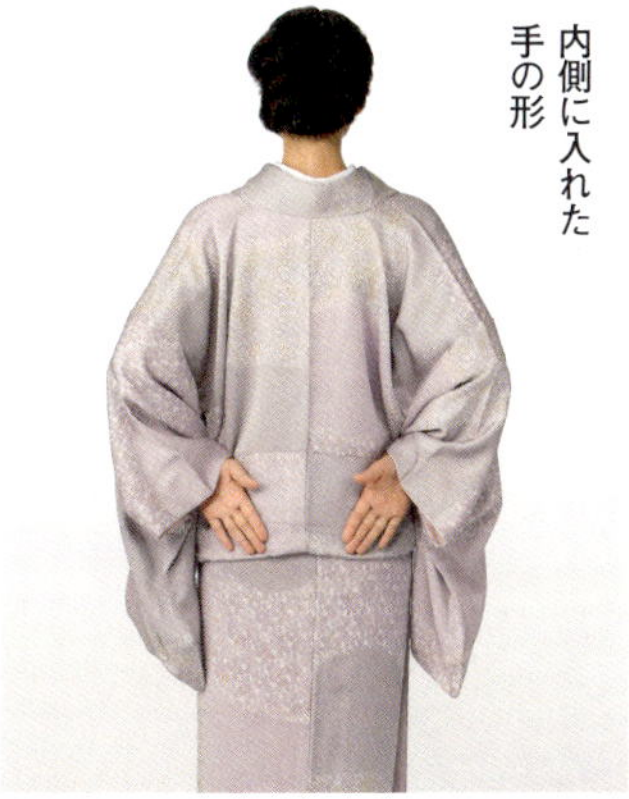

後ろのおはしょりを整える場合は、写真のように手のひらを外側に向け、中央から外側へしごくようにして整えます。

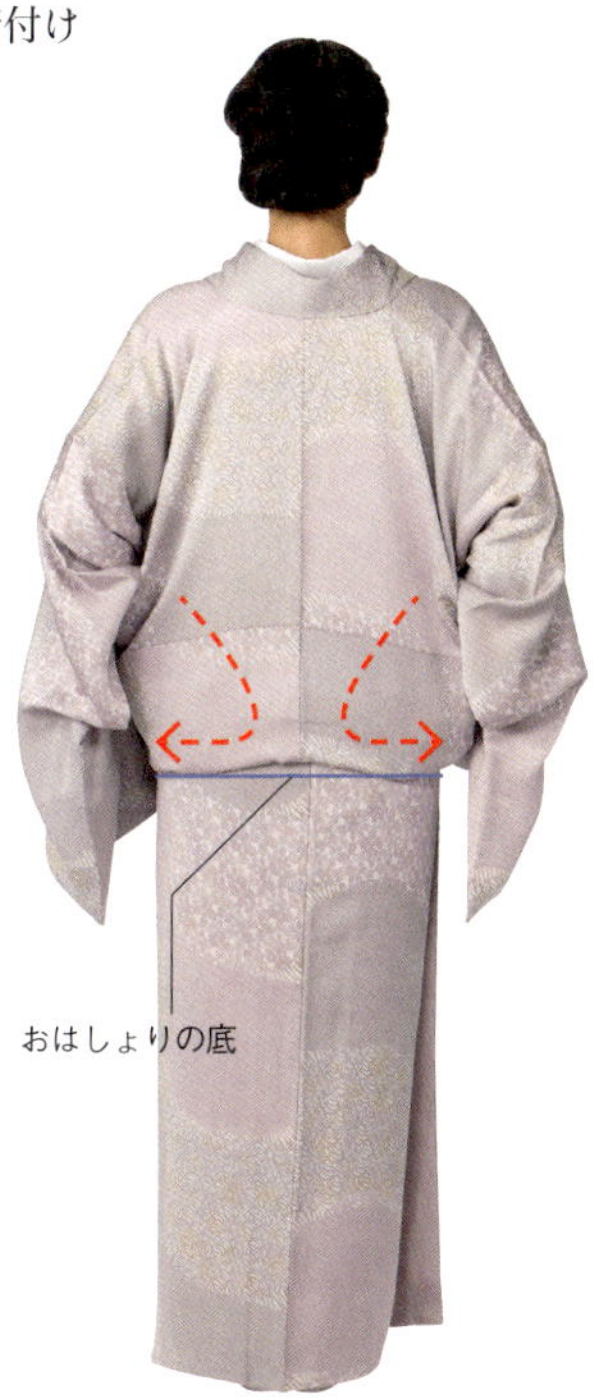

ここまできたら腰ひもをチェック

腰ひもを結ぶ際、余分な生地が挟まっていたり、シワが寄ったまま締めてしまうと腰ひもがゆるむ原因にも。写真の手順で締め直しましょう。

1 結び目の内側に両方の親指を入れて手前に引きます。

2 腰ひもに沿って指を背側に回し、後ろで交差させた腰ひもの左右を引いて締め直します。

3 腰ひもを外側に引きながら指を前に戻し、余分なゆるみを前に集めます。

4 ゆるみが出たら、蝶結びを結び直し、余分は腰に巻いた腰ひもの間に挟み込みます。

衿を整え、コーリンベルトで留める

衿は着物姿の印象を大きく左右するので、ていねいに行いましょう。コーリンベルトを使うことで、伊達締めを使う着付け方法より、締めつけがなく、らくに着られます。

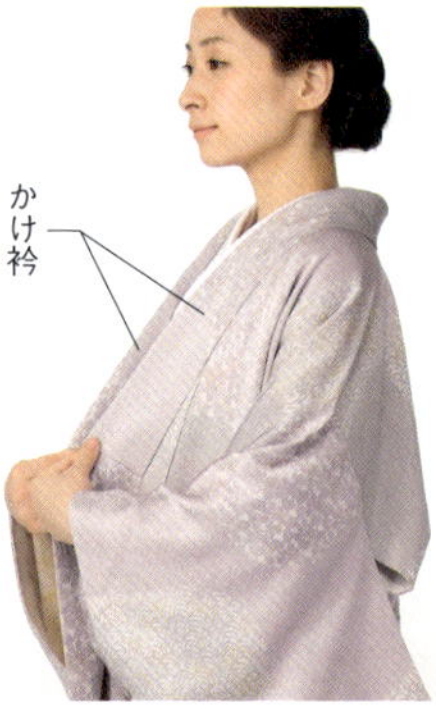

27 背中心を真ん中に合わせる

左右のかけ衿を合わせて、着物の背中心が体の真ん中にくるように調整します。

28 後ろの衿を整える

耳から後ろは、着物の衿が少し上に出るように整えます。

きれいのコツ！

耳の下辺りでぴったり合い、そこから前で半衿を出します。指先で背中心から耳下まで沿わせて確認しながら整えましょう。

29 衿幅は末広がりに

耳下から正面にかけて半衿が出るように着物の衿を整えます。衿幅は末広がりが基本です。

ラクチンポイント

伊達締めの代わりにコーリンベルトを使うことで、余計な締め付けもなく、らくに衿を留めることができます。

30 コーリンベルトを調整する

コーリンベルトの長さを肩幅くらいの長さになるように調整します。気持ちゆるめにしておくことで、留めたときにきつくならず、半衿が隠れてしまうことを防ぐことができます。

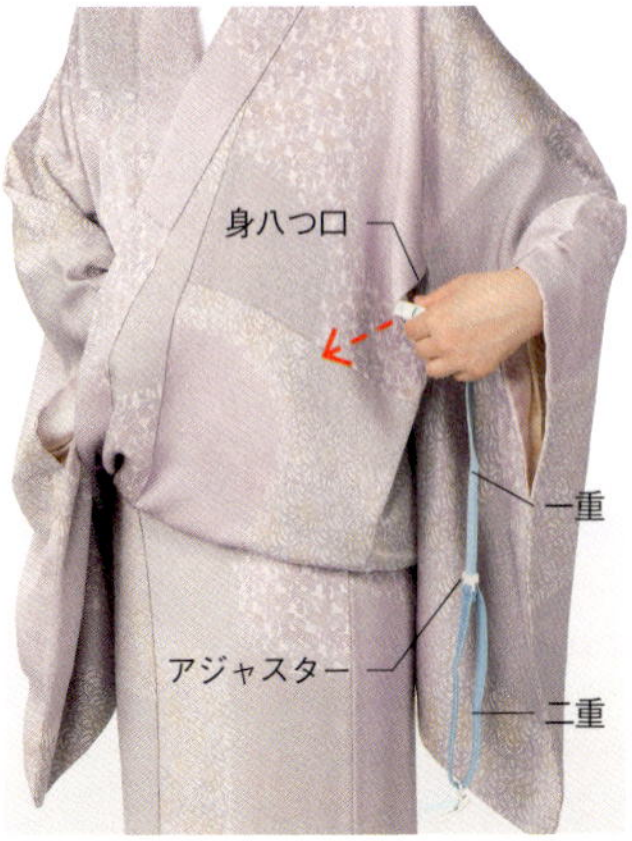

31 下前の衿先を挟む

右手で下前の衿先を持ち、左手でコーリンベルトの留め具を持って身八つ口から入れます。ベルトの一重のほうを下前衿につけるとアジャスターが背中に出て、ゆるかった場合など、長さを調整しやすくなります。

32 下向きに挟む

下前の衿先を、コーリンベルトの留め口を下向き（衿に対して垂直）にして挟みます。※写真では分かりやすいように上前を広げていますが、実際は上前の内側で手探りで行います。

きれいのコツ！

生地によってはおはしょりに厚みが出てしまうことがあります。その場合は下前のおはしょりを三角に折り上げて、おはしょりを上前のみにします。

伊達衿を付ける場合

礼装と準・略礼装の着物のフォーマル度を上げたり、華やかさをプラスしたい場合には伊達衿を合わせます。着物を着る前に、P30を参照して伊達衿を着物につけておきましょう。

1　28では着物と半衿とそろうように整え、29で、下前の伊達衿が着物の衿から3〜4㎜ほど出るように整えます。

2　下前の衿先まで伊達衿と着物の衿を整えて、31、32のようにコーリンベルトを留め口を下に向けて、留めます。

3　33〜35（次ページ）で、上前の伊達衿も同じように3〜4㎜ほど出るように衿先まで整えてからコーリンベルトで留めます。

33 仮留めする

下前を挟んだコーリンベルトを後ろから前に回したら、いったん右の身八つ口辺りで仮留めします。こうすることで、両手が自由になり、次からの動作がしやすくなります。

34 上前の衿を整える

右手で上前の衿をおさえながら、耳の下あたりから半衿が見えるように、左手で衿を整えます。

きれいのコツ！
半衿の見え方は
左右対称に整えます。

35 上前の衿を留める

34で整えた衿を崩さないようにして、仮留めしておいたコーリンベルトをはずし、上前の衿に留め口を下向きにして挟みます。留め口は、必ず下前と高さをそろえましょう。

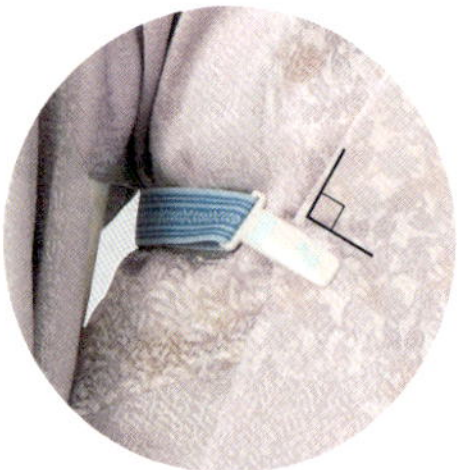

衿とコーリンベルトの留め口は垂直にします。

長襦袢の衣紋はこまめに確認を

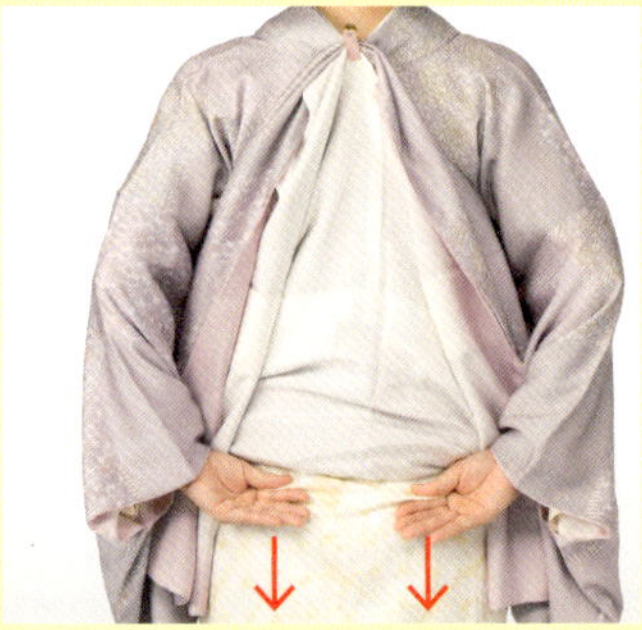

着物を着付けていくうちに体が動き、衣紋が詰まってくるものです。気になったら、長襦袢のヒップの上あたりを左右でつまんで下に引いて衣紋を抜きます。
※写真では見やすいように着物のすそを上げてますが、実際には上げません。

着物の着付けできあがり

着物の着付けのできあがりです。帯結びを始める前に、着物の着付けまでのチェックポイントを確認しておきましょう。

チェックポイント

後ろ姿

衿
着物の衿から半衿が出ていないか

背中心
体の中央にきているか

後ろ身頃
背中に余計なだぶつきやシワはないか

横姿

衣紋
衣紋抜きはこぶしひとつ分を目安に抜いてあるか

脇縫い線
正面から見て、体の真横にきているか

前姿

衿合わせ
のどのくぼみが隠れる程度になっているか

半衿
左右対称に出ているか

おはしょり
余計なだぶつきやシワはないか

褄先
少し上がり気味になっているか

コーリンベルト
コーリンベルトの留め口は下を向いているか、左右対称の高さで留められているか

すそ線
床すれすれになっているか

おはしょりは斜めでOK

着物は、普通に着ると構造上、おはしょりが斜めになるものです。どうしても気になる場合はおはしょりの底を水平にして、伊達締めで押さえてもよいでしょう。

着付け工程4

帯を結ぶ

名古屋帯や袋帯を使ってお太鼓を作る、大人の和装におすすめ帯結び3種類をご紹介します。帯の素材や長さ、または体型により、微調整が必要になるので慣れないうちは事前に練習しておくとよいでしょう。

用意するもの

- 帯板
- 名古屋帯
  または八寸帯
- 仮ひも3本
- 帯枕
- 帯揚げ
- 帯締め（帯留め）

全て手にとりやすいように置いておきます。

一重太鼓《いちじゅうだいこ》

一般に「お太鼓結び」ともいわれる一重太鼓は、名古屋帯や八寸帯で結ぶ略礼装からカジュアルな遊び着まで幅広い装いに向く、もっとも出番の多い帯結びです。

一重太鼓の流れ

帯を胴に巻く
▼
帯山を作る
▼
たれの長さを決める
▼
お太鼓の下線を決める
▼
て先をお太鼓の中に通す
▼
帯締めでお太鼓を固定する
▼
帯揚げを整える
▼
できあがり

帯を胴に巻く

身幅を目安にてをとり、胴に巻き始めます。巻く方向は帯の柄によって選びますが、ここでは左巻きの方法を紹介します。胴帯の反対側を表に出したいときは右巻きにし、その際は左右を全て逆にします。

ラクチンポイント

帯板のゴムベルトは締め付けを感じない程度に調整しましょう。帯を引き締めるときに、締めすぎて苦しくなる心配がありません。

1 帯板を付ける

ゴム付きの帯板を、コーリンベルトの上に付けます。

帯を結ぶ〈一重太鼓〉

2 てを持つ

輪になったほうを下にしててを持ちます。開き名古屋や松葉仕立て、八寸帯の場合は、長さの半分くらいまで、幅を半分に折っておくと巻きやすくなります。

「て」と「たれ」

帯を胴に巻き始める先端を「て先」、反対に結び終わるほうを「たれ先」と呼びます。ここでは便宜上、胴に巻き始める部分から先端を「て」、そこからたれ先側を「たれ」として帯結びの手順を説明しています。

3 てを後ろへ回す

てを後ろに回し、て先側を左手に渡します。

4 帯を背にあてる

両手を左右に広げて、帯を背にあてます。輪は下になっています。

5 ての長さを決める

て先を前に回し、体の脇で少し(15cm前後)折り返します。背中心からて先までの長さがてになります。ての長さは体型と帯の長さ、厚みなどによって調整する必要があります。

6 巻き始める

5で決めたての上に帯を重ねて巻き始めます。5で折り返した部分に人さし指を入れ、ゆるみのないように引きます。

7 一巻きする

たれを背中に回して右手に持ち、左手でてを左脇まで引き抜きます。

8 てとたれを左右に引く

てとたれの下側を持ち、左右に引いて締めます。

ラクチンポイント

下側だけを締めれば、みぞおちが締まることがなく、苦しくなる心配はありません。

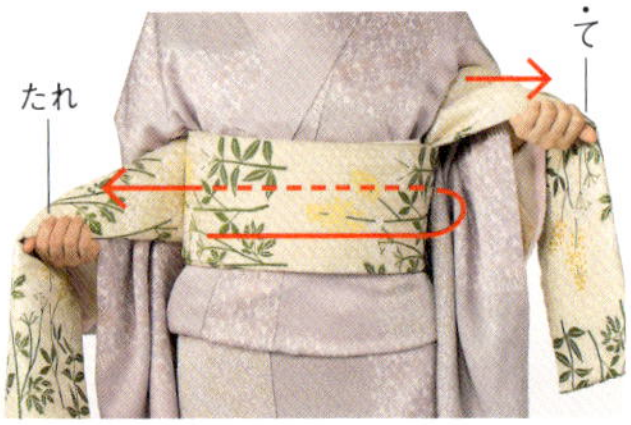

9 二巻き目を巻く

7と同様にもう一度帯を胴に巻いたら、てとたれの下側を持って左右に引き、締めます。

10 てを後ろに引き抜く

締めた帯がゆるまないように右手でたれを持ち、左手でてを背中心まで引き抜きます。

11 てと胴に巻いた帯を一緒に持つ

背中心の位置で、下にたれたての輪と、胴に巻いた帯の下側を一緒に、しっかり持ちます。こうすることで帯がゆるむことはありません。

12 たれの上側を持つ

11の左手はそのままに、帯の下側を持っていた右手を、親指を軸に上側から、4本の指が内側になるように持ち直します。

たれの内側の状態。たれと一緒に、ても折り上げています。

13 たれを折り上げる

11の左手はそのままに、12の右手を背側に回して、左手を軸に折り上げ、右手の甲を背にあてしっかり押さえます。

14 仮ひもAを通す

13の右手はそのままに、左手で仮ひもAの真ん中を持って（写真上）たれの内側から右手に渡し、折り上げたたれの帯の上線の位置に仮ひもをあてて前に回します（写真下）。

15 仮ひもを結ぶ

前に回した仮ひもAを、前帯の上でしっかりと結びます。

16 てを預ける

後ろにたらしたてを、輪が下になるように左側から前に回し、仮ひもAに挟み込んでおきます。

帯山を作る

帯山はシワなく、斜めにならないようにしたいものです。仮ひもを使うことで、きれいにかんたんに帯山を作ることができます。

17 シワを広げる

後ろにたれた帯の左右を引いて、シワを広げます。

18 仮ひもBをあてる

17で広げた部分の上から仮ひもBをあて、前に回して結んでおきます。

19 帯枕を入れる

帯枕をたれの内側に入れます。帯枕の平らな面を外側にして、山型になっている帯枕なら山を下に向けます。

きれいのコツ！

ポイント柄などの帯でお太鼓に出したい部分があるなら、このとき帯山の位置を確認しましょう。

20 帯枕のひもとたれを持つ

帯枕が左右中央にくるようにし、両手で帯枕のひもと帯の両端を一緒に持ちます。

21 帯山を作る

手首を返すようにして帯枕を帯の上線にのせて帯山を作ります。帯枕のひもは前に回して結び、前帯の内側に押し込みます。

ラクチンポイント

帯枕の平らな面が背中側に向くように、手首を返すようにして持ち上げます。背を丸めるより、後ろに反らせたほうが持ち上げやすくなります。帯枕のひもは帯中の下方向に押し込むことで、帯枕がしっかりと背中につきます。

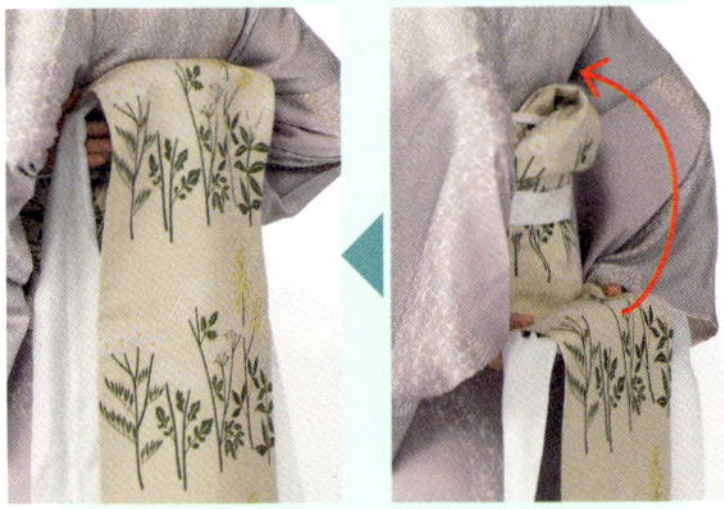

22 帯揚げをかける

帯枕に帯揚げをかぶせます。ずれないように、帯揚げの縁をしっかり帯枕と帯の間に挟み込むこと。※写真は分かりやすいようにたれを上げていますが、実際はたれを下ろしたまま行います。

23 帯枕をくるむ

帯揚げの下側を持ち上げる要領で、帯枕を帯揚げでくるみます。

24 帯揚げを仮結びする

前に回した帯揚げは、仮に結んでおきます。帯枕のひもはしっかりと結んであるため、帯揚げは軽く結ぶ程度で大丈夫です。

たれの長さを決める

人さし指の長さを目安にたれの長さを決めます。ここでは仮ひもを使い、初心者の方でもかんたんにたれの長さを決めることができる方法を紹介します。

25 たれの長さを決める
たれ先を両手で持ち、帯の下線から人さし指の長さを目安に、たれの長さを決めます。

26 たれを固定する
25で決めたたれの位置に仮ひもCをあて、前に回して結んでおきます。

お太鼓の下線を決める

お太鼓の形が決まるプロセスです。お太鼓がたるむと美しくないので、帯山からピンと張るとよいでしょう。

27 仮ひもＢをはずす
18の仮ひもＢをはずします。引き抜くときに、ほかの部分に引っかけて帯結びが崩れてしまわないように注意しましょう。

28 下線に仮ひもＢをあてる
お太鼓の内側に27ではずした仮ひもＢを通し、お太鼓の下線の位置で帯と一緒に持ちます。お太鼓の下線は、胴帯の下線が目安です。体型やバランスを見て、お太鼓を大きくしてもよいでしょう。

29 たれを折り上げる
仮ひもＢを軸にして、人さし指で下にたれた余分な部分を内側に折り込みます。

30 余りを内側に折り上げる
お太鼓の下線と仮ひもを利き手で持ち、もう片方の手で、下からなで上げるようにして、余分なたれを内側に入れ込みます。

31 仮ひもＢを結ぶ
お太鼓の形が整ったら、仮ひもＢを前に回して結んでおきます。

きれいのコツ！
仮ひもＢはお太鼓の下線が目安の位置で、お太鼓の山からたるみがないようにします。お太鼓がだぶつくと、だらしなく見えてしまうので気をつけましょう。

仮ひもＢと仮ひもＣが重なった状態になっています

て先をお太鼓の中に通す

一重太鼓のて先は、お太鼓の外側の帯の内側に通し、お太鼓の左右からそれぞれ3〜5㎝出します。お太鼓の内側を隠す役割もあります。

32 仮ひもAをはずす
15で結んだ仮ひもAをはずします。

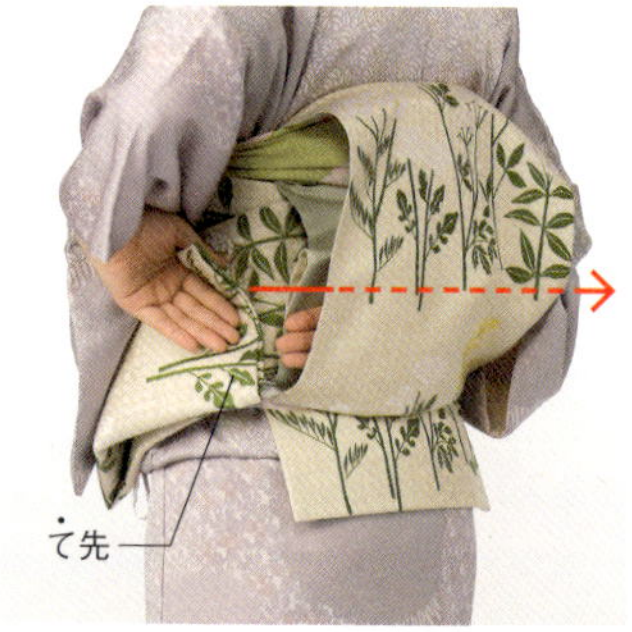

33 てを入れる
左手でて先を持ち、右手をお太鼓の中に通してて先を受けとり、中に通します。右手は仮ひもBをたどっていくと、正しい位置になります。

34 ての長さを調整する
て先は、お太鼓から3〜5㎝出るように引き出します。

ての元が余ったら…

左側の折っているての元が、て先より長く残っている場合には、内側に折り込んで長さを調整します。このとき、て先は右手で押さえておきます。

帯締めでお太鼓を固定する

仮ひも2本（B・C）で押さえている部分を、帯締め1本で固定します。結んでいる途中でゆるまないように、しっかり帯締めを引きながら行います。

35 帯締めを持つ
帯締めの真ん中を持ちます。金銀や模様がある場合は確認し、左側にくるように心得ましょう。

36 帯締めを通す
お太鼓の中に帯締めを入れ、ての上に通します。

37 一結びする

左右の長さをそろえ、着物と同様に左側が上になるように交差させます（写真上）。上に重ねた帯締めを下からくぐらせて、一結びします（写真下）。帯結びを固定する要になるので、しっかり結びましょう。

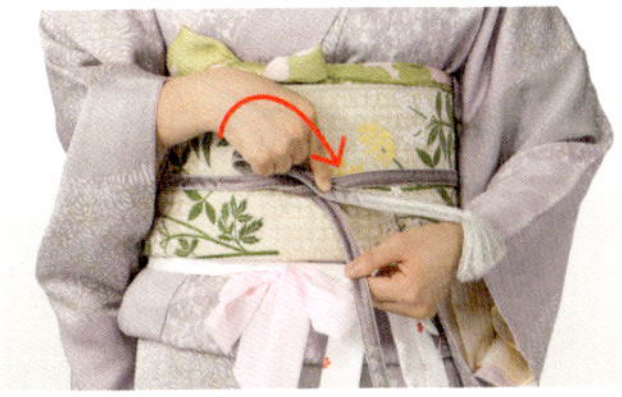

38 右上を折り下げる

右上に出た帯締めを、結び目から少し離れた位置で左下に向けて折って輪を作り、結び目に重なった部分を右手の指で押さえます。

39 左下を結び目から折り上げる

左下の帯締めを結び目から真上に折り上げて、左手の指で押さえます。

40 輪に通す

上に向けた帯締めを38の輪に入れ（写真右）、最後まで引き抜いたら、ゆるまないように結び目の上を右手の指でしっかり押さえます。

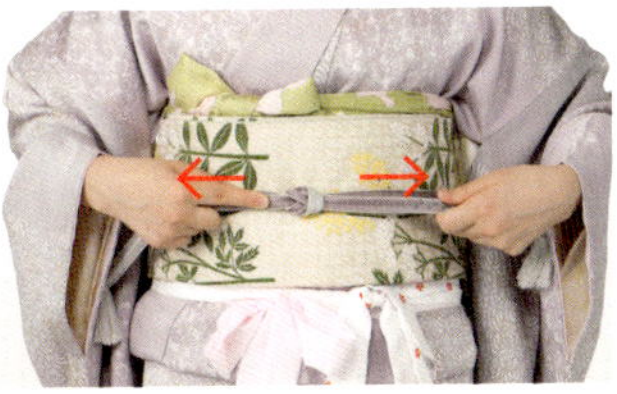

41 左右に引いて締める

40の右手で結び目を固定したまま、左手で左側の帯締めを引き抜きます。両手で左右の帯締めを持って、さらに締めます。

42 先端を挿し込む

左右の帯締めの先端は、脇で上から挿し入れて、房を上に出します。仮ひもＢ・Ｃをはずします。

帯留めを使うなら

帯留めは和装のアクセサリーです。おしゃれを楽しみたい人におすすめ。また、結び目をお太鼓の中に隠してしまうので、結び方をそれほど気にする必要がないのも利点です。

1 帯締めに帯留めを通し、ての上を通して前に回し、37～41と同様に結びます。長さが余ったら、蝶結びにしたり、帯締めに端を挟み込むなどします。

2 お太鼓の中に隠れるまで、結び目を後ろへ回します。

3 帯留めだけが正面になるよう、調整します。

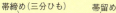

帯揚げを整える

帯の上からのぞく帯揚げは、挿し色と考えて、全体の色のバランスを見ながら出す分量を調整しましょう。

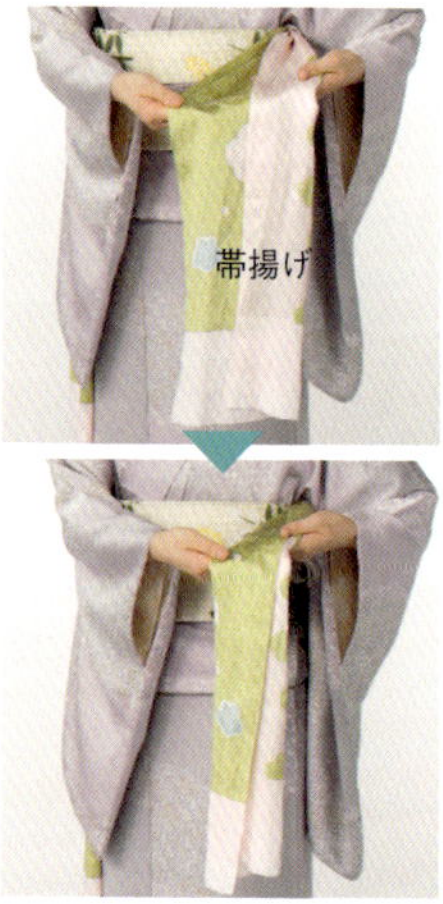

43 帯揚げを三つ折り

24の仮結びをほどき、一方の帯揚げの幅を、それぞれ3分の1幅に折ります。

44 半分に折る

さらに半分の幅に折ります。

45 もう一方も折る

折りたたんだ帯揚げは帯に挟んでおき、逆側も43、44のとおりに折りたたみます。

46 一結びする

帯揚げを着物と同様に左を上に交差させ、上になった帯揚げを下からくぐらせてひと結びします（写真上）。左右の帯揚げを上下に立てます（写真下）。

47 輪を作り重ねる

下になった帯揚げの先端を右に向けて輪を作り、上になった帯揚げを重ね下ろします。

48 もう一度結ぶ

重ね下ろした帯揚げを、輪の中に下から通します（写真上）。帯揚げの左右を持って軽く左右に引き締めます（写真下）。

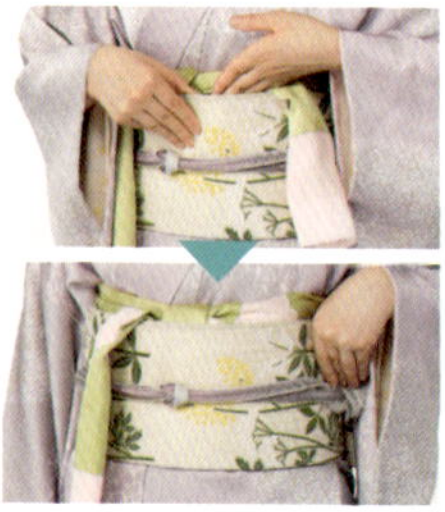

49 端を処理

結び目の際から端まで、すべて帯の内側に入れ込みます。

50 結び目を押す

左右とも帯の中に入れ込んだら、最後に結び目を中に押し込みます。

きれいのコツ！

衣紋の抜き加減は、着付けているうちに詰まってきがちです。着物の着付けや帯結びの最後の仕上げで衣紋を抜き直しましょう。

一重太鼓できあがり

一重太鼓の完成です。次のチェックポイントを参照に、着付けの確認をしましょう。全身を見ながら、着物が着崩れていないかも、最終チェックします。

チェックポイント

後ろ姿

帯山
余計なシワがないか。位置が下がっていないか

お太鼓
お太鼓の大きさはちょうどよいか。お太鼓の形はゆがんでいないか。お太鼓の柄はバランスよく出ているか

たれ
たれ先は人さし指1本分くらいの長さになっているか

前姿

帯揚げ
結び目は真ん中になっているか

前帯
余計なシワがないか

帯締め
帯締めの結び目は真ん中になっているか。左右の房は上を向いているか（カジュアルなら、一方だけ下向きにしてもかまいません）

帯板
前帯からはみ出ていないか

横姿

前帯
水平か、前下がりになっているか（前上がりは美しくありません）

帯締め
帯締めはて先の上を通っているか

お太鼓
余計なたるみがないか。お太鼓の中がきれいにまとまっているか

二《に》重《じゅう》太《だい》鼓《こ》

お太鼓の部分が二重になるため、格調と華やかさが出るのが特徴です。袋帯やしゃれ袋帯など長い帯を使うため、難しく思われがちですが、ここで紹介する方法なら初心者でも大丈夫です。おもに留袖や訪問着などのフォーマルな装いに合わせます。

帯を胴に巻く

袋帯は名古屋帯よりも長いですが、ていねいに手順を一つずつ追えば大丈夫。たれ先から蛇腹（山折り谷折りを繰り返す）にたたんでおくと、扱いやすいです。まずはて先から、胴に巻く部分の幅を折るところから始めましょう。

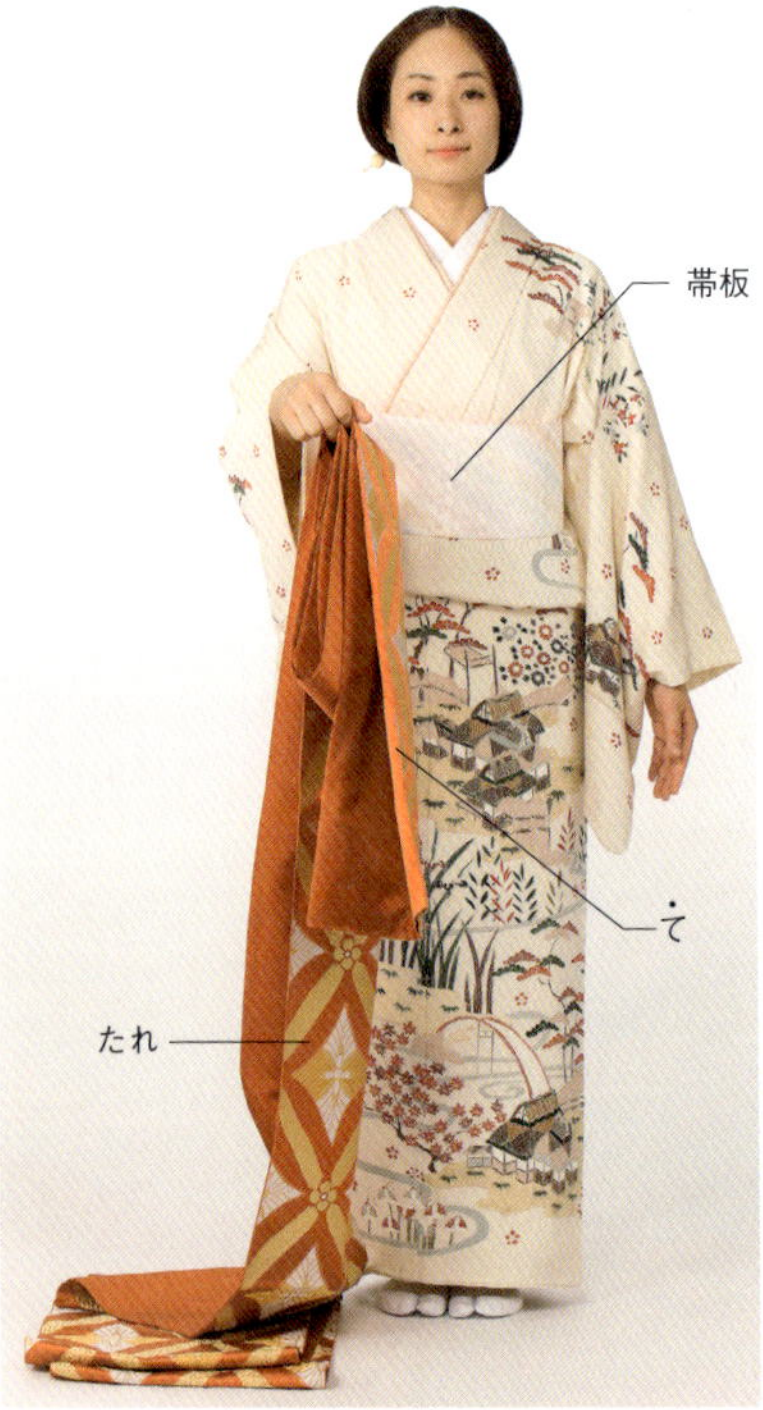

1 てを持つ

帯板を付け、て先から長さの半分くらいまで、幅を約半分に折ります。輪になったほうを下にしててを持ちます。

用意するもの

- 帯板
- 袋帯またはしゃれ袋帯
- 仮ひも３本
- 帯枕
- 帯揚げ
- 帯締め（帯留め）

全て手にとりやすいように置いておきます。

二重太鼓の流れ

帯を胴に巻く
▼
たれの長さを決める
▼
帯山を作る
▼
お太鼓の下線を決める
▼
て先をお太鼓の中に通す
▼
帯締めと帯揚げを結ぶ
▼
できあがり

2 てを後ろへ回す

てを後ろに回し、て先側を左手に渡します。

3 帯を背にあてる

両手を左右に広げて、帯を背にあてます。輪は下になっています。

4 ての長さを決める

て先を前に回し、体の脇で少し(15cm強)折り返します。背中心からて先までの長さがてになります。ての長さは体型と帯の長さ、厚みなどによって調整する必要があります。

5 巻き始める

4で決めたての上に帯を重ねて巻き始めます。4で折り返した部分に人さし指を入れ、ゆるみのないように引きます。

6 一巻きする

たれを背中に回して右手で持ち、左手でてを左脇まで引き抜きます。

ラクチンポイント

袋帯は名古屋帯より厚くしっかりしているので、気持ち強めに引いても締め加減は大丈夫です。

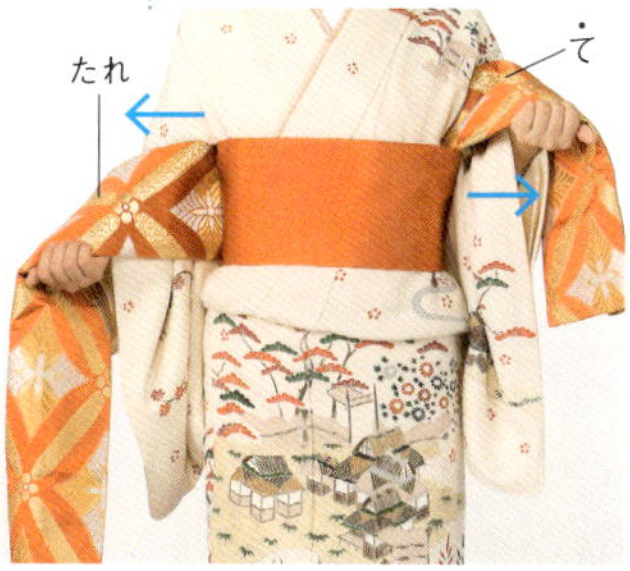

7 てとたれを左右に引く

てとたれの下側を持ち、左右に引いて締めます。

きれいのコツ！

前帯の幅を広めにとることで、華やかで格上の装いになります。

8 前帯幅を広げる

二巻き目の前に、前帯の幅を少し(0.5～2㎝)広げます。

9 二巻き目を巻く

7と同様にもう一度帯を胴に巻いたら、てとたれの下側を持って左右に引き、締めます。

10 てを後ろに引き抜く

締めた帯がゆるまないように右手でたれを持ち、左手でてを背中心まで引き抜きます。

11 てと胴に巻いた帯を一緒に持つ

背中心の位置で、下にたれたての輪と、胴に巻いた帯の下側を一緒に、しっかり持ちます。こうすることで帯がゆるむことはありません。

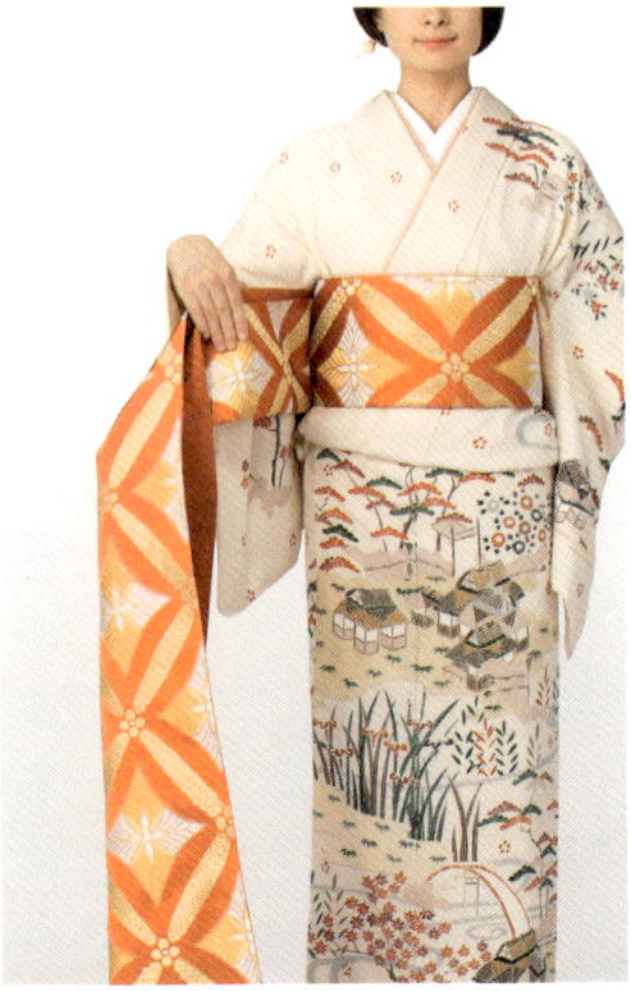

12 たれの上側を持つ

11の左手はそのままに、帯の下側を持っていた右手を、親指を軸に上側から、４本の指が内側になるように持ち直します。

たれの内側の状態。たれと一緒に、ても折り上げています。

13 たれを折り上げる

11の左手はそのままに、12の右手を背側に回して、左手を軸に折り上げ、背に右手の甲でしっかり押さえます。

帯を結ぶ〈二重太鼓〉

たれの長さを決める

二重太鼓では、お太鼓の山を作る前に、先にたれの位置を決めます。お太鼓が二重になる分、帯が長く残っていますが、あせらずにたぐっていけば、先端のたれ先を見つけられます。

14 仮ひもＡを通す

13の右手はそのままに、左手で仮ひもＡの真ん中を持って（写真上）たれの内側から右手に渡し、折り上げたたれの帯の上線の位置に仮ひもをあてて前に回します（写真下）。

15 仮ひもを結ぶ

前に回した仮ひもＡを、前帯の上でしっかりと結びます。

16 てを預ける

後ろにたらしたてを、輪が下になるように左側から前に回し、仮ひもＡに挟み込んでおきます。

17 シワを広げる

後ろにたれた帯の左右を引いて、シワを広げます。

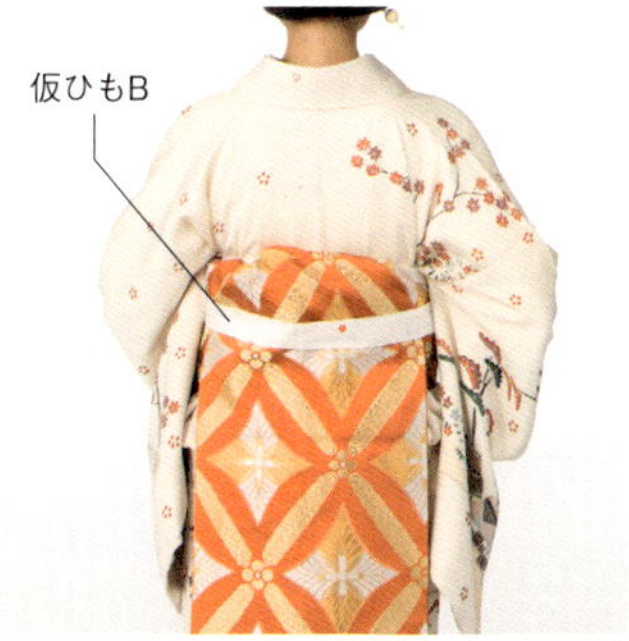

18 仮ひもＢをあてる

17で広げた部分の上から仮ひもＢをあて、前に回して結んでおきます。ここまでは、一重太鼓の結び方とほぼ同じです。

きれいのコツ！

袋帯は重みがあるので、仮ひもといえどもしっかり結び、ゆるんで形が崩れないようにします。

19 たれの長さを決める

たれ先の左右を持ってたくし上げ、胴に巻いた帯の下線の5cm下から、人さし指1本分の長さでたれをとります。

20 仮ひもＣをあてる

19で決めたたれに仮ひもＣをあてて、前に回して結びます。

帯山を作る

二重になっているたれがずれないように、帯山を作ります。帯枕の平らな部分をしっかりと背に付けて結び、帯枕のひもを前帯の内側に押し込むと枕がフィットし、形よく仕上がります。

21 帯枕を入れる

帯枕をたれの内側に通します。帯枕の平らな面を外側にして、山型になっている帯枕なら山を下に向けます。

22 帯枕のひもとたれを持つ

帯枕が左右中央にくるようにし、両手で帯枕のひもと帯の両端を、なるべく下の位置で一緒に持ちます。

注意！ 帯枕のひもと帯を持つときは、外側の帯だけをしっかり持ちます。それを軸に、内側の帯はすべらせるようにします。

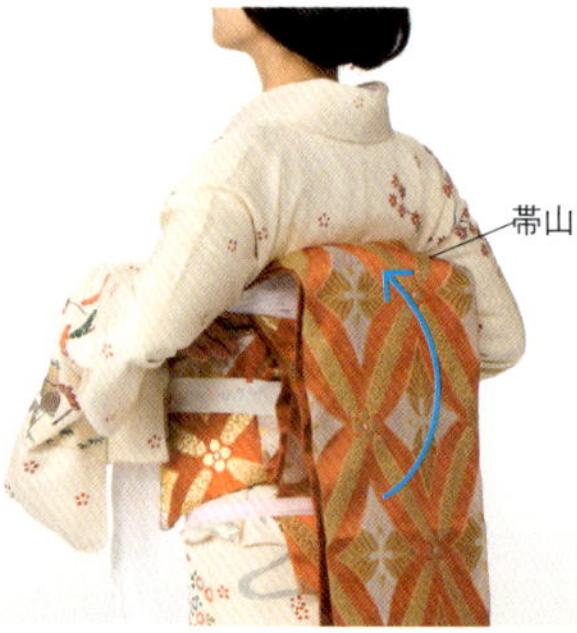

23 帯山を作る

手首を返すようにして帯枕を帯の上線にのせて、帯山を作ります。

24 帯枕のひもを押し込む

帯枕のひもを前に回して結んだら、帯の中にしっかりと押し込みます。これにより、帯枕が背中にフィットします。

25 帯揚げをかけ、帯枕をくるむ

帯枕の上に帯揚げをかぶせます。
⇒一重太鼓の22、23（P52）参照

26 帯揚げを仮結びする

前に回した帯揚げは、仮に結んでおきます。帯枕のひもをしっかりと結んであるため、帯揚げは軽く結ぶ程度で大丈夫です。

お太鼓の下線を決める

お太鼓の大きさを決める手順です。二重太鼓の下線は、胴に巻いた帯の下線より少し下にして、一重太鼓より少し大きめに作ります。

27 仮ひもBをはずす

18で結んだ、仮ひもBをはずします。引き抜くときにほかの部分に引っかかって帯結びが崩れないように注意しましょう。

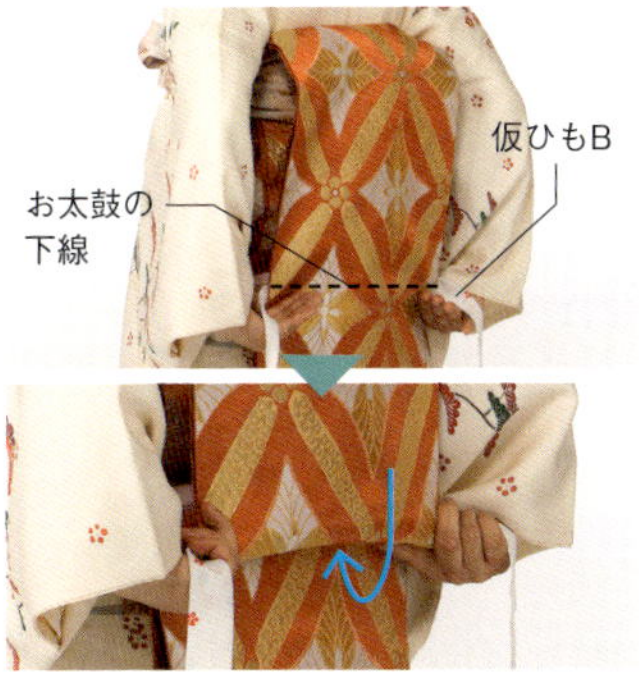

28 下線に仮ひもをあてる

お太鼓の下線の位置に、内側から27ではずした仮ひもBをあて、帯と一緒に持ち（写真上）、仮ひもを軸に人さし指で下にたれた余分な部分を内側に折り込みます（写真下）。二重太鼓ではお太鼓の下線は、胴帯の下線より少し下にします。全体のバランスを考慮して調整しましょう。

29 たれを折り上げる

お太鼓の下線と仮ひもを利き手で持ち、もう片方の手で、下からなで上げるようにして、余分なたれを内側に折り上げます。

30 仮ひもを手前に引く

お太鼓の形が整ったら、仮ひもBを前に回して結んでおきます。

きれいのコツ！

仮ひもBはお太鼓の下線より少し下の位置で、お太鼓の山からたるみがないようにします。お太鼓がだぶついてしまうと、だらしなく見えてしまうので気をつけましょう。

て先をお太鼓の中に通す

二重太鼓のてを通す位置は、お太鼓の外側から2枚目と3枚目の間です。お太鼓の左右から出るての長さは、それぞれ3〜5㎝以内を目安にします。

31 仮ひもAをはずす

15で結んだ仮ひもAをはずします。

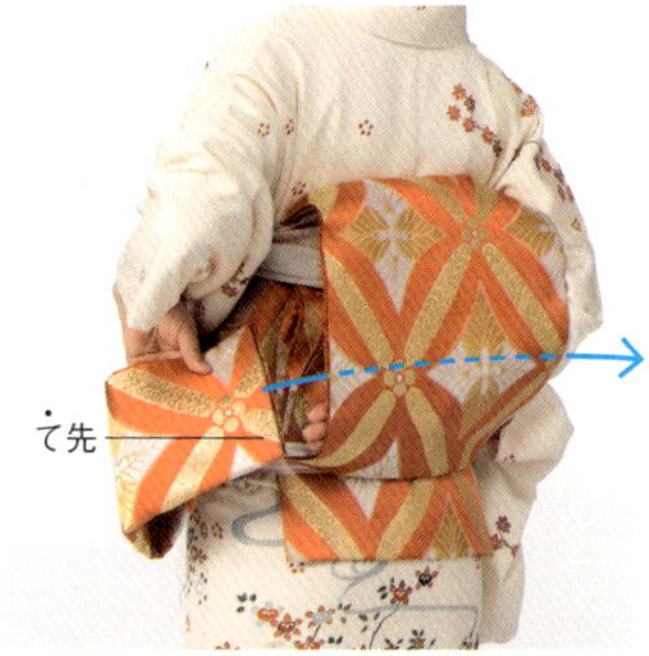

32 てを入れる

左手でて先を持ち、右手をお太鼓の内側（仮ひもBが通っている位置）に入れ、てを受けとります。

きれいのコツ！

多めにて先を出すことで、大きめにつくったお太鼓とバランスがよくなります。

33 ての長さを調整する

て先は、お太鼓から3〜5㎝出るように引き出します。左側の折っているての元が、て先より長く残っている場合には、内側に折り込んで長さを調整します。

帯締めと帯揚げを結ぶ

帯締めと帯揚げの結び方は、一重太鼓と同じです。フォーマルな装いの場合はとくに、帯揚げをていねいに折りたたむと、より美しく仕上がります。

34 帯締めを結ぶ

P54〜55の35〜42を参考に、帯締めを結びます。仮ひもを2本ともはずします。

35 帯揚げを結ぶ

P56の43〜50を参考に、帯揚げを結びます。結び目はしっかりと中に押し込み、帯上に出す分量は全体の色のバランスを見ながら調節します。

二重太鼓できあがり

二重太鼓の完成です。フォーマルな装いの場合はとくに余計なシワやゆがみなどがないかを確認しましょう。全身を見ながら、着物が着崩れていないかも、最終チェックします。

チェックポイント

後ろ姿

帯山

帯山に余計なシワがないか。位置が下がっていないか

お太鼓

お太鼓の大きさはちょうどよいか。お太鼓の形はゆがんでいないか。お太鼓の柄はバランスよく出ているか

たれ

たれが人さし指1本分よりも気持ち長めになっているか

前姿

帯揚げ

結び目が真ん中になっているか

前帯

余計なシワがないか。前帯幅は適度に広めになっているか

帯締め

帯締めの結び目が真ん中になっているか。房はどちらか上を向いているか（カジュアルなら、一方だけ下向きにしてもかまいません）

帯板

前帯からはみ出ていないか

横姿

前帯

水平か、前下がりになっているか（前上がりは美しくありません）

お太鼓

余計なたるみがないか。お太鼓の中がきれいにまとまっているか

帯締め

ての上を通っているか

角《つの》出《だ》し

縞や無地の着物を、粋に装いたいときにおすすめのカジュアル向けの名古屋帯の帯結びです。たれの長さは少し長めに、帯の位置をやや下めに結ぶとよりこなれた雰囲気に。よりかかるとふくらみがつぶれてしまうので、注意しましょう。

用意するもの

- 帯板
- 名古屋帯
  または八寸帯
- 仮ひも2本
- 帯揚げ
- 帯締め（帯留め）

全て手にとりやすいように置いておきます。

角出しの流れ

帯を胴に巻く
▼
帯山を作る
▼
お太鼓の下線を決め帯締めを結ぶ
▼
できあがり

帯を胴に巻く

一重太鼓（P48〜）の1〜16と同じ手順ですすめます。一つ違うのはての長さで、下の4でて先を体の中心くらいまで折り返します。角が左右に大きめに出るので、てを長めにとりましょう。下の写真で流れを追っていますので、参考にしてください。

1

帯板を付け、てを持つ

2

てを後ろに渡す

3

てを背中に当てる

4

て先を脇で折り返す

5

帯を巻き始める

6

てを抜いて引き締める

7

もう一度巻き、締める

8

てを背中心まで抜く

9

てと胴に巻いた帯を持つ

10

帯を上から持つ

11

帯を折り上げる

12

仮ひもＡを持つ

13

仮ひもＡを前で結ぶ

14

てを仮ひもＡに挟む

帯山を作る

ここから一重太鼓と手順が変わります。お太鼓を作る前にての位置を決め、帯枕を使わずに帯揚げだけで帯山を作るのが、角出しの大きな特徴です。

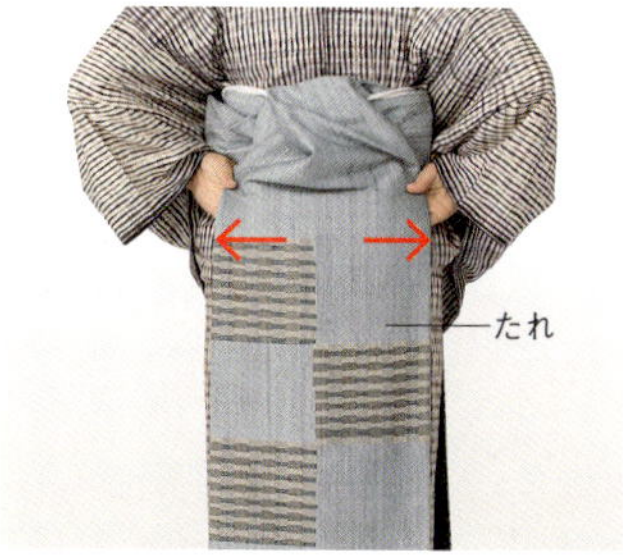

15 たれ幅を広げる

後ろにたれた帯の左右を引いて、シワを広げます。

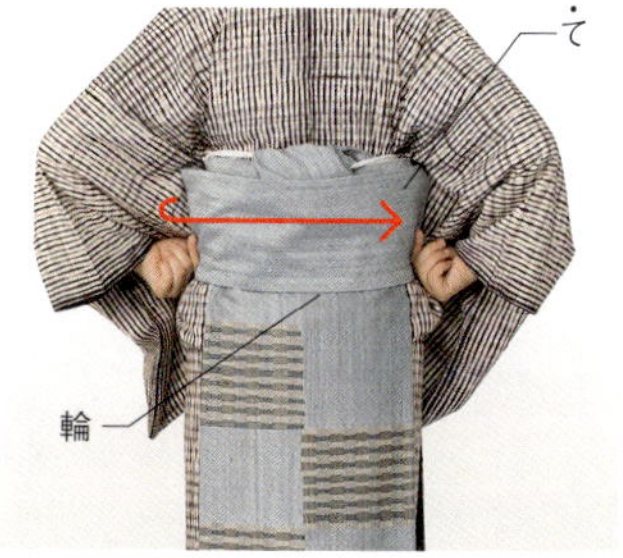

16 角の位置を決める

広げたたれの上に、てを重ねます。ての輪が下になるようにし、たれ幅から左右対称に出るように調整します。

17 仮ひもで固定する

16の上から仮ひもBをあて、前で仮結びします。

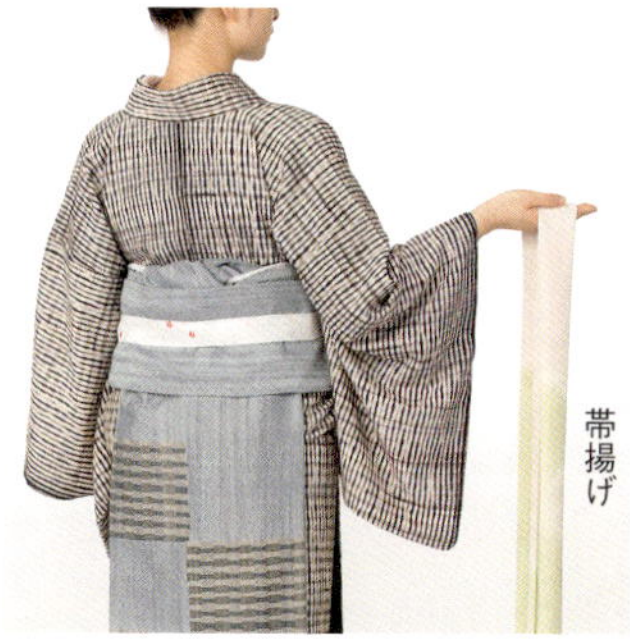

18 帯揚げを用意する

帯揚げの幅を3分の1に折ってから、さらに半分に折ります。帯揚げの真ん中辺りを持ちます。

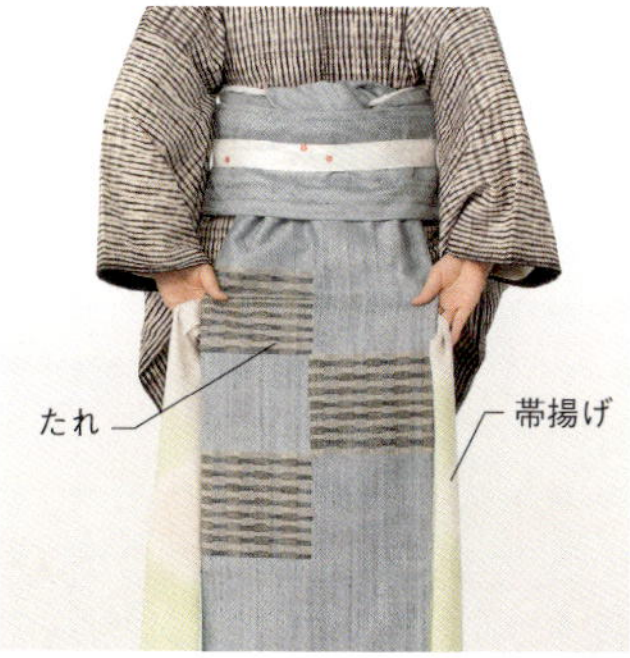

19 帯揚げとたれを持つ

たれの内側に帯揚げを通し、帯の両端と一緒に両手で持ちます。

20 帯山を作る

たれと帯揚げを持ったまま、胴に巻いた帯の上線にのるように持ち上げます。体を反らすと比較的スムーズです。

21 帯揚げを結ぶ

20の位置がずれないようにピンと張りながら、前で結びます。**結び方はP56の一重太鼓13〜50を参照します。**

きれいのコツ！

帯枕を使わない角出しは、この時点でしっかりと帯揚げを結びます。帯の上から出す分量は控えたほうが、粋な雰囲気になります。

お太鼓の下線を決め帯締めを結ぶ

たれで、角を包むようにしてふっくらとした形を作ります。たれ先の長さと、お太鼓の大きさのバランスをみながら、形を決めましょう。

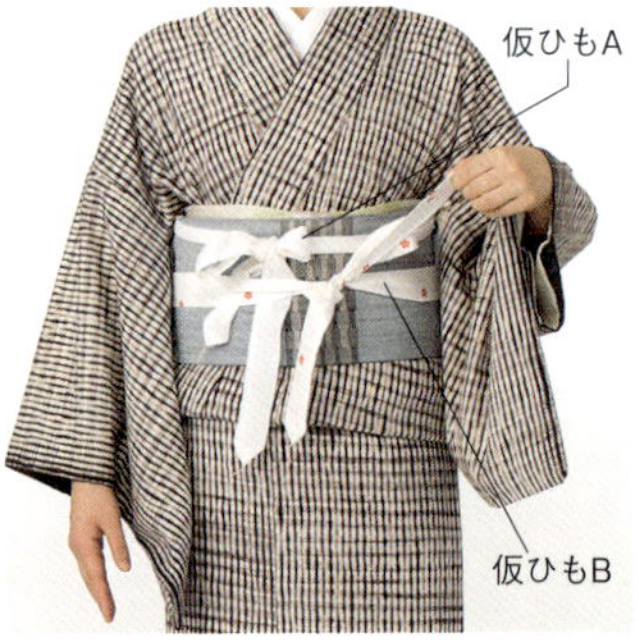

22 仮ひもを全てはずす

仮ひもAとBをはずします。抜くときに帯結びの形を崩さないように注意しましょう。

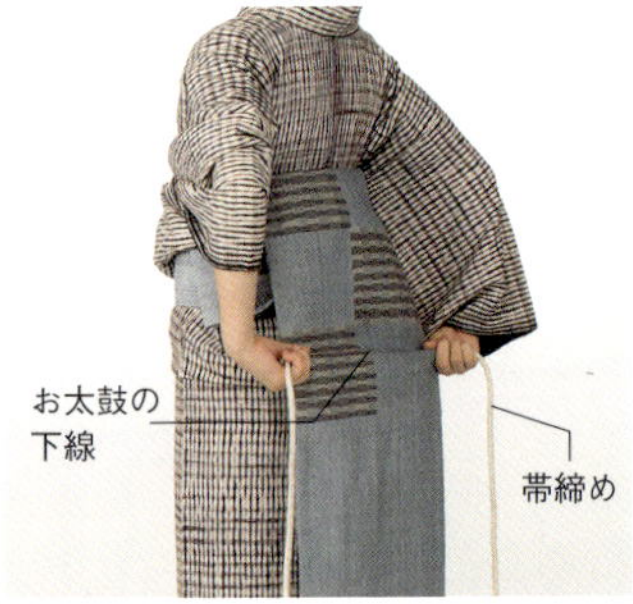

23 お太鼓の下線を決める

帯締めをたれの内側に通し、お太鼓の下線を決めます。角を起こす分ふっくら持ち上がるので、下線はおはしょりの底を目安にしましょう。

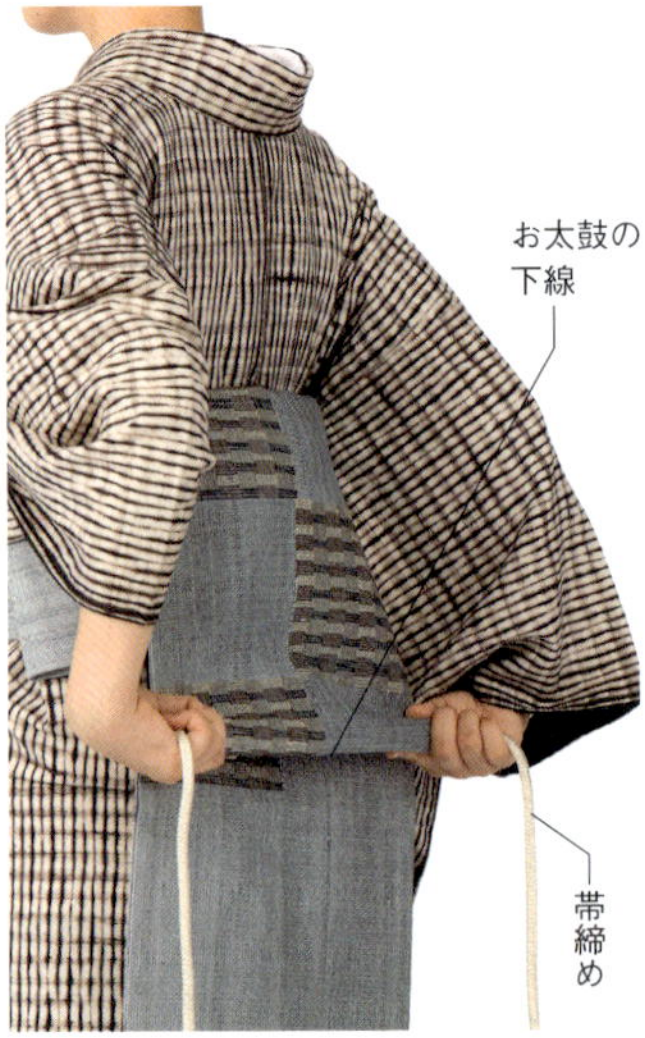

24 たれを内側に折り上げる

帯締めを軸にして、人さし指でたれを内側に折り上げます。

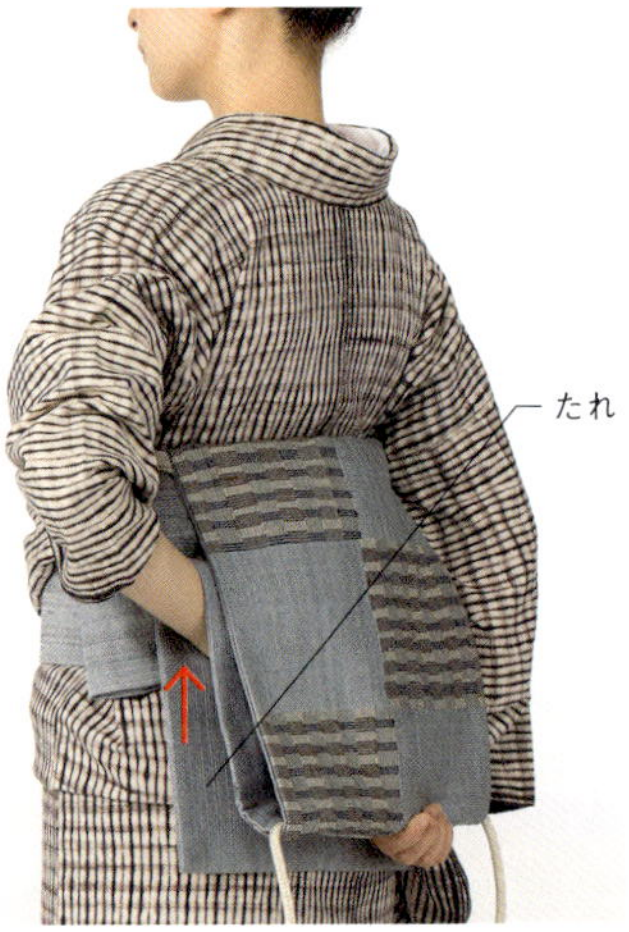

25 たれ先の位置を決める

24で折った部分の中心を持ち、残りをそのまま押し上げて、たれ先の位置を決めます。ヒップの膨らんだ辺りを基本として調整しましょう。

きれいのコツ！

お太鼓の下線を帯締めと一緒にキュッと上げることで、適度なふくらみをもたせることができます。

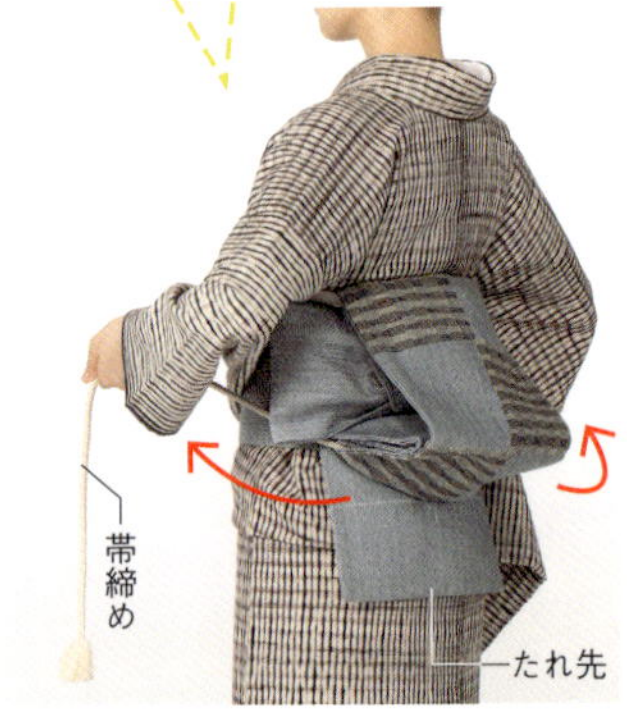

26 お太鼓を作り、帯締めを結ぶ

たれ先の位置がずれないようにしながら、お太鼓の底を角の下あたりに持ち上げて、帯締めを前で結びます。**結び方は P55の一重太鼓37～42を参照します。**

27 角出しの形を整える

角(て)の下側を斜め外側に起こし、お太鼓の形をふっくらと作ります。

角出しできあがり

角出しの完成です。なりたい雰囲気に合った帯山の高さか、お太鼓の大きさは適当かなど確認しましょう。

チェックポイント

後ろ姿

帯山
帯山に余計なシワがないか。位置が下がっていないか

角
お太鼓の脇から出ている角は左右均等か（角の出る分量は全体のバランスで調整します）

お太鼓
お太鼓の大きさはちょうどよいか。形はゆがんでいないか

たれ
たれのバランスはよいか

前姿

帯揚げ
結び目が真ん中になっているか

前帯
余計なシワがないか

帯締め
帯締めの結び目が真ん中になっているか。帯締めの房は上を向いているか（カジュアルなら、一方だけ下向きにしてもかまいません）

帯板
前帯からはみ出ていないか

横姿

お太鼓
お太鼓の下側に適度なふくらみがあるか

前帯
水平か、前下がりになっているか（前上がりは美しくありません）

角
下側が斜めに起きているか

よりすてきに見せる

体型別 着こなしのコツ

人の体型は千差万別。体型も個性のひとつですが、着付けの仕方で、体型の悩みを解消することができます。たとえば太さが気になる場合には、その部分の面積の割合を分割することで視線が分散され、すっきり見えます。よりすてきな着姿を目指して、体型別の着こなしのコツを習得しましょう。

首が太い ↓ 衿を浮かせる

ポイントはなるべく首まわりをゆったりと着付けることで、顔の印象もすっきりと小顔になります。目の錯覚を利用した着付けで、首の太さをカバーします。

衿が詰まると首の太さが強調される

首回りに衿がくっついていると、きつそうに見え、余計に太さが強調されてしまいます。また深めの衿合わせや半衿の幅を狭くすると窮屈な印象になり、首の太さが目立ってしまうだけでなく、短く見えてしまい野暮ったい雰囲気になりがちです。

衿と縦のラインがポイント

左右の衿を首から浮かせて首まわりをゆったりと着付けます。浮かせ方は長襦袢の伊達締めをしてから、加減を調整しながら衿を少し浮かせるようにします。半衿は出し気味にし、衿合わせを浅くすることで縦ラインが強調されてシャープな印象になります。

いかり肩 ↓ 衣紋を抜き気味に

洋服だとかっこいい着こなしもできるいかり肩ですが、着物を着ると、がっしりとした体型に見えがちです。なだらかな曲線を作ることを意識し、メリハリのある色柄の着物で視線を分散させましょう。

きっちり着ると肩がごつく見える

通常の衿幅にすると、着物の体の面積に比べて衿が細く感じられ、その結果、体ががっしりと大きく見えてしまいます。また衿合わせを詰めると上半身の面積が増え、肩幅がより目立ってしまいます。

上半身になだらかなラインを作る

衣紋を少し抜き気味にして衿から肩にかけてなだらかなラインを作ります。衿合わせは浅めにし、縦のラインを強調しましょう。衿幅を少し広めにすることで、上半身の面積が目立たなくなります。

胸が豊か
↓
凹凸を減らす

帯の上にバストがのってしまうと、老けて見えてしまいます。体の凹凸がないほどきれいに着付けることができる着物の場合は、和装ブラや着付けでなるべくバストを押さえる工夫が必要です。

和装ブラ

自分サイズの着物の用意から

和装ブラをせずに帯を通常の位置で結ぶと、帯の上にバストがのってしまい老けた印象に。また凹凸がある分きれいに着付けることができず、着物に余計なシワやたるみが目立ってしまいます。胸が豊かな方はとくに、自分の寸法で仕立てた着物のほうが楽に着付けをすることができます。

和装ブラを付けてゆったりと

まず和装ブラで胸を押さえます。バストが豊かだと衿合わせが開きがちなので、しっかりと両方のバストを包み込むように身頃を抱き合わせます。ひも類は締め付けすぎずにゆったりと、着物の中で体が泳ぐような感覚で着付けをします。帯の位置は気持ち下で、前下がりにします。衿幅は少し広めにとるようにしましょう。

ぽっちゃり
↓
ゆったり着付けに

ふくよかな方の着物姿は女性らしくてやさしい雰囲気ですが、着付けを工夫することで、すっきりとした仕上がりにもなります。ゆったりとした着付けと、体の面積に合わせた分量の加減が着付けのポイントです。

締め付けはかえって窮屈に見える

ギュッと締め付けるように着ると、逆にシワが寄って窮屈に見え、ふくよかさが目立ってしまいます。またお太鼓が小さいと、体がより大きく見えてしまい、たれの下からのぞくおしりのボリュームで、余計に体型を強調してしまっています。二重になった厚ぼったいおはしょりもタブーです。

前帯幅を太く、お太鼓を大きめに

全体にゆったり着付けることが肝心です。さらに前帯幅を太めにすると、面積が分散されてすっきり見えます。胴に巻く帯幅を太めに折るか、礼装以外なら結び終わった後に少し斜めに交差させ、前帯の幅を太く見せる方法も。お太鼓も大きめに作り、たれも長めにすると体が小さく見える効果が。帯締めは細いものよりも平組などある程度幅があるものを。

浴衣の着付け

夏のカジュアル着として活躍する浴衣。浴衣は長襦袢を着ずに、肌着の上に直接着ます。軽やかさが大切なので、着物よりすそを少し短くし、衿合わせも深めにしましょう。

肌着を着る

和装肌着は肌襦袢とすそよけが分かれた二部式が一般的ですが、浴衣の着付けにはワンピース型の浴衣用肌着がかんたんに着られて便利です。肌着は汗じみから浴衣を守ったり、透けるのを防ぐ役割があります。キャミソールやタンクトップで代用も可能なので、必ず肌着は付けるようにしましょう。

1 肌着を着る

肌着に手を通し、衣紋をしっかりと抜きます。浴衣の合わせと同様に、右、左の順で前を重ね合わせます。

用意するもの

- 浴衣
- 腰ひも
- 伊達締め

全て手にとりやすいように置いておきます。

浴衣の着付けの流れ

肌着を着る
▼
すそ線を決める
▼
上前と下前を合わせる
▼
腰ひもを結ぶ
▼
おはしょりを整える
▼
衣紋を抜く
▼
衿を合わせる
▼
伊達締めを締める
▼
できあがり

すそ線を決める

浴衣のすそ線は気持ち短めに、くるぶしが隠れる程度に決めることで見た目も涼しげに着付けることができます。着物と同様、左右の褄《つま》先は少し上げ気味にして合わせます。

2 浴衣を羽織る

着物を羽織る要領(P38~40参照)で、背中心を真ん中にして左右の衿を持って後ろへ回し、片側ずつ羽織ります。

足袋を履くなら浴衣を羽織る前に

上質素材や絞り染め、伝統的な藍染め浴衣などは、着物のように足袋を履いた装いが楽しめます。とくに白木の下駄や畳表など、足の裏の汗じみが付きやすい素材の下駄は、足袋を履くことで傷むのを防ぐのでおすすめです。ただし、足袋を履いても浴衣の足元は草履ではなく必ず下駄を履くのがルールです。

3 背中心を合わせる

左右の衿先を前で合わせ、背中心が体の真ん中にくるように調節します。

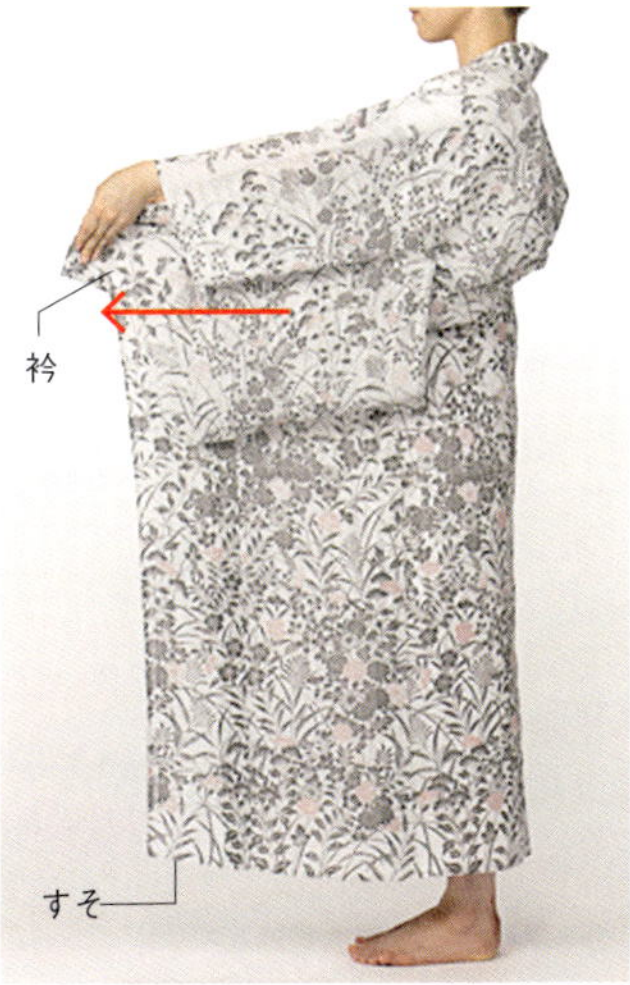

4 すそを一旦上げる

左右の衿先を持ち、一旦足首よりも上まで浴衣のすそを上げ、衿を前に引きます。浴衣は軽く、生地に摩擦があるので、肌着がめくれ上がらないよう、ふんわり広げて上げるとよいでしょう。

5 すそ線を決める

衿は前に引いたまま、浴衣のすそ線をくるぶしが隠れるところまで下ろします。

きれいのコツ！

すそ線は長めにすると大人っぽく女性らしい雰囲気に、短めにすると軽快な印象になります。ただし長すぎると暑苦しく、短すぎると幼く見えてしまうので、基本の長さを目安にバランスを見ながら少しずつ調整しましょう。

上前と下前を合わせる

すそ線の位置がずれないように気をつけながら、左右の褄先《つま》をそれぞれ上げ気味にしながら上前と下前を合わせます。

6 上前幅を決める

すそ線の位置はそのままに、上前の脇縫い線が正面から見たときに体の真横にくるように合わせ、上前の幅を決めます。脇縫い線は、真横から見ると、少し前になります。

ラクチンポイント

脇縫い線が真横にくるようにしても、サイズが合っていないと身幅が足りなかったり広すぎることも。自分のサイズに誂えた浴衣のほうがかんたんにきれいに着付けをすることができます。

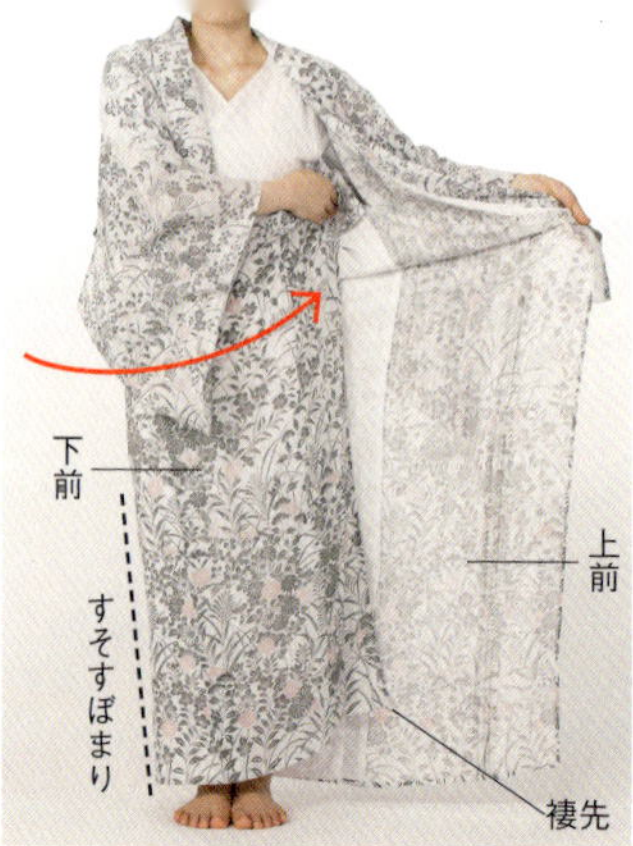

7 下前を合わせる

前方に衿を引いて上前幅をキープしたまま、静かに上前を広げ、下前を体に合わせ、手首を返すようにして褄先を少し上げます。

8 上前を合わせる

上前も同様に下前に重ね合わせ、手首を返すようにして褄先を少し上げ、右手で押さえます。しっかりと体にフィットさせることで、下前が下がってくるのを防ぐことができます。

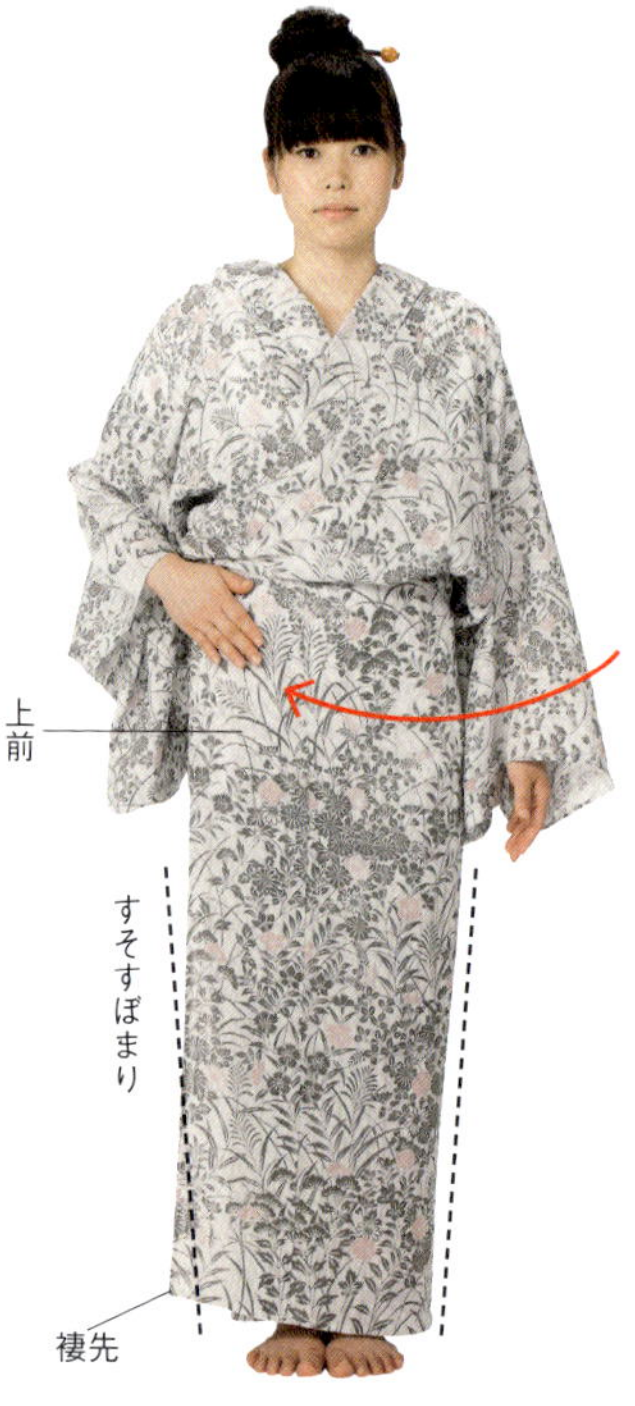

腰ひもを結ぶ

これまで着付けた部分がずれないように腰ひもを結びましょう。ウエストの凹みではなく腰骨の少し上をひもが通るようにすると苦しくなく、締めることができます。

9 腰ひもをあてる

腰ひもの真ん中を持ち、8で押さえた位置で、腰骨の少し上にあてます(写真上)。左手をスライドさせて、腰ひもを体の前に通します(写真下)。

10 後ろで交差させる

左右の腰ひもを後ろに回したら、持ち手を替えて腰ひもを交差させます。

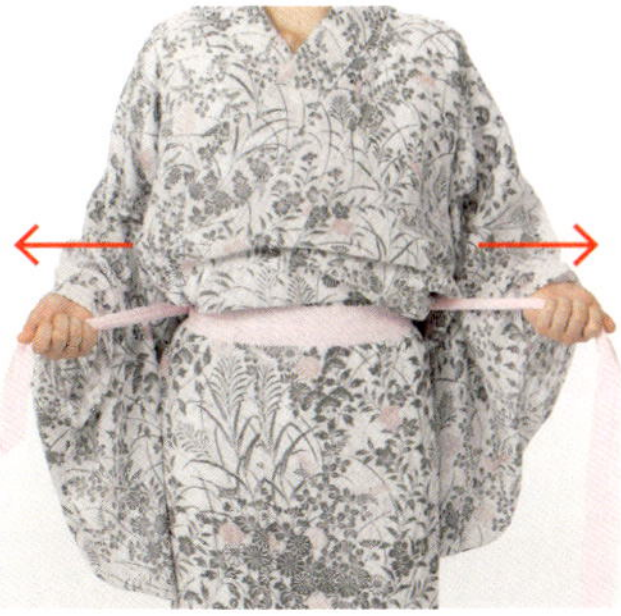

11 腰ひもを締める

腰ひもを左右に引いて、しっかり締めます。

12 腰ひもを結ぶ

体の真ん中を避けた位置で、腰ひもを蝶結び（または片蝶結び）にします。

おはしょりを整える

おはしょりに余計なたるみやシワを作らないのも、涼しげに見せるコツです。生地によってはP45を参考に処理したほうがすっきりと仕上がる場合もあります。

13 身八つ口から手を入れる

両手をそれぞれ左右の身八つ口から入れて（写真上）、指先で前のおはしょりの底をなでつけるようにしごき、手のひらでなでつけるようにして整えます（写真下）。

14 後ろのおはしょりも整える

中に入れた手の形

身八つ口に入れた左右の手を後ろへ回し、同じように指先と手のひらを使っておはしょりを整えます。

腰ひもをチェック

おはしょりを整え終わったら、ここで腰ひものゆるみを確認しましょう。

1 結び目の下に両手の親指を入れます。

2 腰ひもに沿って指を後ろへ回し、左右に引いて締め直します。

3 腰ひもを外側に引きながら指を前に戻し、余分なゆるみを前を集めます。

4 ゆるみが出たら、蝶結びを結び直し、余分は腰に巻いた腰ひもの間に挟み込みます。

衣紋を抜く

着物の衣紋はこぶし一つ分が目安ですが、浴衣はそれよりも気持ち詰め気味にすると、浴衣らしさが表現できます。

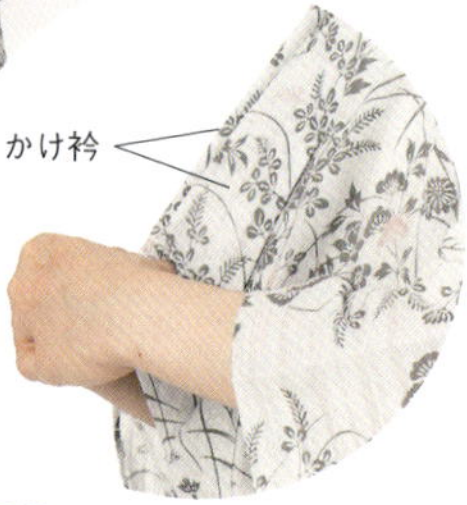

15 背中心を合わせる

左右のかけ衿を合わせて、背中心を体の真ん中に合わせます。

16 衣紋を抜く

15で合わせた部分を利き手で持ち、もう一方の手で背中心を下に引き、こぶし一つ分よりも気持ち詰め気味に衣紋を抜きます。

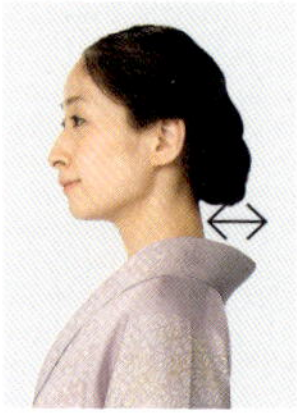

着物の衣紋はこぶし一つ分抜きます。

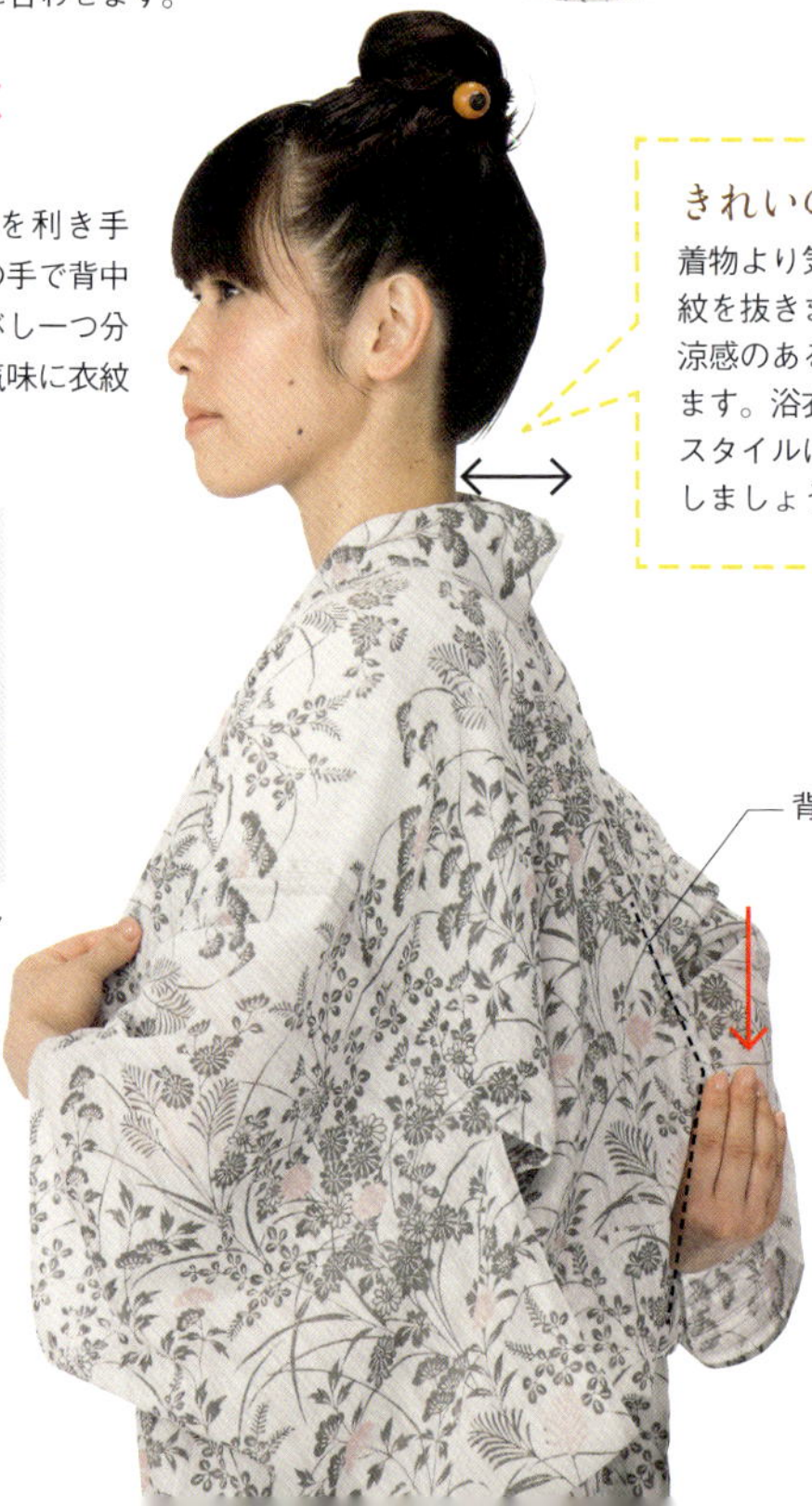

きれいのコツ！

着物より気持ち少なめに衣紋を抜きます。凛とした清涼感のある着こなしになります。浴衣の雰囲気やヘアスタイルに合わせて、調整しましょう。

衿を合わせる

衿合わせは、のどのくぼみが隠れる程度を目安にします。衣紋の抜きがずれないように、注意しましょう。

17 衿を整える

右手で耳の下辺りの衿を軽く持ち、左手を身八つ口から入れて下前の衿を持って、軽く引っ張ります。上前も同様にして、衿のたるみを伸ばしておきます。

18 衿を合わせる

左手を身八つ口に入れて下前の衿を、右手で上前の衿をそれぞれ持って左右に引き、のどのくぼみが隠れる程度に衿を合わせます。

伊達締めを締める

半衿を付けない浴衣の着付けは、とくに胸元が乱れているとだらしなく見えがちです。伊達締めでしっかりと胸元を押さえることで、衿合わせが固定され、きれいに仕上がります。

19 伊達締めをあてる

上前と下前の合わせが崩れないよう左手で押さえたまま、右手で伊達締めの真ん中を持って衿のバストの下あたりにあてます。

20 伊達締めを前に通す

左手で伊達締めをつまみ、左へスライドさせて伊達締めを体の前に通します。

21 後ろで交差させる

伊達締めを後ろに回し、持ち手を替えて交差させます。

22 伊達締めを折り返す

下側になったほうの伊達締めを、手首を返す要領で上に返します。

きれいのコツ！

長襦袢を着ない浴衣は、衿をしっかり押さえるために、コーリンベルトでなく伊達締めを使います。背中がすっきり見えるよう、伊達締めが重なった部分は折り返して平らにします。

きれいのコツ！

浴衣はこの伊達締め一本で衿を留めるので、ずれないようにしっかり締めましょう。

23 伊達締めを締める

体のすぐ脇で、伊達締めの下側を持って左右に引いて締めます。

24 伊達締めを結ぶ

体の真ん中よりもやや横で蝶結びにし、固定します。

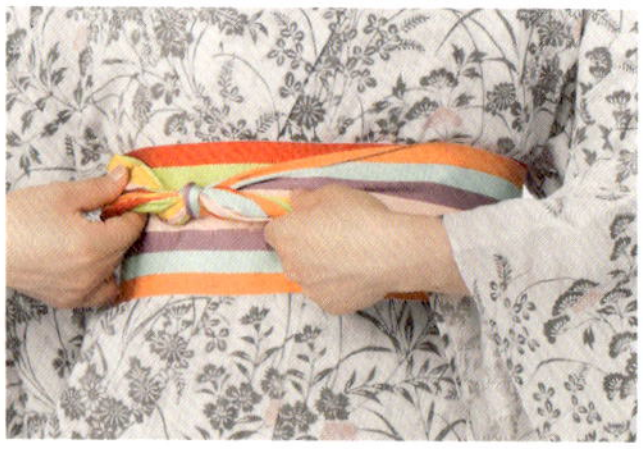

25 余分を挟み込む

結び目より先は、胴に巻いた伊達締めに挟み込みます。

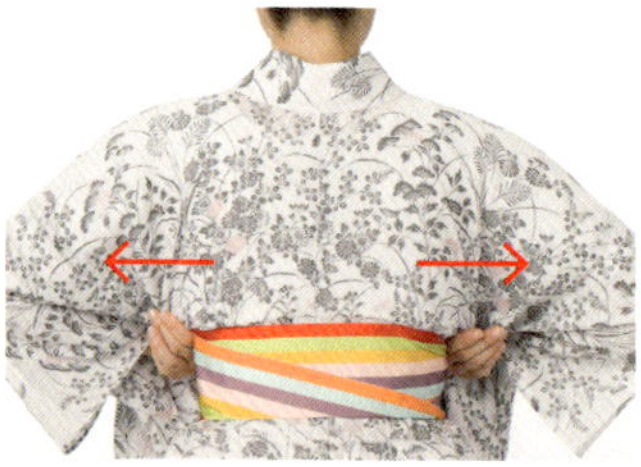

26 背中のシワをとる

両手で上半身の脇を左右に引っ張り、背中のシワをとります。

27 衣紋を抜き直す

背中心より少し離れた左右のおはしょりを下に引いて、衣紋を抜き直します。

きれいのコツ！

半幅帯は後ろのおはしょりが見える帯結びが多いので、とくに後ろ側のおはしょりもていねいに整えておきましょう。

28 おはしょりを整える

伊達締めの間に指先を入れ、左右にしごくようにしておはしょりのシワやだぶつきを整えます。

29 脇縫いを下に引く

右手で伊達締めを押さえ、左手で伊達締めの下の脇線を下に引き、脇のたるみをとります。右脇は左右の手を替えて同様にします。

浴衣の着付けできあがり

浴衣の着付けの完成です。帯結びを始める前に、衿合わせや衣紋の抜き加減、すその長さなどを確認しましょう。

チェックポイント

後ろ姿

背中心

背中心は体の真ん中になっているか

背中

背中に余分なシワはないか

おはしょり

おはしょりにごわつきや余計なシワはないか

横姿

衣紋

衣紋はこぶしひとつ分よりもやや詰め気味になっているか

すそ線

すそ線はくるぶしが隠れる程度になっているか

前姿

衿

衿合わせはのどのくぼみが隠れる程度か

腰ひも

腰ひもはしっかりと締まっているか

おはしょり

おはしょりに余計なたるみやシワはないか

褄《つま》先

上前の褄先が下がっていないか

半幅帯を結ぶ

前結びをしてから後ろへ回す半幅帯は、帯締めも帯揚げも使わない、かんたんな帯結びが多いのが特徴です。浴衣のほか、カジュアルな着物にも結ぶことができる、４種類の帯結びを紹介します。

文《ぶん》庫《こ》結《むす》び

半幅帯の帯結びで、基本となる形です。これをマスターすれば、ほかの帯結びにも挑戦しやすいでしょう。左右の羽根の長さや大きさを変えることで、違う雰囲気を楽しめます。

用意するもの

- 帯板
- 半幅帯

全て手にとりやすいように置いておきます。

文庫結びの流れ

帯を胴に巻く
▼
帯を結ぶ
▼
羽根をとる
▼
羽根を固定する
▼
できあがり

※本書では手順がわかりやすくなるように、て先だけ色が違う半幅帯を使用しています。基本の帯結びとなるため、より詳しく手順を解説しています。

帯を胴に巻く

て先の長さを、腕の付け根からてまでを目安にとります。一巻きごとにしっかりと引き締めるようにしましょう。

1 帯板を付ける

伊達締め（P78）の上に、ベルト付き帯板を付けます。ベルトはきつくないよう、気持ちゆるめに調整しましょう。

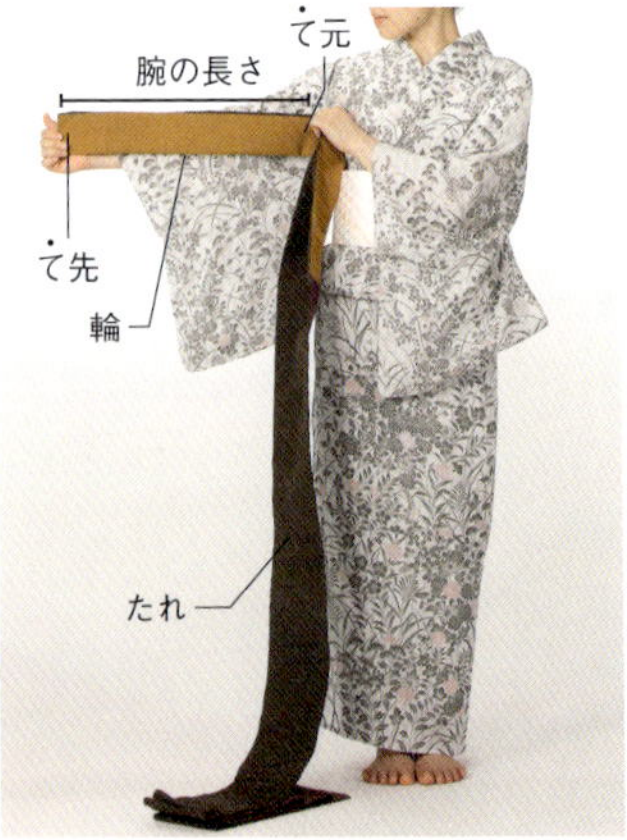

2 て先をとる

腕の長さを目安にて先をとり、帯幅を半分に、輪が下になるように折ります。

半幅帯を結ぶ〈文庫結び〉

帯を結ぶ

たれとてを結んでから帯結びをします。結ぶ際にはたれ幅を折るなどていねいに処理をすることで、結び目がゆるみやすくなったり、余計なごわつきができるのを防ぎます。

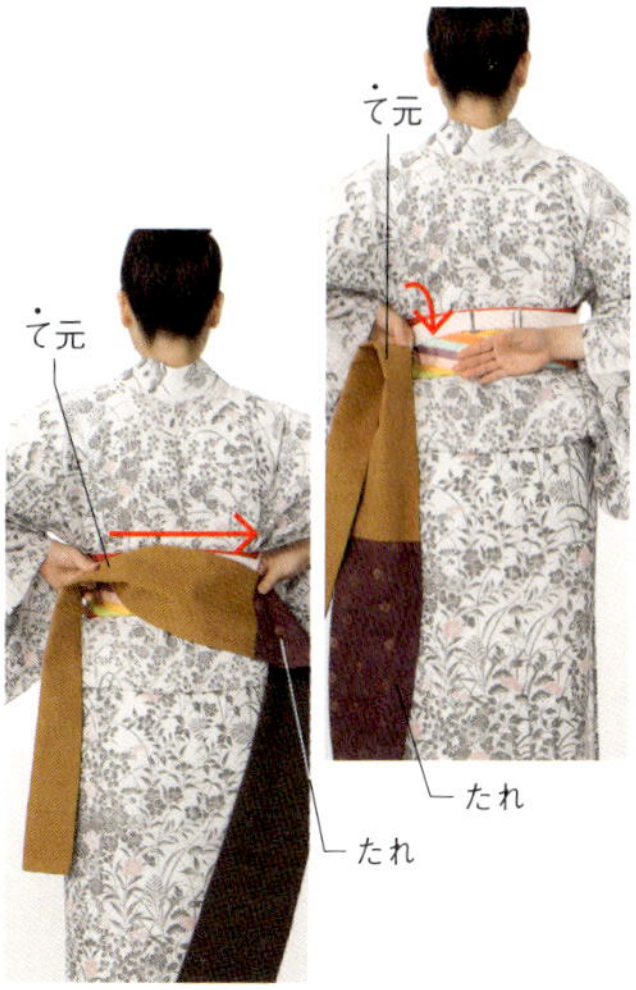

3 帯を後ろに回す

て元を持って帯を後ろへ回し（写真右）、たれをもう一方の手に渡します（写真左）。

4 帯を前に回す

たれを持ったまま、て元を持った手を前に回し、て元が体の中心にくるようにします。

5 たれを前に回す

たれとて元が重なったら持ち手を替えて、たれを脇まで持っていきます。たれを引いて締めます。

6 もう一度巻く

たれをもう一度背中に回し、二巻きしたら、てを持って動かないようにし、たれを引いてキュッと締めます。

ラクチンポイント

帯を締める場合は、たれの下側とての輪になった側を持って締めると帯の下側だけが締まり、みぞおちは苦しくなりません。

きれいのコツ！

広幅のまま結ばず、脇からていねいに斜めに折って帯幅を半分にすると、「結びやすい」「よけいなシワができない」「しっかり結べる」などの利点があります。

7 たれを折り上げる

て先は肩に預け、たれを脇から斜めに内側へ折り上げます。

8 てとたれを重ねる

肩に預けておいたて先を下ろし、たれを下、てを上にして交差させます。

9 てとたれをひと結びする

てをたれの下からくぐらせて、体の中心でひと結びします。

羽根をとる

たれ幅を結び目の際からしっかりと広げることが、きれいに羽根を作るポイントです。たたんだたれの中心に、必ず結び目がくるようにします。

10 たれ幅を広げる

て先を肩に預け、たれ幅を結び目の際からしっかりと広げます。

きれいのコツ！

羽根の長さは可愛い雰囲気であれば長めに、粋なら短めにと、好みで長さを変えられます。

11 羽根の長さを決める

たれ先から、身幅～肩幅（40㎝前後）を目安に羽根の長さを決めます。

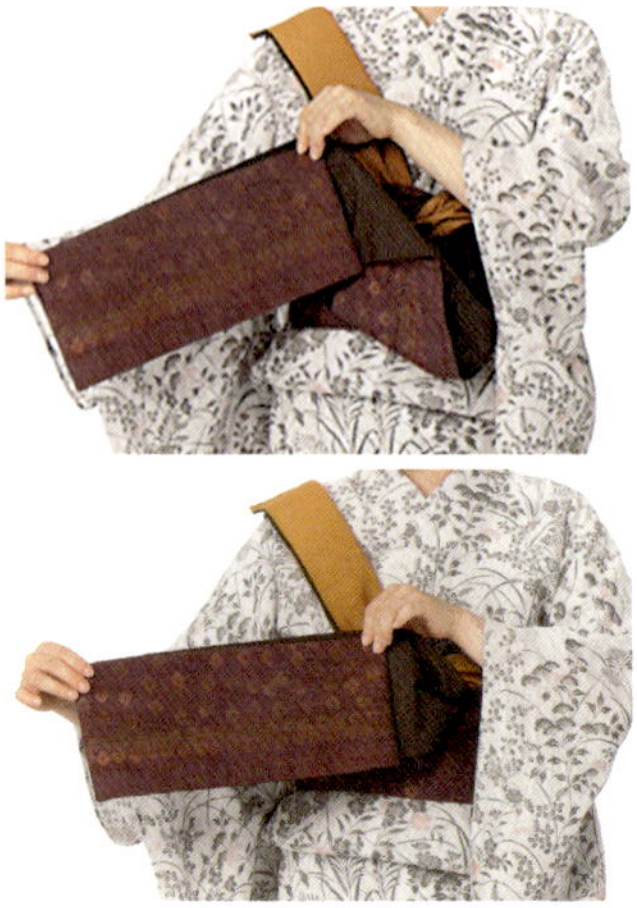

12 たれをたたむ

11の長さで、たれ先が内側になるように、巻くようにたたんでいきます。結び目ぎりぎりまでたたみましょう。

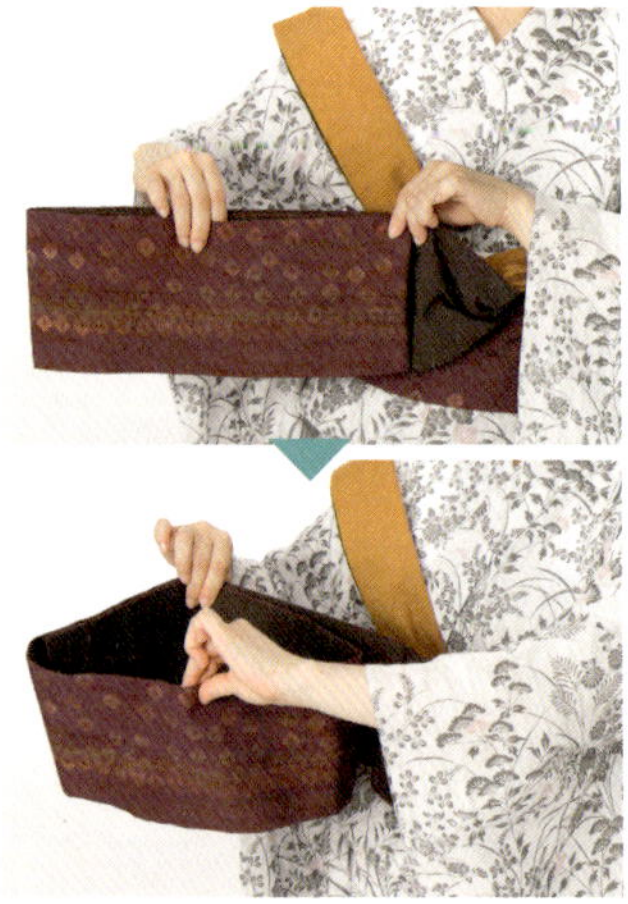

13 たれを横に向ける

結び目から出ている部分を反対側に向け（写真上）、12の巻き始めの内側（輪になっている中心）に指を入れて広げます（写真下）。写真は開いている部分が見えやすいように角度をつけています。

きれいのコツ！

結び目は体の中心にきているので、そこを羽根の長さの中心になるようにすれば、左右対称のきれいな羽根になります。

14 羽根を結び目の中心にずらす

13で開いた部分を、結び目に近い手前側を軸に回転させて（写真では左へ）、羽根の長さの中心が結び目にくるように調整します。

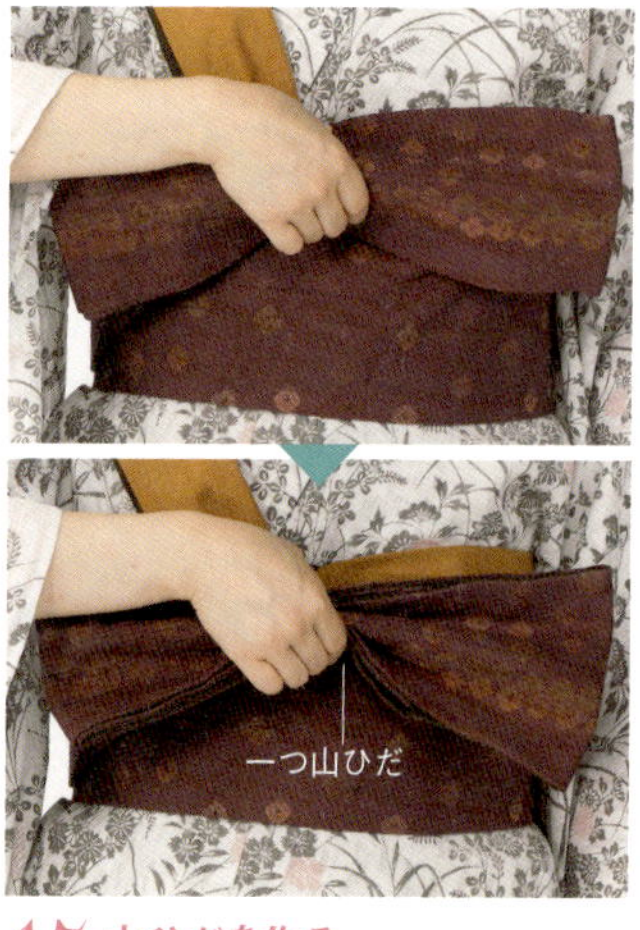

15 山ひだを作る

羽根の中心で、帯の幅を半分に折り、両端を折り返します。これが「一つ山ひだ」です。

羽根を固定する

羽根の中央をてでくるんで固定します。て先を胴帯の下から一旦引き抜くことで、結び目の位置をしっかり固定することができます。

16 てをかぶせ下ろす

羽根のひだを持ったまま、肩に預けておいたてを羽根の上に下ろし、かぶせます。

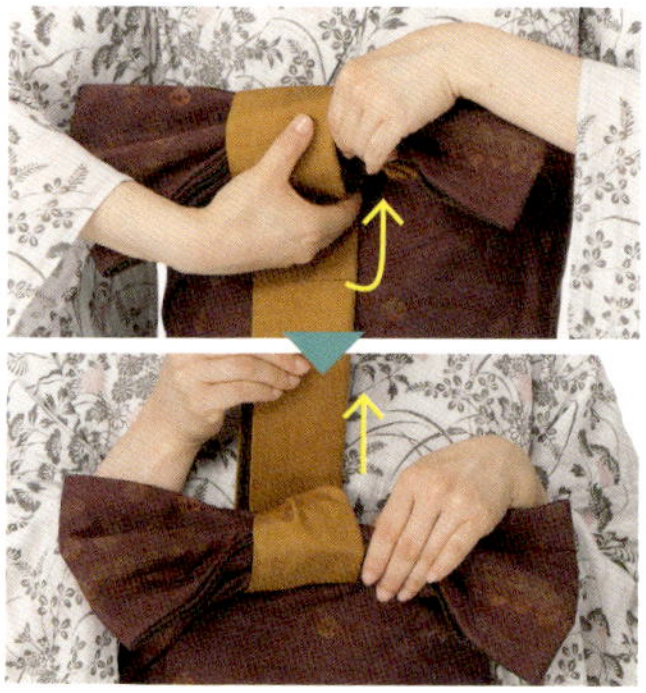

17 てを巻きつける

羽根と帯の結び目を一緒に持ち、てでくるみます。ては完全に上まで引き抜き、羽根と結び目を固定します。

18 て先を帯の中に入れる

上に引き出したてを、もう一度羽根の上にかぶせ、胴に巻いた帯の内側に入れます。

19 て先を下から引き抜く

て先を下から引き抜きます。胴帯の上線を少し結び目にかぶせるようにします。

20 て先をしまう

下から出たて先は、折りたたみ、帯の中にしまいます。

文庫結びできあがり

羽根の大きさや位置のほか、浴衣の着付けも確認しましょう。

羽根
バランスよく整っているか。つぶれていないか

結び目
背の中央に結び目があるか。下がってしまっていないか

胴に巻いた帯
余計なシワやたるみはないか。帯板や伊達締めがはみ出ていないか

文庫結びの羽根アレンジ

文庫結びは羽根の形やボリュームなどを変えることで、いく通りもの雰囲気を楽しむことができます。

Change 1

リボン風に

羽根が背中につくように形作ると、大きなリボンをつけたようなかわいらしい印象になります。

Change 2

アシンメトリーに

片側の羽根の重なりをずらして、アシンメトリーに羽根の大きさを変えれば華やかな後ろ姿に。

21 胴に巻いた帯を整える

胴に巻いた帯に余分なシワなどないか確認し、きれいに整えます。

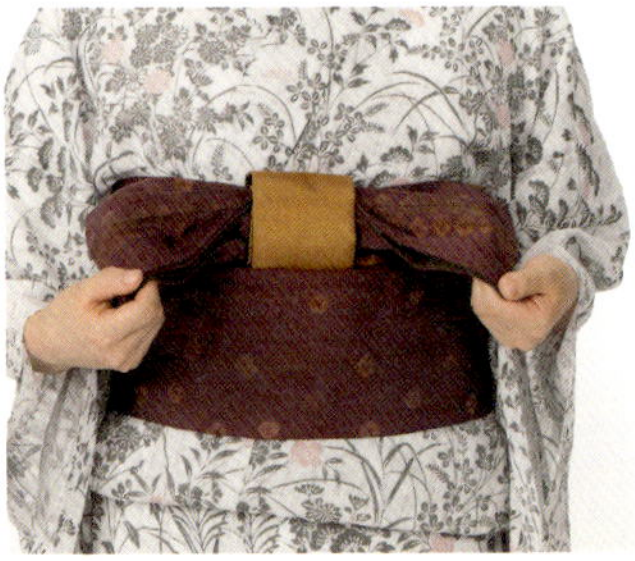

22 羽根を整える

ひだを広げ、左右の羽根の形を左の写真を参考にして、好みの形に整えましょう。

23 帯を後ろに回す

右手で結び目を、左手を後ろに回して胴に巻いた帯の下側を持って、右方向に帯を回します。このとき軽くお腹を引っ込めるようにすると回しやすくなります。帯板が回転しないように注意しましょう。

貝《かい》の口《くち》

貝の口は男性の着物の基本の帯結びですが、女性が半幅帯で結ぶと粋な雰囲気に。凛とした大人の浴衣姿にぴったりです。

用意するもの

- 帯板
- 半幅帯

全て手にとりやすいように置いておきます。

貝の口の流れ

帯を胴に巻く
↓
貝の口を作る
↓
できあがり

帯を胴に巻く

ての長さは帯の固さや厚みなどで違うので、一度帯を結んで確認しておくことをおすすめします。

1 てをとる
伊達締め（P78）の上に、ベルト付き帯板をゆるめに調整してつけるところから、始めます。て先を右手で持って体の半分までの長さをてとし、幅を半分に折ります。

2 帯を一巻きする
1で測ったて元が体の前中心になるように、帯を巻き始めます。**動きはP80〜81の2〜4参照。**

3 てとたれを締める
たれとて元が重なったら持ち手を替えて、たれを脇まで持っていきます。たれを引いて締めます。

4 帯をもう一巻きする
もう一度帯を巻いて二巻きしたら、ての輪とたれの下側を持って再度キュッと締めます。

貝の口を作る

帯結びに必要になる長さを残して、残りのたれは内側に折って胴に巻いた帯に重ねます。形を作るときは、ていねいにたたむようにすると、余計なシワがつかずきれいに仕上がります。

きれいのコツ！

てと同じ長さにたれをとると、最終的な帯結びの形がバランスよく仕上がります。

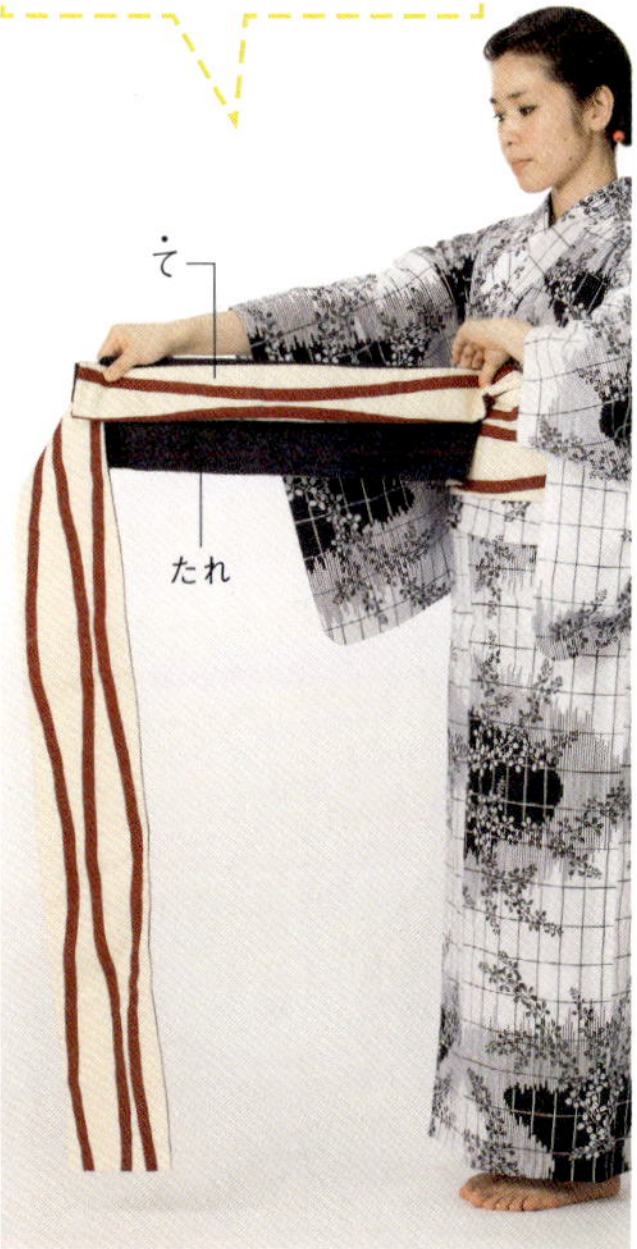

5 たれの長さをとる

体の前中心でてとたれを合わせて持ち、てと同じ長さ分、たれの長さを測ります。

6 余分なたれを折り込む

5で決めた長さになるよう、余りを内側に折り込みます。胴に巻いた帯に重ねて、たれが二重になるようにします。

●帯が長い場合

最近の半幅帯は変わり結びができるよう、長めに作られているものもあります。6で帯を内側に折り込んだときに左脇より長く折り込まれるようなら、帯をもう一巻きして三重にしましょう。

7 てとたれを交差させる

てを下、たれを上にして、体の前で交差させます。ての輪は左側になります。

8 てとたれを結ぶ

たれをての下からくぐらせて、ひと結びします。

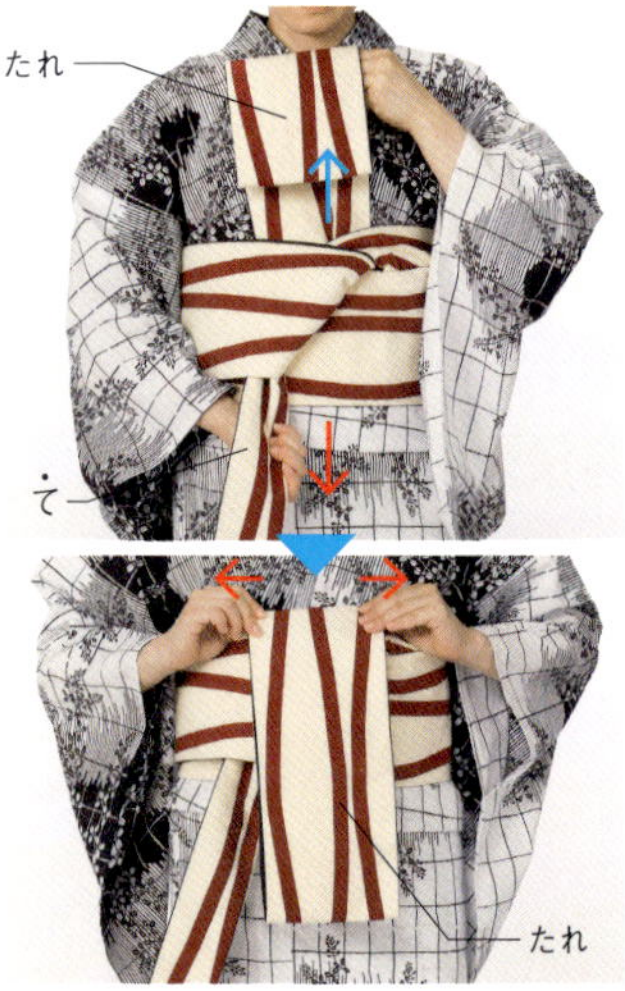

9 たれを下ろす

斜めに出たてとたれを垂直に引いて結び目を固定してから（写真上）、たれの結び目のシワを伸ばして垂直に下ろします（写真下）。

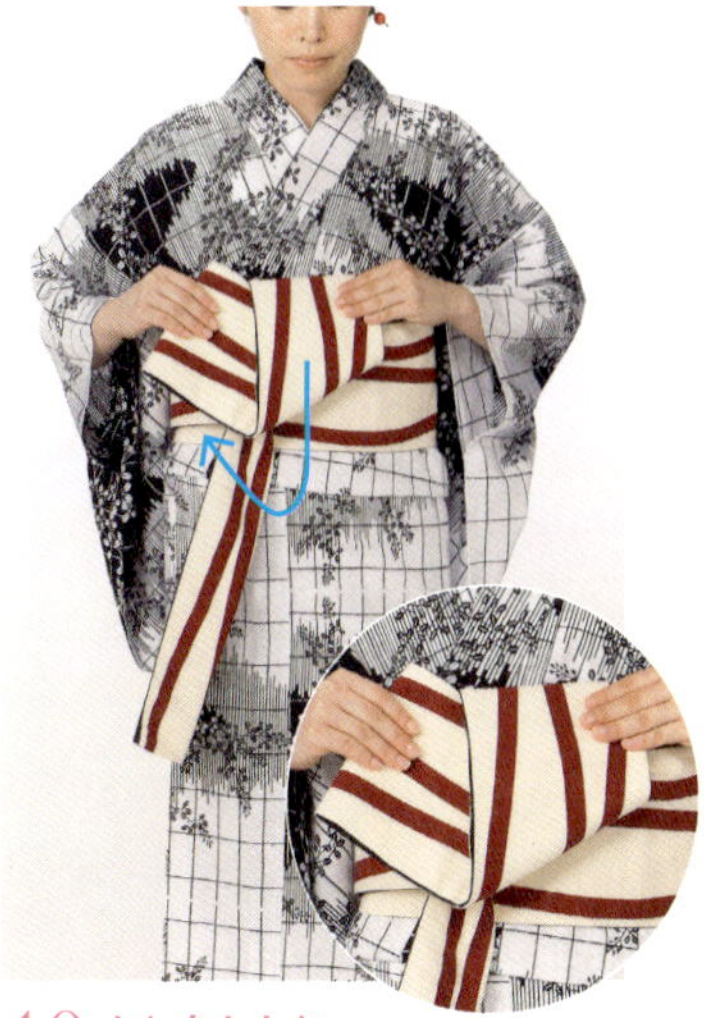

10 たれをたたむ

下ろしたたれを、写真のように内側に斜めに折り上げます。

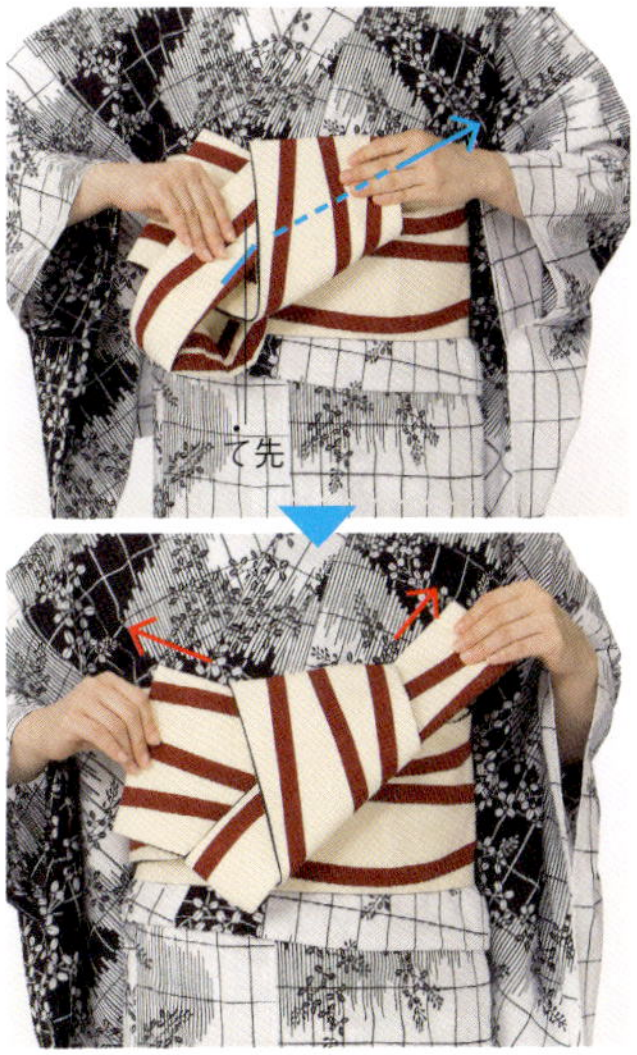

11 て先を通す

10でできた輪の中に、て先を端から入れて、斜め上に引き出します。て先とたれを軽く引き締めます。

12 帯結びを後ろに回す

右手で結び目を、左手を後ろに回して胴に巻いた帯の下側を持って、右方向に帯を回します。このとき軽くお腹を引っ込めるようにすると回しやすくなります。帯板が回転しないように注意しましょう。

貝の口できあがり

て先とたれの分量のバランスはよいか、折りたたんだ部分に余計なシワやだぶつきがないかを確認しましょう。

て
上を向いて、ピンと張っているか

たれ
よけいなシワがないか。てより長くなっていないか

片流《かたなが》し

片流しは基本の文庫結びをアレンジした帯結び。たっぷりとたらす羽根が華やかで印象的です。おしりが隠れ、たてのラインが作られるため、着やせ効果も期待できます。

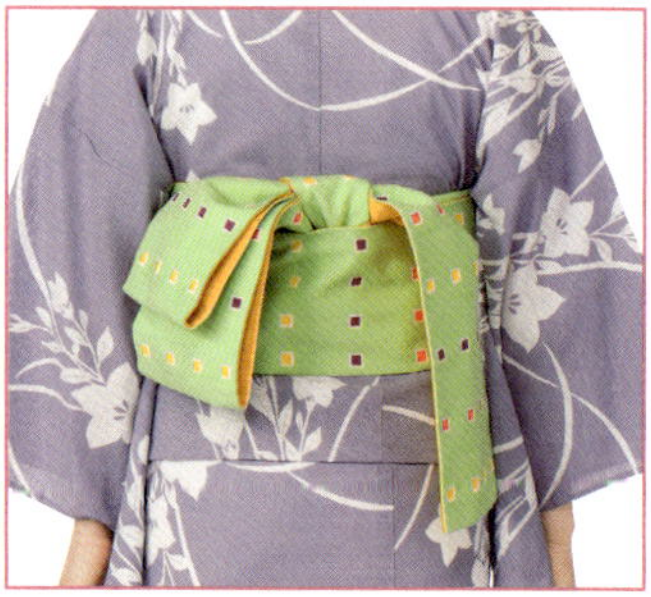

用意するもの

- 帯板
- 半幅帯

全て手にとりやすいように置いておきます。

片流しの流れ

帯を胴に巻く
▼
帯を結ぶ
▼
羽根をとる
▼
羽根を固定する
▼
できあがり

帯を胴に巻く

基本の文庫結びと同じ長さにてをとり、体に帯を巻きます。ここでは、たれ先が右側にたれるように結ぶ方法を紹介します。左側にたらしたい場合は、20以外は左右逆にして行いましょう。

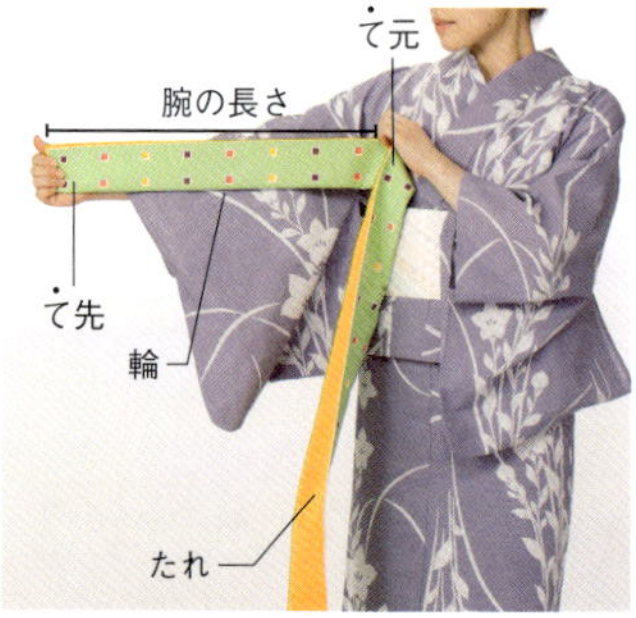

1 てをとる
伊達締め(P78)の上に、ベルト付き帯板をゆるめに調整してつけてから、始めます。腕の長さを目安にて先をとり、帯幅を半分に、輪が下になるように折ります。

2 帯を一巻きする
て先を右に向け、1で測ったて元が体の前中心になるように、たれを右回りに巻き始めます。

動きはP80〜81の2〜4参照。

3 て先とたれを締める
たれとて元が重なったら持ち手を替えて、たれを脇まで持っていきます。たれを引いて締めます。

4 帯をもう一巻きする
もう一度帯を巻いて二巻きしたら、ての輪とたれの下側を持って、再度キュッと締めます。

帯を結ぶ

巻いた帯を結んで固定します。結ぶ際には、たれ幅を折るなどていねいに処理をすることで、結び目がゆるみやすくなったり余計なごわつきができるのを防ぎます。

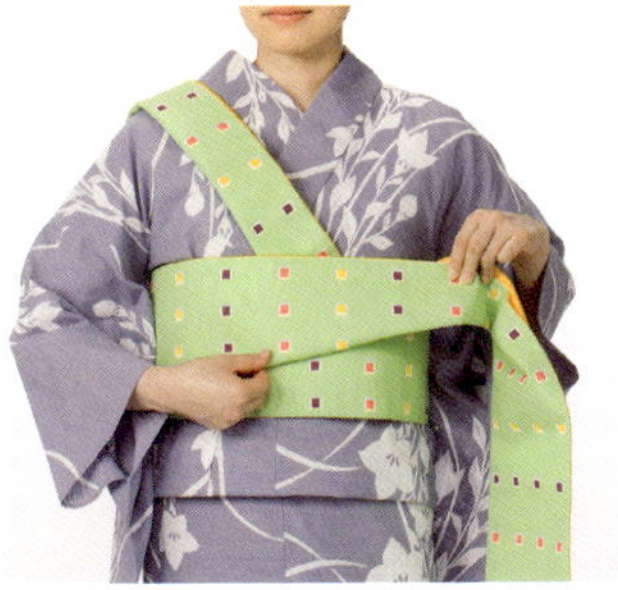

5 たれを折り上げる

ては肩に預け、たれを脇から斜めに内側へ折り上げます。

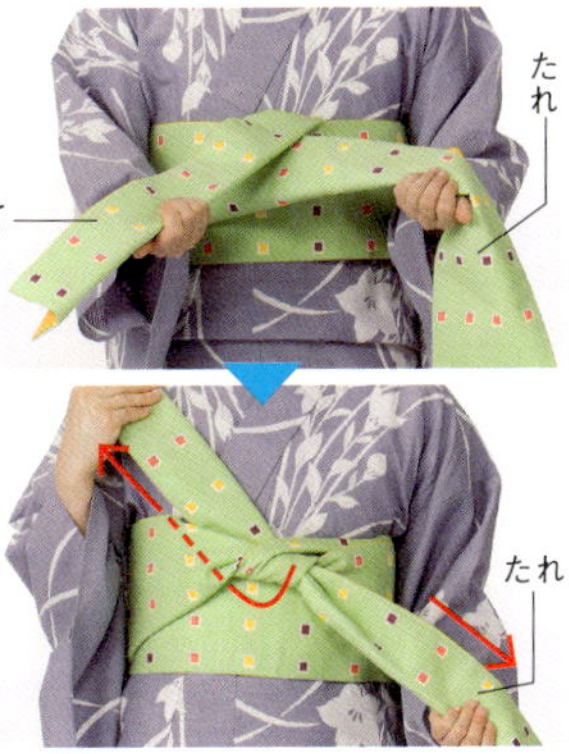

6 てとたれをひと結びする

肩に預けておいたて先を下ろし、たれの上からくるむようにして、体の前中心でひと結びします。

羽根をとる

重ねる羽根の枚数や長さは、帯の長さや好みで変えます。一重なら大人っぽく、二重に重ねるとかわいらしく華やかに仕上がります。

7 たれ幅を広げる

ては肩に預けておきます。たれを結び目の際から、しっかりと幅を広げます。

羽根の形をチェック

一度たれを折りたたみ、羽根の大きさなどを確認しておくと、やり直すことなく一度で帯結びが決まります。**羽根を2枚作りますが、華やかにしたいなら1枚目を長く、2枚目を短くし、シンプルに作りたいなら同じ長さで重ねるとよいでしょう。**

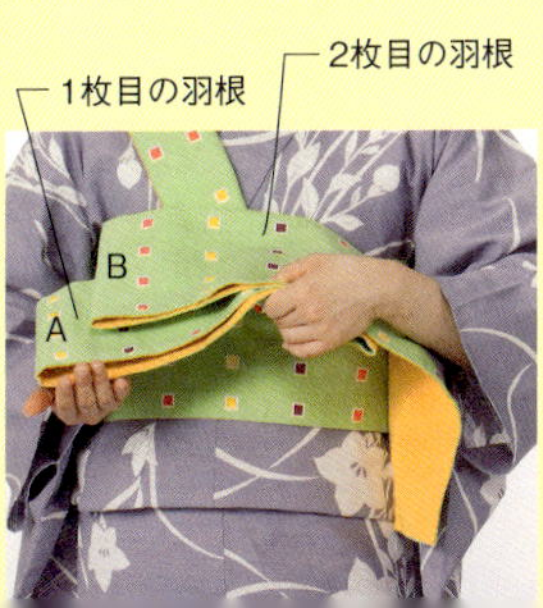

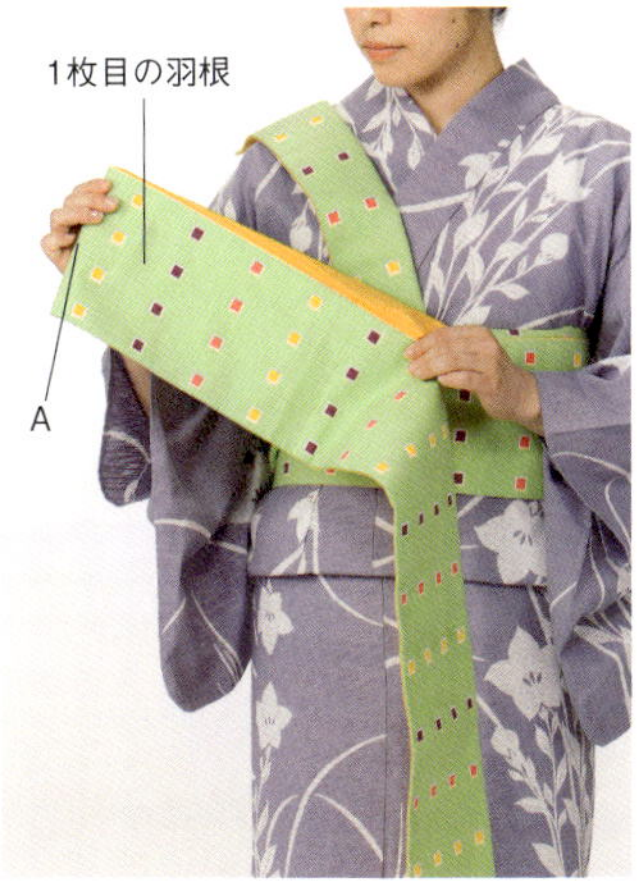

8 1枚目の羽根を作る

たれを、結び目から右側に向け、右下(「羽根の形をチェック」)のように確認した羽根の形を参照に、1枚目の羽根の長さAで折り返します。

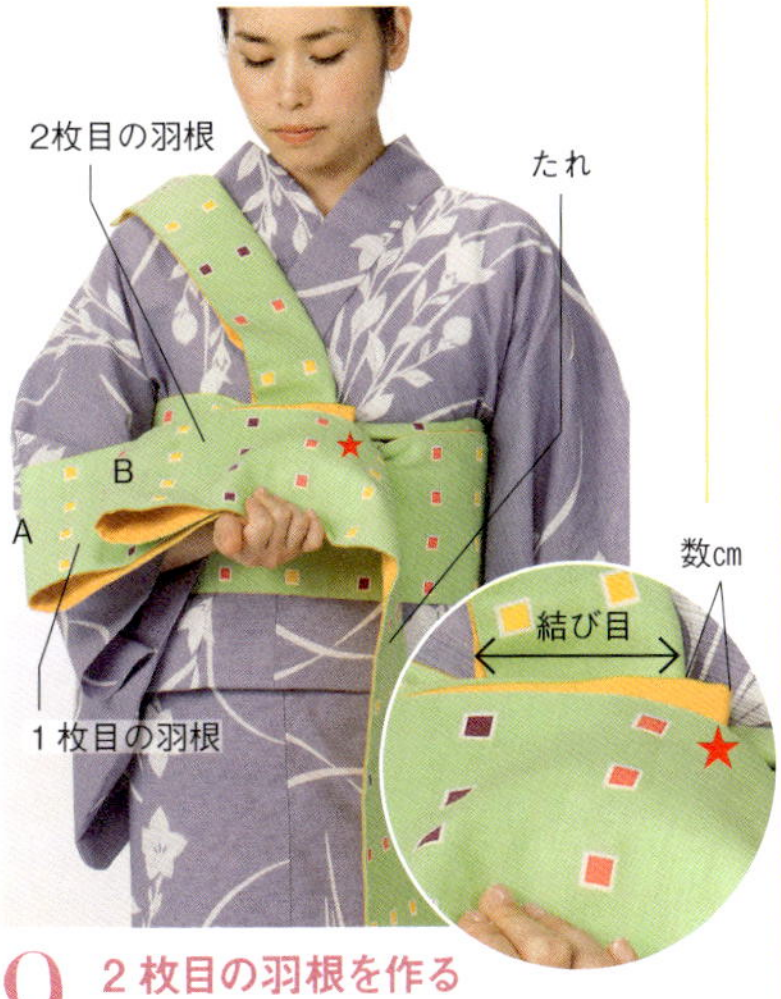

9 2枚目の羽根を作る

結び目より左に数cm出たところ★で折り返し、2枚目の羽根の長さBで左側に折り返します。★は羽根の形を固定するためにも重要ですが、たれの土台にもなります。

羽根を固定する

片流しは羽根の形が左右対称でなく、文庫結びに比べると崩れやすいので、山ひだの部分をてで一結びします。たくさんの布が重なって扱いにくい面もありますが、ていねいに手順をふめば大丈夫です。

10 山ひだを作る

結び目に重ねた部分の帯の幅を、半分に折ります。

きれいのコツ

文庫結びに比べて羽根を重ねて厚みが増している分、ていねいに山ひだをとりましょう。★が山ひだの中心より左側に出ていないと、ほどけてしまうので気をつけましょう。

11 上と下を折り上げる

10で折った部分の両端を折り返します。

12 てをかぶせ下ろす

羽根のひだを左手で持ち、肩に預けておいたてを羽根の上に下ろし、かぶせます。

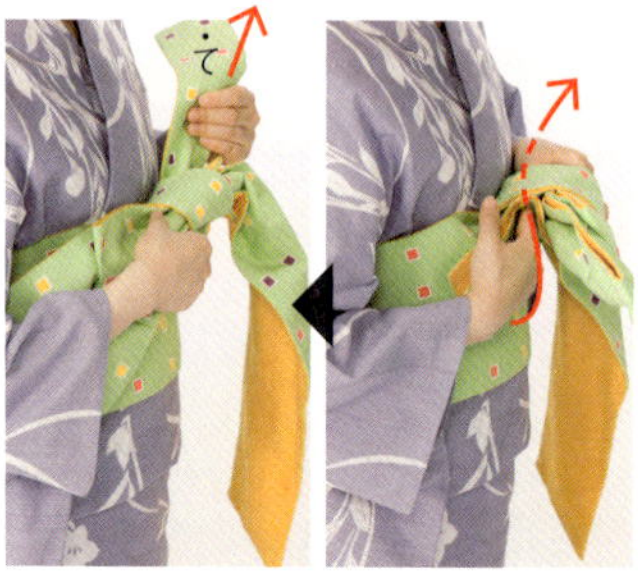

13 てで羽根を一結びする

そのままてで羽根の山ひだをくるみ、一結びします。

きれいのコツ！

てを広げることで、結び目のストッパーになり、羽根の形崩れも防げます。

14 てを広げる

引き抜いたてを下に向け、結び目の際から幅を広げます。

15 てを帯の中に入れる

広げたてを、胴に巻いた帯の中に入れ込みます。

16 て先を下から引き抜く

て先を下から引き抜き、結び目に胴帯の上線を、少しかぶせるようにします。

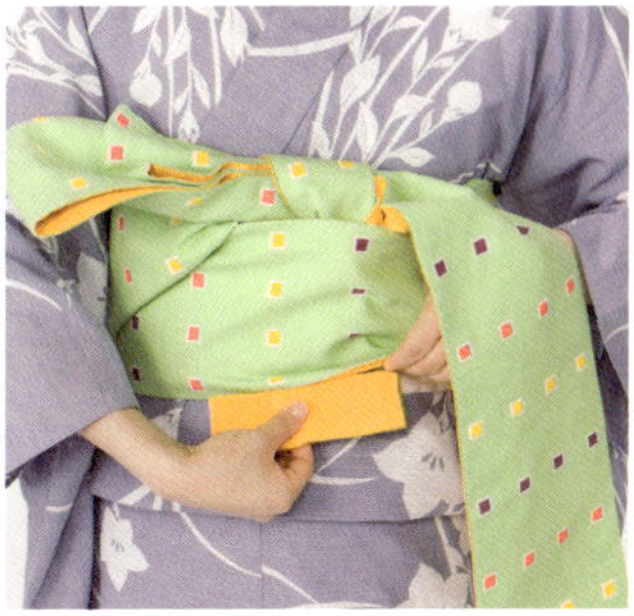

17 て先をしまう

下から出たて先は、短く折りたたみ、帯の中にしまいます。

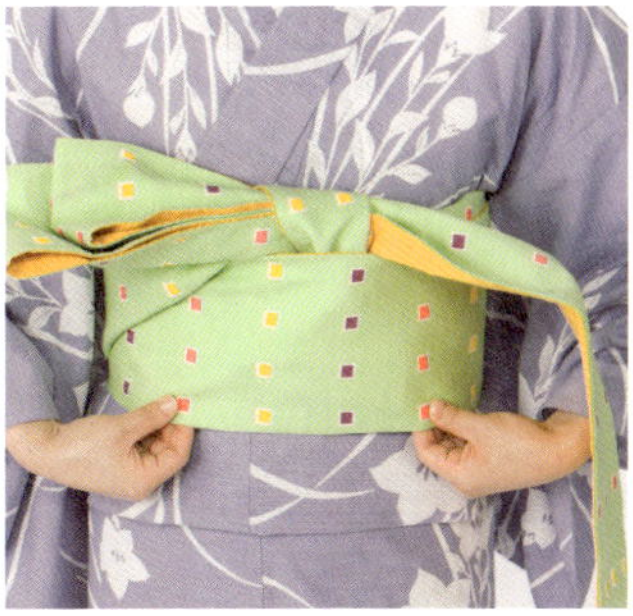

18 帯を整える

胴に巻いた帯に余分なシワなどないかを確認し、きれいに整えます。

19 羽根を整える

ひだを広げ、左を参照して左右の羽根の形を整えます。

20 帯を後ろに回す

右手で結び目を、左手を後ろに回して胴に巻いた帯の下側を持って、右方向に帯を回します。このとき軽くお腹を引っ込めるようにすると回しやすくなります。帯板が回転しないように注意しましょう。

片流しできあがり

左右の羽根とたれの、分量や長さのバランスを確認しましょう。

たれ

バランスよく下がっているか

羽根

2枚の羽根のバランスはよいか

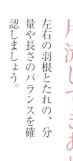

割《わ》り角《つの》出《だ》し

半幅帯なのに、お太鼓結びのように見えるのが割り角出しの特徴です。浴衣を着物風に装いたいときにおすすめ。カジュアル着物で気軽な装いをしたいときにもぴったりです。

用意するもの

- 帯板
- 半幅帯

全て手にとりやすいように置いておきます。

割り角出しの流れ

帯を胴に巻く
▼
帯を結ぶ
▼
角を作る
▼
お太鼓を作る
▼
できあがり

帯を胴に巻く

ての長さは、少し短めにとります。基本の文庫結びを参考に、体に帯を巻きつけていきましょう。

1 てをとる
伊達締め（P78）の上に、ベルト付き帯板をゆるめに調整して付けてから始めます。指先からひじまでの長さを目安にて先をとり、帯幅を半分に、輪が下になるように折ります。

2 帯を一巻きする
1で測ったて元が体の前中心になるように、帯を巻き始めます。
動きは P80〜81の2〜4を参照。

3 て先とたれを締める
たれとて元が重なったら持ち手を替えて、たれを脇まで持っていきます。たれを引いて締めます。

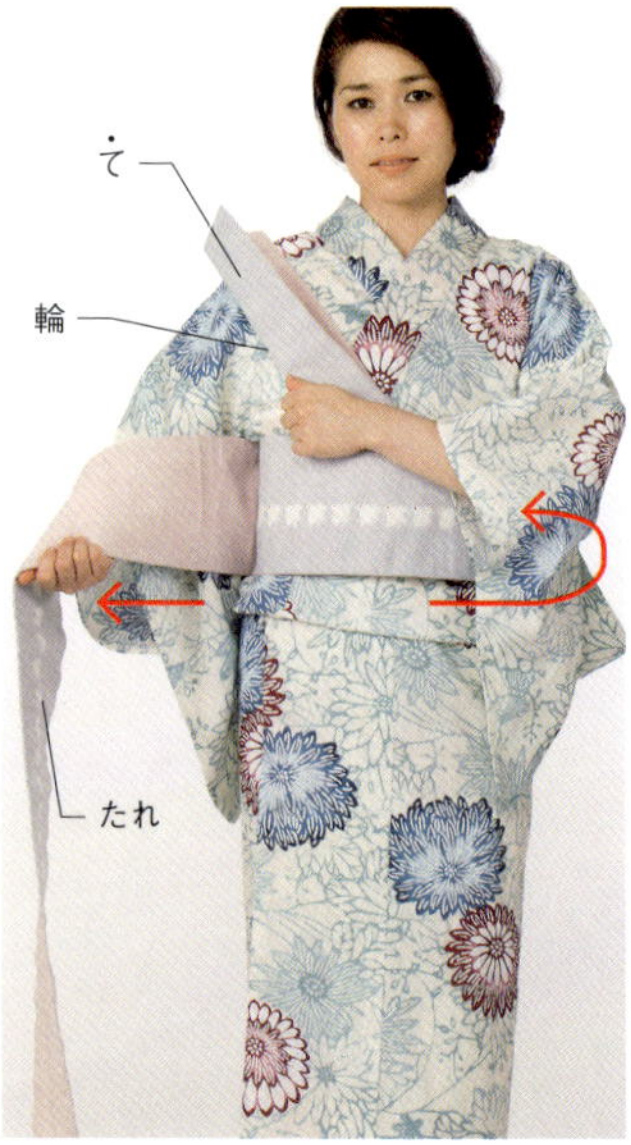

4 帯をもう一巻きする
もう一度帯を巻いて二巻きしたら、ての輪とたれの下側を持って再度キュッと締めます。

帯を結ぶ

巻いた帯を結んで固定します。てにたれを重ねて結びますが、これは結び目が胴帯の上線で留まるようにする目的もあります。

きれいのコツ！
脇からていねいに幅を折ることで、次の結ぶ動作がきれいに仕上がります。

5 たれを折り上げる

ては肩に預け、たれを脇から斜めに内側へ折り上げます。

6 てとたれを交差させる

てを下、たれを上にして、体の前中心で交差させます。

7 たれでてをくるむ

6で交差した位置をそのままに、たれをての内側から引き出します。結び目に通すたれが長いので、動作中に締めた帯がゆるむのを防ぐため、結び目に近い位置で行います。

8 引き締める

たれ先まで上に引き抜き、キュッと引き締めます。必ず胴に巻いた帯の上の位置で行いましょう。

角を作る

てとたれで片蝶結びにして、お太鼓の両脇に出る角を作ります。左右の角の長さは均等になるようにしましょう。

9 てを逆側に折る

たれを押さえたまま、てを結び目の際から逆側へ折ります。

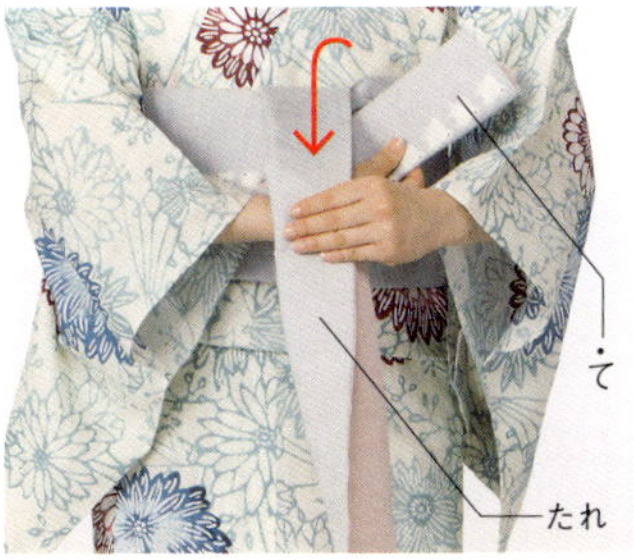

10 たれをかぶせ下ろす

逆側へ折ったての上に、たれをかぶせ下ろします。この時点ではまだたれ幅は半分です。

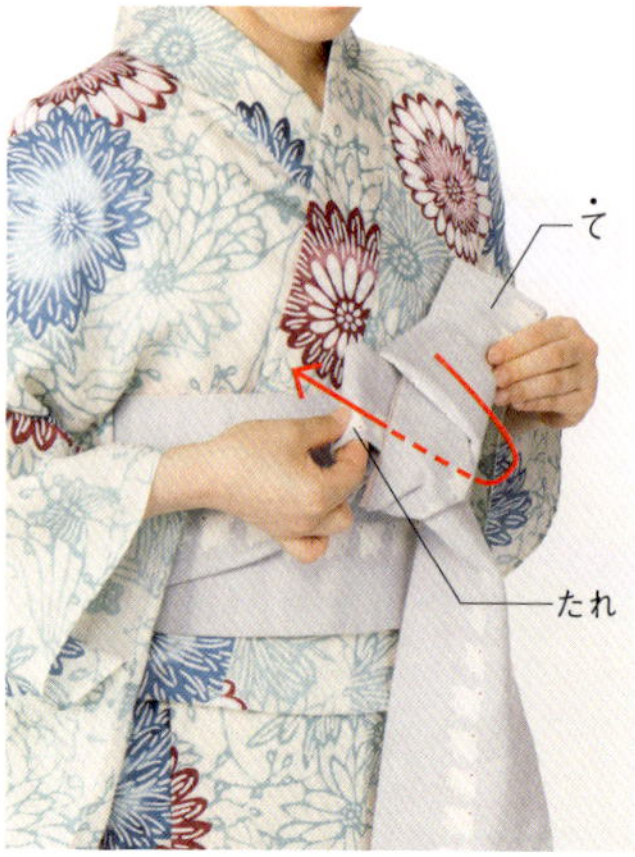

11 たれでてをくるむ

ての内側からたれの輪を引き出し、片蝶結びにします。

きれいのコツ！

角の長さは左右均等にそろえると、見た目がきれいに仕上がります。

12 角の長さを調整

てと同じ長さになるようたれを引き抜いたら、左右に引いて締めます。

お太鼓を作る

たれを、結び目の下からくぐらせて、お太鼓を作ります。たれを折り返す長さや、ずらし方でお太鼓の大きさを調整します。お太鼓の大きさをたっぷりとると、着物風の雰囲気が高まります。

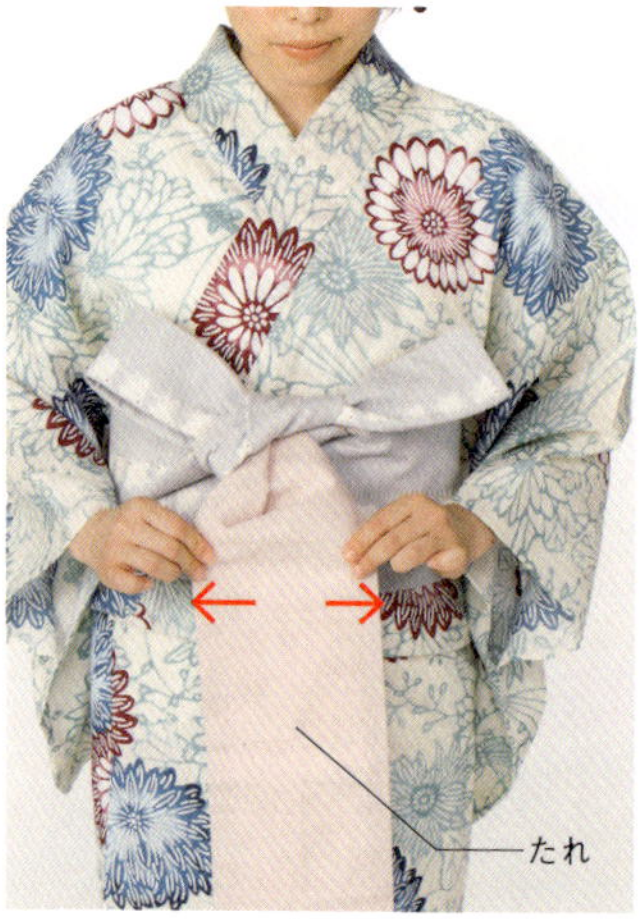

13 たれ幅を広げる

結び目の際から、たれの幅をしっかりと広げます。

リバーシブル帯の場合

リバーシブル帯の場合、角とお太鼓で異なる面を出して楽しめます。13のたれを広げるときに、ねじって出したい面を決めましょう。

14 たれをくぐらせる

幅を広げたたれの元から、結び目の下にくぐらせて引き抜きます。

15 お太鼓の下線を確認する

たれ端まで完全に引き抜いたら、お太鼓の山が床と水平になるよう整えます。下ろしたたれの、お太鼓の下線になる位置を確認。胴に巻いた帯の下線を目安にしましょう。

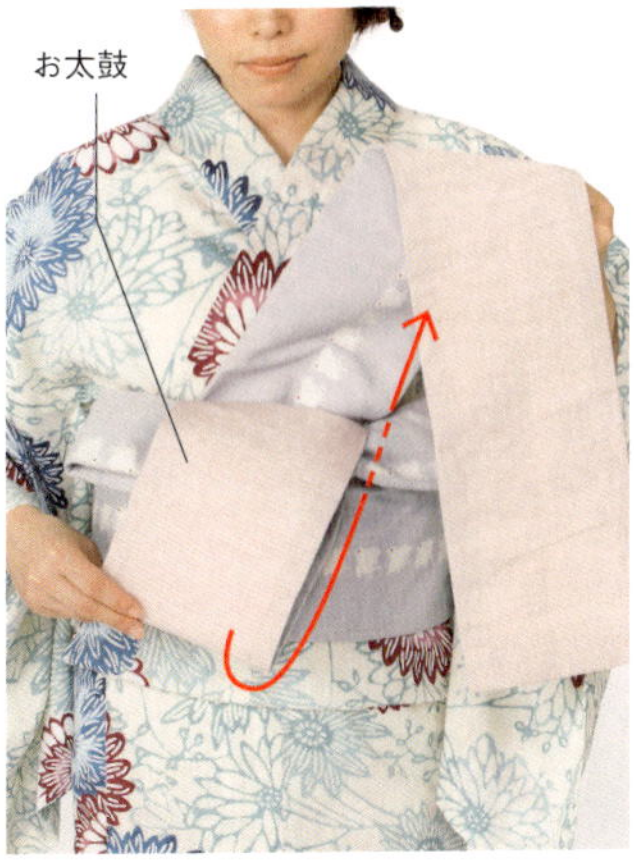

16 お太鼓を作る

たれを、少し斜めにし、お太鼓分を残して、たれをもう一度結び目の下からくぐらせて引き抜きます。

きれいのコツ！

2枚のお太鼓は、それぞれ左右の斜めにして台形に作ります。ただし2枚が離れないように注意しましょう。

17 お太鼓をもう一つ作る

斜めに引き抜いたたれを逆側の斜めに下ろし、再び結び目の下からくぐらせてもう一つお太鼓を作ります。

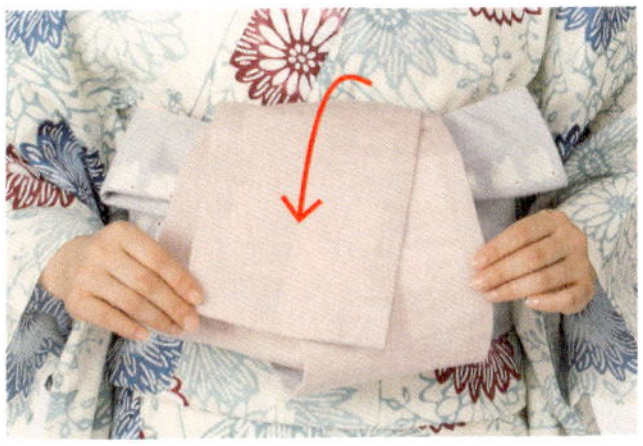

18 形を整える

上に引き抜いたたれをお太鼓にかぶせ、角とお太鼓の形を整えます。

19 帯を後ろに回す

右手で結び目を、左手を後ろに回して胴に巻いた帯の下側を持って、右方向に帯を回します。このとき軽くお腹を引っ込めるようにすると回しやすくなります。帯板が回転しないように注意しましょう。

割り角出しできあがり

左右の角の長さは均等に出ているか、お太鼓の大きさはバランスがよいかを確認しましょう。

お太鼓

お太鼓の山がまっすぐか。大きさ、位置、形などバランスよく整っているか

羽根

左右対称になっているか。つぶれていないか

着崩れ直しのテクニック

外出先で着物が着崩れてしまっても自分でできる応急処置を知っていれば安心です。万が一に備えてハンカチや小さめのタオルをバッグに入れておくのもおすすめです。

着物の衿がゆるんだら

困った！

これで解決!

左手を着物と長襦袢の間に入れて下前の衿を持ち、右手で着物の上から上前の衿を持って引き合わせます。余分は帯枕のひもの内側に入れ込みます。

＋ひと手間

余分をひもの内側に入れ込んだら、帯枕のひもを結び直しておきましょう。トイレに入ったついでなどに、帯枕や腰ひもを締め直す作業をしておくと、着崩れ防止にもなります。

長襦袢の衿が隠れたら

困った！

これで解決!

左手を長襦袢と肌襦袢の間に入れて下前の衿を持ち、右手を着物と長襦袢の間に入れて上前の衿を持って引き合わせます。その後、着物の衿も引き合わせます。

衣紋が詰まったら

困った！

これで解決!

着物のすそをめくり、おしりの下辺りの長襦袢を両手で持って下に引きます。次に帯のたれをめくり、両手でおはしょりを下に引いて着物の衣紋も直します。最後に前の衿の着崩れもチェックしましょう。

帯がきつい

これで解決!

帯の上側が締まっているときつさを感じます。胴に巻いた帯の上線を前方に押し広げて、上側を少しゆるませます。また帯枕のひもを下に押し下げることでお太鼓の位置が上がり、前帯にゆとりができます。

帯がゆるんだら

これで解決!

ハンカチやミニタオルを適当にたたみ、前帯の内側に入れて安定させます。後ろの帯結びが落ちてきた場合は、たれの下からハンカチやタオルを入れます。

たれが下がったら

困った！

これで解決!

原因は帯のゆるみ。お太鼓の内側からたれの延長線を引っ張り、たれの長さを人さし指一本分に調整し直します。さらに帯結びが崩れないように帯締めを締め直すか、前帯にたたんだハンカチやミニタオルを入れてゆるみを安定させます。

下前が下がったら

困った！

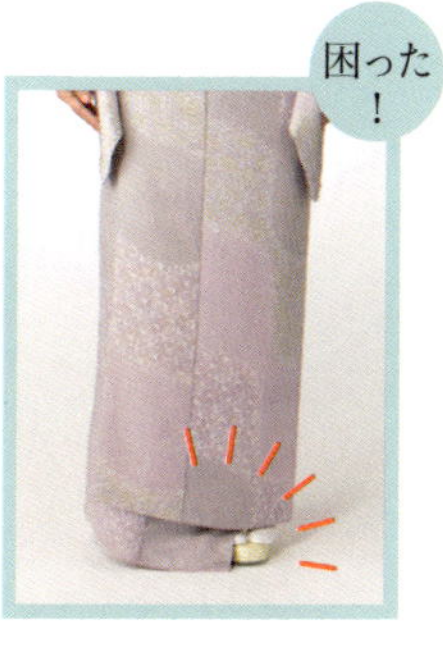

これで解決!

上前をめくり、下前を引き上げて余分な部分を腰ひもの内側に挟み込みます。上前を戻し、腰ひもを締め直してゆるみが出ないようにします。

脇がゆるんだら

困った！

これで解決!

着物の脇の下がゆるんでくると、だらしない印象に。余分なたるみは指先で、帯の中に入れ込みます（写真上）。おはしょりが短くなって脇の下がだぼついている場合には、帯を押さえて、おはしょりを下に引っ張ります（写真下）。

上前が下がったら

困った！

これで解決!

上前が下がるということは、おはしょりの詰まった分が落ちてきてしまったということ。おはしょりをめくって腰ひもを押さえ、その上の部分を引き上げ、すその長さを直します。腰ひもがゆるんでいるようなら、結び直しましょう。

ヘアアレンジのコツ

始めにホットカーラーやコテなどで全体にカールをつけておくと、ヘアアレンジがしやすくなります。巻き終えたらまず全体にスタイリング剤をつけてからスタイリングを始め、仕上げはハード系スプレーで固定しましょう。

和装をもっとすてきに

自分でできる着物ヘア

美しく仕上げたヘアスタイルは、着物姿をより美しく引き立てます。
後れ毛をていねいに処理したり、スタイリング剤を使って
清潔感のあるヘアスタイルを作るのが着物ヘアのポイント。
前髪や面の毛流れを整えるとフォーマルに、
毛先を遊ばせたりエアリーに仕上げるとカジュアルな雰囲気になります。

ヘアメイク指導／橋本奈緒美

ミディアムロング
～ロングヘアのアレンジ

基本アップ

所要時間 **10分**

色無地や江戸小紋に
合わせたい
落ち着いた印象の
スタイルは茶席にも

[用意するもの]
ホットカーラーかコテ／スタイリング剤／くし／ヘアゴム／ヘアピン／ハード系スプレー

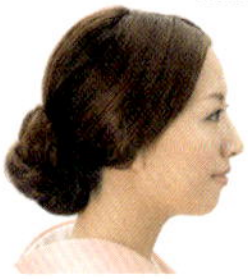

Side

Back

●作り方

1 左右の耳の後ろとトップを結んだ線から前の髪を、中央で左右に分けます。後ろの髪を上下にパーツ分けし、下の髪は耳の付け根の少し下辺りで一束に結びます。

2 上の髪は少しずつ分けとり、それぞれ逆毛を立ててふんわりさせます。表面をくしで整えながら下側の毛束に結び合わせます(a)。

3 残しておいた前側の髪を、片側ずつ耳を隠すように後ろに持っていき、2の結び目に巻き付けてピンで固定します(b)。逆側も同様に巻き付けます。

4 2の束を二つに分けたらそれぞれひねりながらねじり合わせます。衿足が隠れるくらいの位置で内側に折り上げ、残りの毛先は結び目に巻いて(c)、ピンで固定します。

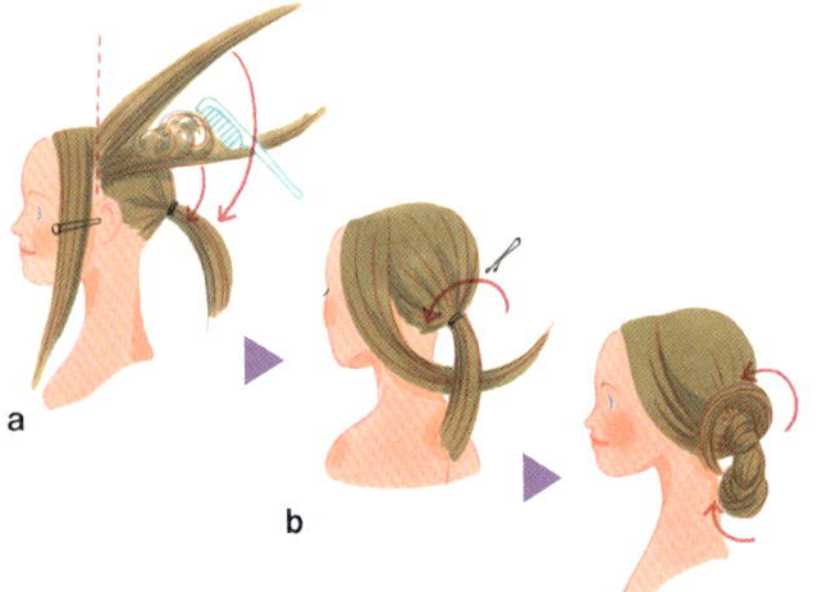

着物メイクの基本

和装だからといって赤い口紅を付けるのは、一昔前のこと。今は洋装とそれほど変わりません。ベースの肌は首との境目に気をつけつつ、少し明るめに整え、リップはナチュラルな色やグロスで仕上げて。フォーマルな装いの場合にはアイラインで目元メイクをはっきりさせ、チークやリップもバランスを見ながら強めにすると、華やかさが増します。

ロングヘアのアレンジ

フォーマル

所要時間 **15分**

パーティーや
友人の結婚披露宴には
フェミニンな
編み込みで清潔感を

Side

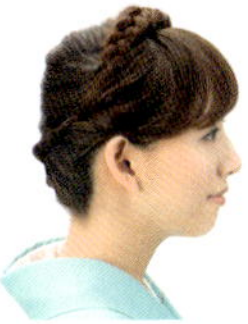

かんざし／かんざし屋の山口

[用意するもの]
ホットカーラー／スタイリング剤／ヘアゴム／ヘアピン／ハード系スプレー／かんざし

●作り方

1 前髪にカーラーをあてておきます。全体を左上と右下に斜め二つに分け、左上の髪はまとめておきます。

2 右側の耳の上から生え際に沿って編み込みにし、毛先は三つ編みにします(a)。

3 左上側の髪は左耳の上から三つ編みにし、右方向に回して毛先を2の編み込みに隠してピンで固定します(b)。

4 2の三つ編みは上側の三つ編みに沿わせ、毛先を隠してピンで固定します。前髪は自然にサイドに流し、好みでかんざしを挿します(c)。

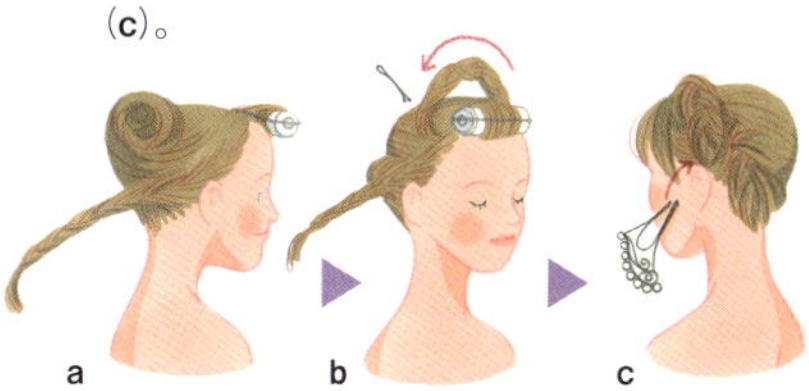

a　b　c

ミディアムロング
〜ロングヘアのアレンジ

カジュアル

所要時間 **10分**

小紋や紬で軽やかな
おしゃれを楽しむ日は
アシンメトリーなスタイルで
個性を出して

[用意するもの]
ホットカーラーかコテ／スタイリング剤／ヘアゴム／ヘアピン／くし／ハード系スプレー

Side

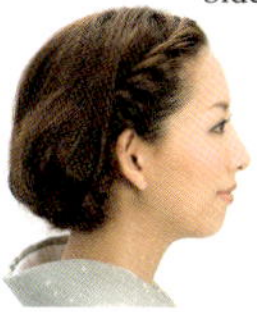

Back

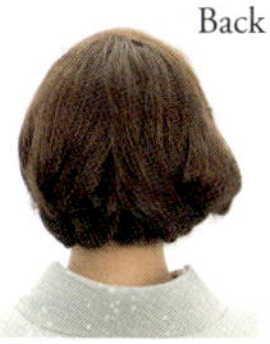

●作り方

1 前髪を8：2で分け、8の側を少しずつ毛束をとってねじりながら巻き込み、耳の後ろ以降は先端までツイストしてゴムで留めます。

2 残りの髪を後ろで左右半分に分けます。分け目が目立たないように、それぞれ衿足からゆるめの三つ編みにします(a)。

3 1でツイストした毛束を耳の後ろ辺りでだんご状にし、ピンで留めて土台を作ります。

4 2の右側の三つ編みをゆるめに内巻きに丸め、土台にピンで固定します(b)。左側の三つ編みも同様に、内巻きにしながら右側に寄せるように衿足にピンで固定します(c)。指やくしで、表面をふんわりと整えます。

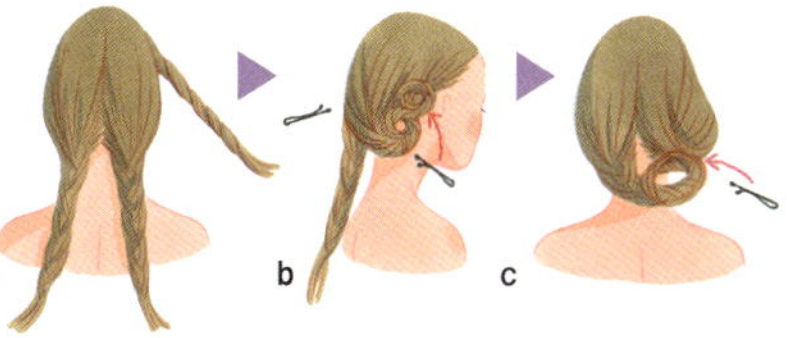

a　b　c

ショートボブのアレンジ

フォーマル

所要時間 **10分**

衿足を上げるだけで
あらたまった雰囲気に
トップのボリュームで
華やかさをプラス

Side

Back

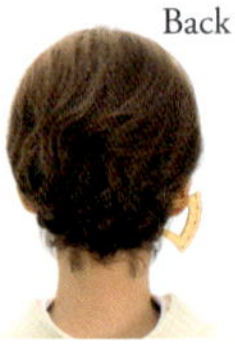

[用意するもの]
ホットカーラー／スタイリング剤／ヘアゴム／ヘアピン／くし／ハード系スプレー

●作り方

1. 前髪を中央で分けて、それぞれ両サイドに編み込みにし、毛先は三つ編みにしてゴムで留めます。
2. トップの髪に2～3個カーラーを巻いてくせをつけます。
3. 1の三つ編みを生え際に沿って後ろに持っていきながら、残りの髪を少量ずつとり分けて三つ編みの上にかぶせて巻き込み、ピンで固定していきます(**a**)。左右とも同様に。
4. カーラーをはずして逆毛を立て(**b**)、ふんわりとかぶせて丸く形作ります。下側にかんざしを挿します(**c**)。

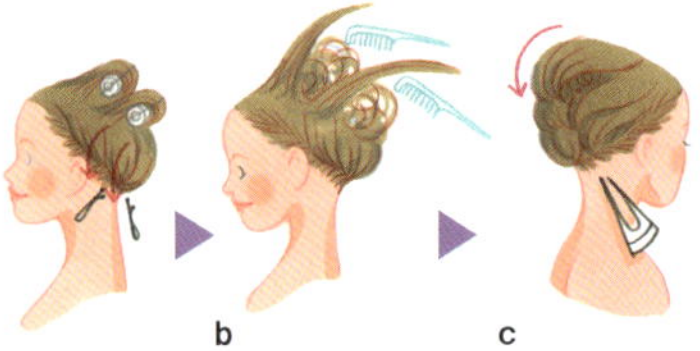

a　b　c

ショート&ボブのアレンジ

カジュアル

所要時間 **10分**

紬や木綿着物で
遊びに行く日は
洋服感覚の
ふんわりボブで軽快に

[用意するもの]
ホットカーラー／ドライヤー／スタイリング剤／ヘアピン／ハード系スプレー

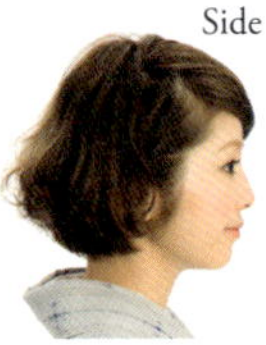

Side

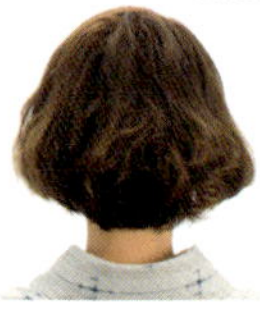

Back

●作り方

1. 全体をホットカーラーで内巻きにします。ドライヤーであらゆる方向から風をあて、空気を含ませてふんわり形作ります。
2. 前髪は分け目をランダムにとりながら、1：9に分けます。9の側は内側にねじり込んで流れを作り、耳の後ろでピンで固定します。
3. 右側は外側にねじりながら耳にかけてピンで留めます(**a**)。
4. 全体に空気をふくませるように手ぐしでふんわりとさせ(**b**)、全体が三角形になるように形作ります。

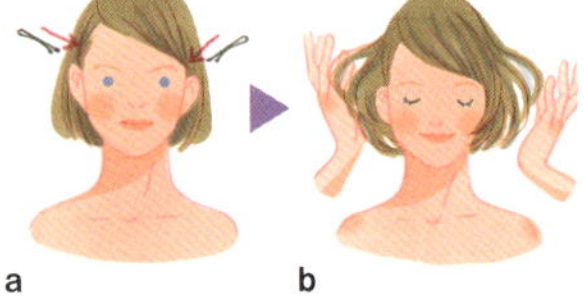

a　b

ロングヘアのアレンジ

浴衣ヘア

所要時間 **10分**

浴衣らしい
気軽なスタイルなら
かんざし1本でまとめる
シンプルヘア

浴衣・源氏物語（堀井）

Side

Back

[用意するもの]
ホットカーラーかコテ／スタイリング剤／ヘアピン／ハード系スプレー

●作り方

1 前髪を後方にねじってから前方に押し出してポンパドールを作り、ピンで固定します。

2 残りの髪を一束にして、左側にかんざしを下に向けてあて、かんざしの柄に髪を2回巻きつけます(**a**)。

3 かんざしの先端を左側から挿し込み右側に通し、固定します(**b**)（**c**)。

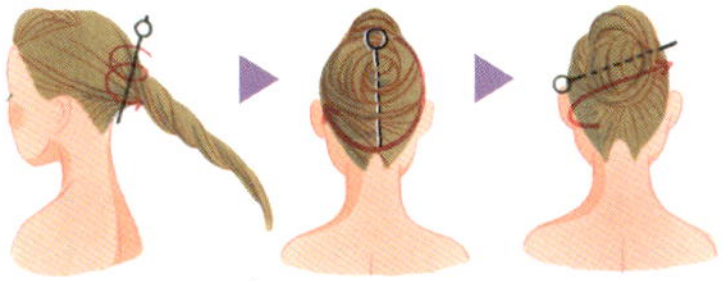

a　b　c

ショート&ボブのアレンジ

浴衣ヘア

所要時間 **10分**

ねじって留めるだけの
アップスタイルは
粋な紺白浴衣とも
相性抜群

Front

Back

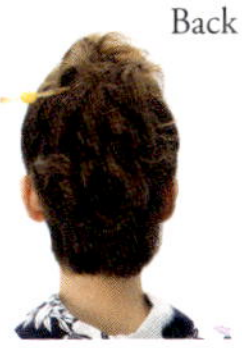

[用意するもの]
ホットカーラーかコテ／スタイリング剤／ヘアピン／くし／ハード系スプレー

●作り方

1 根元を立たせるように全体にホットカーラーをあててくせづけします。カーラーをはずして艶感のあるスタイリング剤を全体になじませます。

2 前髪の中心の毛束を少量とり、後方にねじってピンで固定します。さらに両脇も同様にねじってピンで固定し、頭頂部に向かってねじっては留めるを繰り返します(**a**)。

3 バックの髪は逆毛を立て、頭頂部に向かってねじりながら整え、ピンで固定します。好みでかんざしを挿します(**b**)。

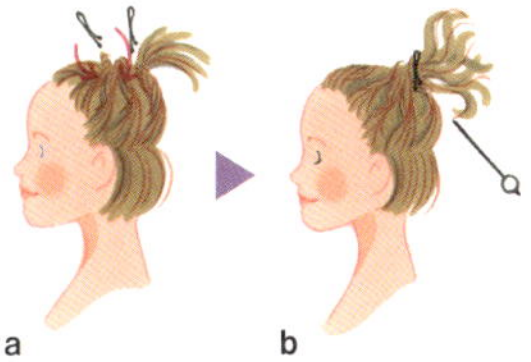

a　b

装いやTPOに合わせて選ぶ
髪飾りいろいろ

着物の髪形に使える髪飾りにも
フォーマルなものとカジュアルなものがあり、
基本的に宝石や象牙、べっ甲を用いたものはフォーマル用、
その他の天然素材や遊びのあるデザインはカジュアル用になります。
着物や浴衣とのバランス、シチュエーションに
合わせて楽しんでみましょう。

べっ甲かんざし

象牙にべっ甲を用いた贅沢なかんざしは、古典柄の訪問着や留袖に合わせても素敵です。留袖に付ける場合は、頭の下の方に挿すと落ち着いた印象でしっくりします。

かんざし／かんざし屋の山口

シンプル・コーム

洋風のシンプルで大きめのコームはすっきりとしたアクセントになり、おしゃれ着からカジュアルまで合わせることができます。

アンティーク風かんざし

シックなのかんざしは、留袖などのフォールな装いに、重厚感のあるアクセントになります。シンプルなので、カジュアルな小紋にも合わせられます。

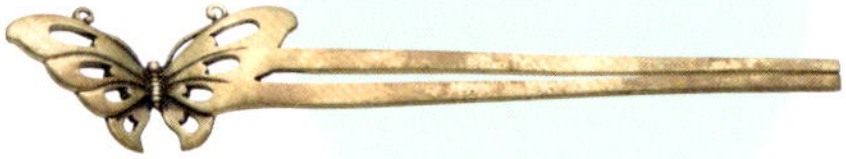

小田巻きかんざし

ひもを巻いて玉状にした小田巻をかんざしにあしらったカジュアルなデザイン。小振りながらも、和のテイストが着物とよく合います。古典柄の小紋と相性抜群。

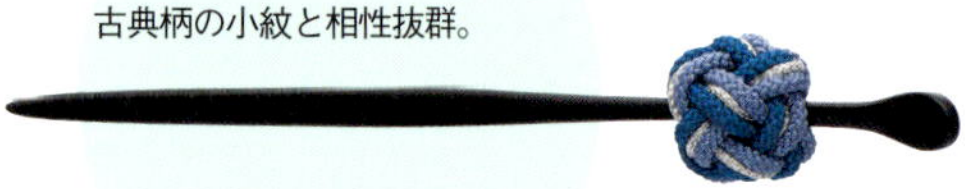

千鳥かんざし

千鳥をモチーフにしたかんざしは、夏着物や浴衣の日の装いに。赤い目がポイントです。季節限定のモチーフを髪飾りに用いて、四季を愛でるのも和装の楽しい遊びです。

着物のネイル

基本的には品のよい色やデザインが着物にはおすすめですが、パーティーであればラメを用いたり重厚な色やデザインで華やかさを加えるのもすてきです。また浴衣であれば、夏らしいポップなネイルもおすすめです。

木製ビーズかんざし

木製ビーズを組み合わせてデザインした部分をまとめた髪にかぶせ、かんざしを挿し込むタイプ。アジアンテイストの髪飾りは紬や木綿など、織りの着物と相性よくまとまります。

リボンバレッタ

リボンをかたどったバレッタは、ポップな色柄の小紋や浴衣の装いなどに向いています。

第3章

季節の着物遊び

十二か月コーディネート

四季のある日本では、古くから春夏秋冬の植物や風景、行事などを文様化して、衣装や道具の装飾にとり入れてきました。

現在でも着物遊びのいちばんの楽しみは、これから訪れる季節を先取りして装いにとり入れることです。

季節のルールを知り、四季折々の風情を和装で表現してみてください。

日常の喧騒《けんそう》から離れた、豊かな時間を感じることができるでしょう。

一月 •January

お正月に、ハレの装い

一年の始まりは、お正月に初詣、年始のあいさつなど、なにかと着物を着る機会が多くなります。そんなハレの日には、吉祥文様などのおめでたい柄を装いに用いて、新春のことほぎを表現しましょう。

白と金で上品な
竹柄の刺繍半衿

松をかたどった彫金帯留め

コーディネートテクニック

松竹梅をあしらって新春の喜びを

着物の梅と刺繍半衿の竹、帯留めの松で松竹梅を表現しました。紅白の梅がおめでたさを盛り上げます。伊達衿を重ねることで、顔まわりがより華やかになります。小物は白金銀で格調高く、上品にまとめましょう。新年会や結婚式の参列にもふさわしい装いです。

吉祥文様をとり入れて新春の喜びを和装で表現

一年の始まりは、あたたかみを感じさせる色を意識しながら、おめでたい柄で新春の喜びを表現しましょう。着物は裏地のついた袷《あわせ》

季節のメモ

おめでたい文様

ハレの日には、装いにもことほぎの気持ちを表したいものです。それには伝統的におめでたいとされる「吉祥文様」がおすすめ。地紋や染め、刺繍など、モチーフとしてさまざまにとり入れられています。

宝尽くし

中国の吉祥思想である宝珠や小槌など「八宝」が由来の宝尽くし文。写真は蜀江《しょっこう》文の中に宝尽くしを配しています。

南天

正月飾りにも用いられます。一説には“難を転ずる→ナンテン”から吉祥とされる南天文。写真は南天の刺繍半衿。

寿文字

中国の吉祥文字の思想が由来。長寿の祝いや結婚式などに用いられます。写真は「寿」の帯。ほかに「福」なども。

季節のアイテム

よそゆき用ショール

ハレの日の着物など上品な装いには高級感のある生地のショールが合います。衣紋にかからないように、肩にかけましょう。

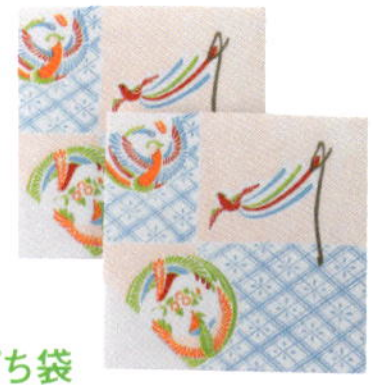

ぽち袋

お年玉や心付けなど、この時期は急に必要になることも。常にバッグの中に忍ばせておけば、いざというときにも慌てることもありません。

風呂敷

年始のあいさつ回りには、和文化が誇る風呂敷が大活躍。ちょっとした手土産も、風呂敷に包むことでていねいさが増します。長寿を願う菊柄や、牡丹など吉祥文様がおすすめ。

風呂敷／唐草屋東京店

真綿紬反物

繭を煮立てて薄く引き伸ばし、フェルト状にした真綿から糸を紡ぎ出した真綿紬。比較的ふっくらした生地であたたかく、寒い季節におすすめのカジュアルな素材です。

仕立てを、帯も単衣《ひとえ》と盛夏用以外の物を合わせます。新春パーティーであれば、梅や雪持ち笹、七草などの一月の植物柄で季節感を出しながら、松竹梅や鶴亀、亀甲、宝尽くしなどの吉祥文様を加えてお祝いの心を表すと、お正月らしさが増すでしょう。またその年の干支や自分の干支、裏干支をとり入れるのも着こなしの上級テクニックです。夏と秋のモチーフである茄子を、初夢にからめて用いてもよいでしょう。

半衿は塩瀬《しおぜ》や縮緬《ちりめん》素材を、帯揚げは縮緬や綸子《りんず》素材を選びます。帯締めはレース組など盛夏用に作られたもの以外でしたら、季節を問わずに合わせることができます。

機能性下着を活用して外出は防寒対策を万全に

まだ寒さが厳しいこの時期の外出には、コートやショールなどの防寒具のほか、保温効果のある機能性下着を活用してもよいでしょう。とくに足元は足袋状の靴下を内側に履いたり、ふくらはぎ部分はレッグウォーマーなどで防寒すれば、着脱しやすくて便利です。

二月 •February

お茶会はマナーを知って

初釜はいつもよりも華やかに装いますが、一般的に控えめに品格を出すのが茶席の装いとされています。ただし流派や茶席の目的などによっても装いのルールが異なるので、主催者に確認をするとよいでしょう。

コーディネートテクニック

江戸小紋三役で品格を出して

江戸小紋三役の一つである角通し(P21参照)の江戸小紋に、正倉院文様の袋帯を合わせて、品格のある装いに。帯揚げや帯締め、利休バッグ、草履も淡色と白を基調に上品にまとめました。また、お茶席では帯留めを付けないのが基本ルールです。お茶碗などとあたって傷をつけないためのエチケットと考えましょう。

草履／合同履物

季節を先取り、春を待ちわびる心を表現

日増しに陽射しのあたたかさを感じ始める二月。この時期の装いは、一月と同様に袷《あわせ》の着物、単衣《ひとえ》と盛夏用以外の帯を合わせます。

季節のメモ

着物上手になる「和」の習い事

　着物に慣れ親しむには、和のお稽古事を習うのがおすすめです。定期的に着物を着る機会が作りやすく、着付けの上達にも役立ちます。また普段は結婚式ぐらいでしか出番のない訪問着も、お稽古をしていれば特別な会や催しなどで、比較的多く着ることができるでしょう。

　着物の所作や立ち居振る舞いも身に付けたい方は、浴衣でお稽古をする日本舞踊もおすすめです。そのほか茶道や琴、三味線、小唄なども、茶会や発表会で着物を着ることが多いですが、流派や先生の方針によって普段のお稽古の装いは洋服の場合もあるようです。まずは気になるお稽古をのぞいてみて、雰囲気を感じたり、着物を着る機会があるか確認してみるとよいでしょう。

季節のアイテム

梅柄の名古屋帯

二月の文様である梅を、水玉のようにデザイン的に配した名古屋帯。軽めの柄の小紋やあっさりとした色柄の紬に合わせて、軽快に装って。

茶扇子

茶扇子は一般的な扇子より小さく、扇ぐものではありません。目上や貴重な品を前にする際、前に置いて礼を形にし、使わないときは帯の左側へ挿します。月謝やお礼、名刺などを相手に差し出すときには広げた上にのせます。

猫柳ブローチ

春を待ちわびて、芽吹き始める猫柳をモチーフにしたブローチ。ショールを留めるのに用いたり、三分ひもなどに合わせて帯留め代わりにもなります。ブローチ／ここん

懐紙

茶席では懐紙の上にお菓子をのせていただきます。たいていの流派は、正式な茶事には白い懐紙(写真右)を使用。お稽古や大寄席、気軽な茶会には趣味的な柄の懐紙も使えます(写真左)。

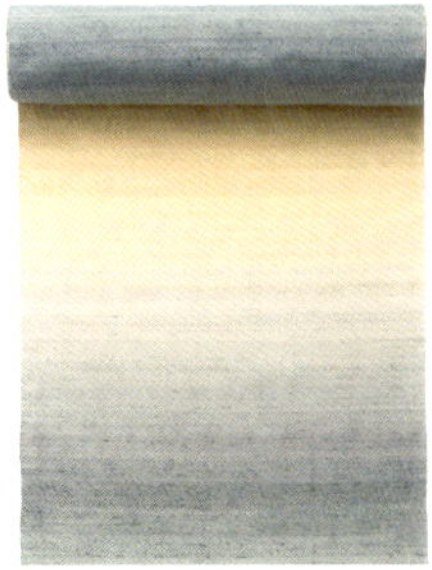

真綿紬反物

肌触りもほっこりとあたたかみのある真綿紬。寒い季節から、新芽の芽吹く春への移ろいを思わせるグラデーションが着姿を際立たせます。

半衿や帯揚げ、帯締めも一月に準じます。二月に用いるモチーフには、梅や猫柳、雛菊、ふきのとうなどがありますが、下旬に差しかかれば「萌えいづる春を待ちわびる」という思いを込めて、雪輪など冬を連想させるモチーフと一緒に、春先のモチーフを先取りするのもすてきです。

　また、立春前日の節分には、厄除け祈願の意味を持つ七色や鱗《うろこ》文様を装いにとり入れてよいでしょう。行事に用いられる柊《ひいらぎ》や鬼、豆などのモチーフを用いることもできます。

挿し色に、明るい春色をとり入れて

　立春を迎えても、コートだけではまだ肌寒い日が続くこの時期は、ショールが活躍します。一月と同様に、あたたかみを感じさせる素材や色の着物に、紅色や黄色など、春の息吹を感じさせる色使いのショールを羽織れば、見た目も気持ちも軽やかになることでしょう。挿し色として、帯締めや帯揚げなどの小物に明るい色を使うのもおすすめです。

三月・March

ひな祭りをテーマに

年中行事は着物を着る絶好の機会です。装いのテーマをひな祭りに決めて、自宅やレストランで親しい友人たちと食事会をしてみてはいかがでしょう。ドレスコードを決めるのも楽しそうです。

成長を祈る麻の葉文様の刺繍半衿

貝合わせモチーフの漆の帯留め

コーディネートテクニック

帯を主役に柄で遊ぶ

三月三日はドレスコードを着物に決めて、ひな祭りをテーマに盛り上がりましょう。あっさりとした縞の紬だからこそ、帯の柄を主役にすると、コーディネートが生きてきます。貝桶の帯に貝合わせの帯留めを合わせて、遊び心を加えました。

羽織の装いで軽やかに植物柄で季節を表現

春色に染まり始める三月は、これまでよりも少し明るい色使いを意識した袷《あわせ》の着物と長襦袢、帯で、春らしさを出してみましょう。菱や橘、琴柱に和楽器、屏風など、

季節のメモ

食事のときのひざかけの使い方

着物で食事をするときには、大判のハンカチや手ぬぐいをひざにかけるか、帯の上に挟んで使います。またはねやすい食事の場合は、上前の衿に挟んで上半身も保護します。目立たないよう、着物と同色を選ぶとよいでしょう。

大判のハンカチ

手ぬぐい／ふじ屋

季節のアイテム

薄地ショール

昼夜の気温差が激しいこの季節、春らしい色合いの、薄手のショールが活躍します。

花柄のしゃれ袋帯

あたたかみのある地色に野の花を連想させる花々を織りで表現した帯は、春の訪れを予感させます。

つくし帯留め

象牙に着色をほどこした帯留め。つくしのモチーフは、この季節にぴったりです。

品格ある小紋反物

品格ある格子に蒔糊《まきのり》をほどこした小紋は、シンプルな中に品格があるので、子どもの卒業・入学式にもおすすめです。

ひな祭りを連想させるモチーフのほか、桜や椿、たんぽぽ、竹の子など春の植物がふんだんにそろう三月は、植物柄で季節感を演出してみるとよいでしょう。

桃の節句を過ぎたら、陽射しがあたたかな日にはコートの代わりに羽織を着ることができます。羽織は屋内でも脱がなくてよいので、防寒だけではなく、着物や帯とコーディネートをして、春らしさを演出するようにしましょう。

子どもが主役の式典は母の装いは控え目に

三月は卒業式のシーズンです。子どもの卒業式をきっかけに、着物を着始める方も多いかもしれません。しかし、ただ好みだからといってポップな柄の小紋や普段着に該当するカジュアルな紬や木綿の着物はふさわしくありません。卒業・入学式などの式典は、あくまでも子どもが主役。母親は紋入りの色無地、品のよい色柄の付け下げや古典柄の小紋に、金銀使いを抑えた袋帯や織りの名古屋帯を合わせて、控えめに装います。

四月 ・April

桜、さくら、サクラ

四月はお花見の季節です。咲き誇る満開の桜を愛でながら、桜色や桜の柄をとり入れた装いで、思いきり春を満喫してみてはいかがでしょう。

散り桜の刺繍半衿

ひさごをかたどった彫金の帯留め

コーディネートテクニック

さり気なく桜をとり入れ季節感を

無地の紬の八掛に、さり気なく桜の柄をとり入れた、粋なおしゃれです。藤の柄の帯を合わせて季節の先取りを。ひさごの帯留め、夜桜を連想させる散り桜の半衿を合わせて、花見の酒席をイメージした装いです。草履／合同履物

小桜柄の八掛

すっきりと、帯付きのおしゃれを楽しんで

三月と同様に、明るい色で春らしさを表現します。シックな色も着物であれば、帯や小物に明るい色をとり入れるとよいでしょう。

季節のメモ

季節モチーフのとり入れ方

枝付きや写実的に表現された草花はその季節限定に用い、抽象的に表現されていたり文様化されたものは、季節を問わずに用いることができます。着物が日常着だったからこそ、昔の人はその時期限定のモチーフで季節を愛で、おしゃれを楽しんできました。

季節限定の写実的な桜

年中着られる抽象的な桜

季節のアイテム

チューリップの帯留め

象牙に着色したチューリップの帯留め。モチーフはかわいらしいですが、写実的で大人っぽい雰囲気。

やさしい色のしゃれ袋帯

軽やかな雰囲気の、紬地のしゃれ袋帯。紬や木綿に合わせて、気軽なお出かけの装いに。

唐草柄の小紋反物

桜や南天など、文様化されたさまざまな植物を唐草に配した小紋は、景色がいろどられる季節を楽しめます。

手ぬぐい定期入れ

新年度には、定期入れを新調してみれば、新たな気持ちで臨めそう。千鳥の手ぬぐいの生地がポイント。定期入れ／ふじ屋

文庫革名刺入れ

日本伝統工芸の牛革製「文庫革」。モダンで洋装にも合わせやすいデザインです。
名刺入れ／ここん.

四月は羽織やショールなどを羽織らずに、「帯付き」という帯を出した着こなしもすてきです。昔はなにも羽織らずに帯付きで外出するのはタブーとされていましたが、現代では気候に合わせて帯付きで外出をしてもよくなりました。夏日のようなあたたかい日に羽織物を着ていると、周囲にも暑苦しさを与えてしまうことも。春色や鮮やかに大地を彩る春の植物柄で着物と帯のコーディネートを存分に楽しんで、おしゃれをしてみてはいかがでしょうか。

気軽な酒席にはらくな装いで

お花見に欠かせないのが花見酒。会場を設けた観桜会であれば春色小紋で華やかに、気軽な宴会には紬や木綿の着物で、軽やかに宴会を盛り上げたいものです。帯や八掛、帯留めなどちょっとしたところに、ひさごなど宴会を連想するモチーフをとり入れるのも粋な遊びです。カジュアルな会場の宴会であれば、汚れても気にならない木綿に半幅帯の装いが気軽でおすすめです。

五月 •May

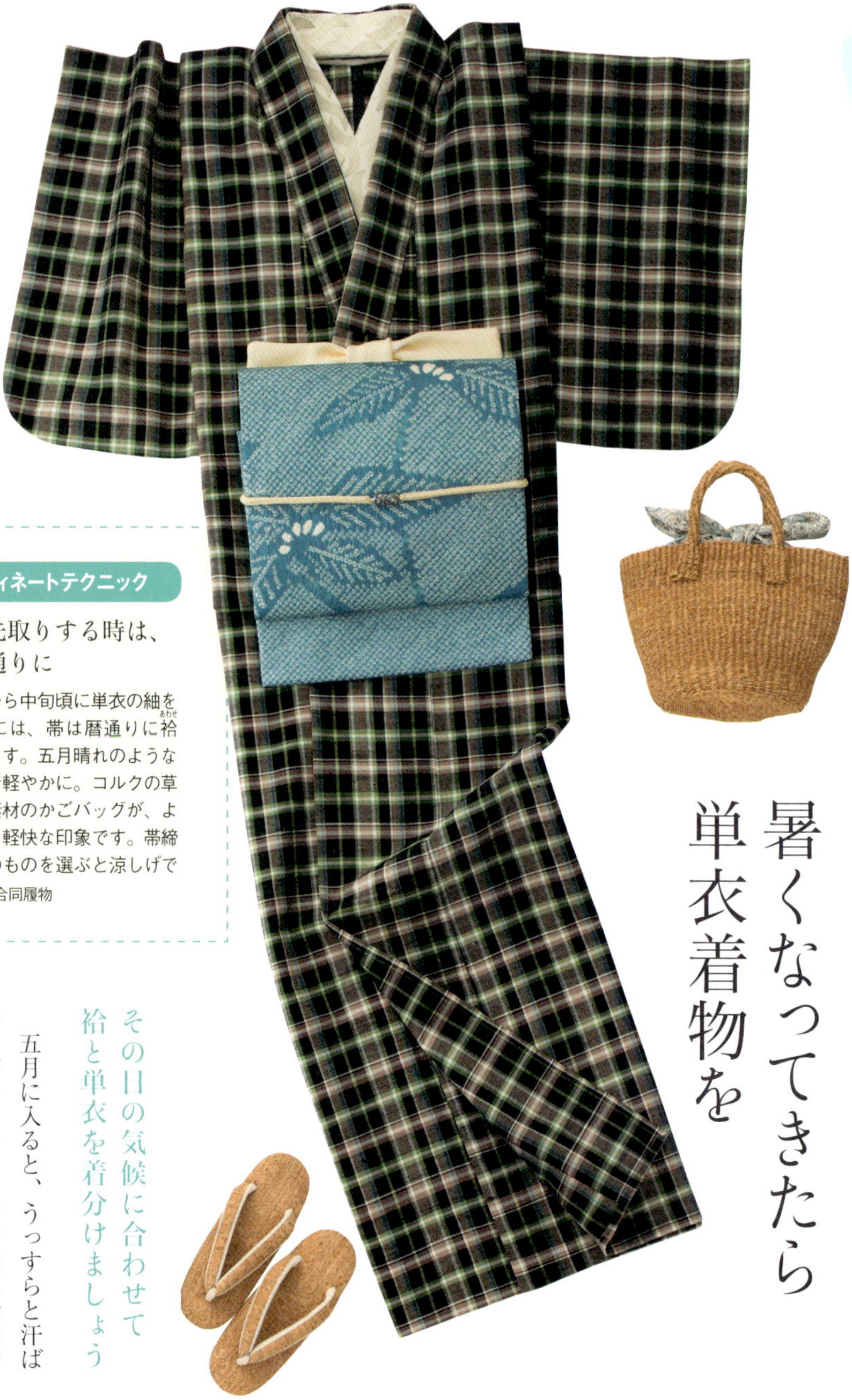

単衣《ひとえ》の時期にはまだ一か月早いですが、カジュアルな装いであれば、その日の気候に合わせて単衣を着ることができます。帯や小物は季節のルールに合わせましょう。

暑くなってきたら単衣着物を

その日の気候に合わせて袷と単衣を着分けましょう

五月に入ると、うっすらと汗ばむ日が多くなります。同じ袷の着物でも、なるべく薄手の素材と寒色系の色で、すっきりとした装い

コーディネートテクニック

着物を先取りする時は、帯は暦通りに

五月初旬から中旬頃に単衣の紬を着る場合には、帯は暦通りに袷《あわせ》を合わせます。五月晴れのような空色の帯で軽やかに。コルクの草履と自然素材のかごバッグが、よりいっそう軽快な印象です。帯締めも細めのものを選ぶと涼しげです。草履／合同履物

季節のメモ

うそつき袖で襦袢のおしゃれ

色柄の長襦袢で隠れたおしゃれをするのもカジュアルな装いの楽しみの一つです。その際に便利なのが「うそつき袖」の襦袢です。身頃と袖が面ファスナーやスナップで付け替えができるので、比較的気軽に襦袢の模様替えができるのが特徴です。袖からちらりと襦袢が見える、和装ならではのおしゃれです。

季節のアイテム

生紬の帯地

しっかりと、張りのある風合いの生紬の帯は、単衣の着物に合わせるのにおすすめです。

和柄のボトルケース

五月は行楽の季節です。今や現代人の必需品ともいえるボトルケースも、和のテイストに。

ボトルケース／ふじ屋

菖蒲帯留め

五月の柄である菖蒲の帯留め。モチーフが豊富な帯留めも、季節を表現しやすいアイテムのひとつです。

新緑柄の小紋反物

新緑の葉をシルエットに写した小紋は、単衣用ではありませんが生地がしっかりしているため単衣仕立てにおすすめです。

を意識するとよいでしょう。色は藍やベージュ、白系を基調にすれば清々しい印象です。着物、帯、小物ともに配色を抑えたシンプルな装いがしっくりします。

十～五月は袷を着るのが基本のルールですが、長襦袢だけは単衣にしたり、連休を過ぎた頃からは普段着にかぎって単衣を着てもよいとされています。ただし本来単衣を着る時期は六月なので、そのほかの小物は暦通りに袷のものを用いるようにしましょう。帯揚げは薄手の縮緬《ちりめん》や綸子《りんず》を、帯締めは明るい色で冠組など細みのタイプを選ぶと軽やかさが出ます。

和装に込める親心 端午の節句を着姿に

男子の立身出世を願う端午の節句。古くから日本人は、意味を持つ柄やモチーフを身につけることで、願いを込めていました。端午の節句を象徴する兜や、出世魚の意味を持つ鯉、厄除けの薬玉や菖蒲など、子どもの成長と将来を願った親の装いとして、着物にとり入れてみてはいかがでしょう。

暑い季節も和装を楽しむ

六〜九月の着物と小物の素材

暑い季節は薄手の素材や透ける生地を用いて、機能的な涼しさだけではなく、見た目の涼感を演出するのも、着物だからこそのおしゃれです。暑い季節に向く、和装アイテムを紹介します。

夏紬　七〜八月向き

夏結城や夏大島、夏塩沢、夏赤城など薄物の紬の総称。さらりとした着心地と、透け感が特徴。

麻　七〜八月向き

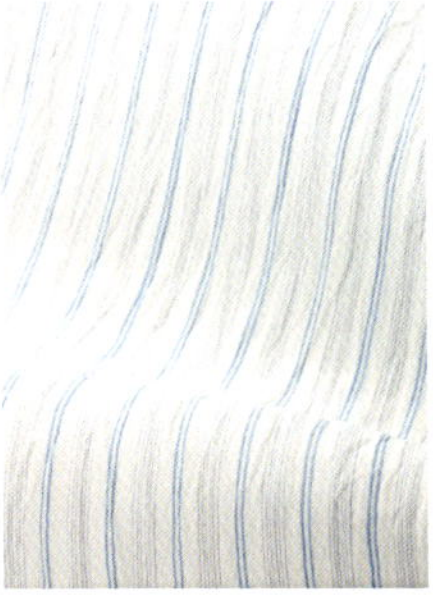

薄くて丈夫な小千谷縮に代表される薄物の素材。上質な麻を用いたものを上布と呼びます。

紗《しゃ》　七〜八月向き

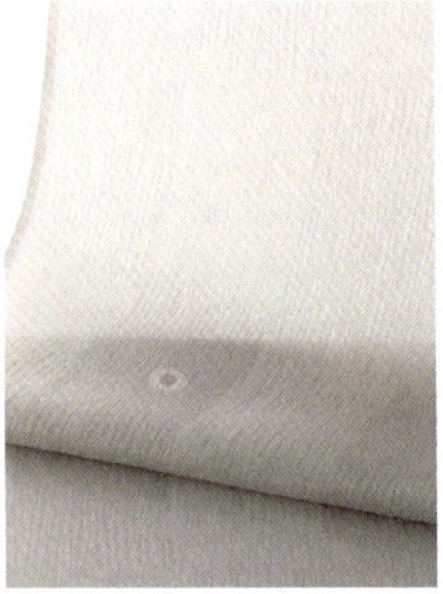

夏御召などに用いられる薄物の素材。縦に隙間があるように見えるのが特徴。

絽《ろ》　横絽：七〜八月向き　縦路：六〜九月向き

和装のさまざまなアイテムに用いられる夏の代表的な薄物の素材。絽目と呼ばれる、縞状に隙間が見えるのが特徴。縞が横なら「横絽」、縦なら「縦絽」といいます。

サマーウール　六〜九月向き

絹混のウールで、単衣仕立てに向く素材。さらりとした着心地と、お手入れのしやすさが特徴。

絹縮み　六月、九月向き

肌触りがさらりとしている単衣の素材。糸に強い撚りをかけて織り上げる縮み技法を絹に用いた絹縮み。軽くてシワになりにくいのも特徴です。

暑い季節の着物素材

和装では十〜五月は「袷《あわせ》」、六・九月は「単衣《ひとえ》」、七〜八月は「薄物」「麻」を着るのが基本的な季節の着分けです。ただしカジュアルな装いであれば、五月でも夏日のような気候のときは、単衣を着てもかまわないとされています。単衣は袷と同じ生地で仕立てることもできますし、単衣に向いた生地もあります。ほかにも盛夏用の薄物の素材など、六〜九月に着る着物の素材を知っておくとよいです。

六〜九月の帯と小物のルール

長襦袢

単衣の時期には楊柳素材や絽、麻を、盛夏には絽や紗、麻を用います。着物と長襦袢の素材感をそろえないと、着物の袖口から長襦袢が出てしまうことも。染めの着物には絽や紗の正絹を、麻や夏紬など織り着物には麻を合わせます。

上質な化繊の絽は手入れが簡単な上、風通し、吸湿性に優れているので夏のやわらかものに好相性。写真は竹繊維入りで抗菌消臭作用もあります。

カジュアルな装いには、自宅でお手入れのできる麻の長襦袢がおすすめ。

半衿

写真右手前は単衣の時期に向く楊柳素材、中2枚は単衣・薄物通して使える絽を、左奥は薄物に合わせる麻。ほかに紗も盛夏向きです。

帯締め

レース組など目のゆったりしたものは涼しげな印象で、夏向きです。ただし、帯締めは年間通して使うことができます。

帯揚げ

単衣の時期から盛夏にかけては、絽、紗、麻素材を合わせます。単衣の時期なら絽縮緬《ちりめん》でも。淡い色や寒色を選ぶと、見た目の涼感が増します。写真は絽の2点で、手前がフォーマル向き、奥がカジュアル向きです。

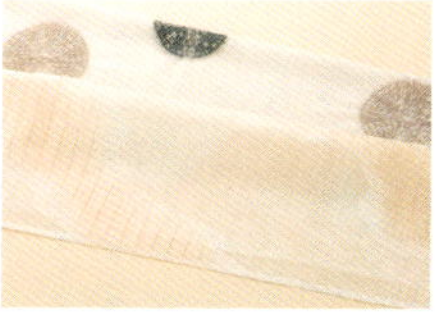

帯

暑い時期には薄手のものや、目の粗い通気性のよい素材が適しています。帯と帯揚げ、半衿の季節を合わせるようにします。五月に着る単衣には、袷用の帯が向きます。

紗　薄物に合わせる盛夏用の帯。おもに染め、織りの両方があります。

絽　横に隙間があるように見える、夏の代表的な染め帯。六〜九月上旬に。

自然布　麻やそのほかの植物繊維で織った、単衣や薄物に合わせる帯。軽くて通気性に優れています。

羅《ら》　網目状に隙間があるように見える、薄物に合わせる織りの帯。

肌襦袢

季節を問わず、さらし木綿の肌着を着ます。盛夏の時期には通気性のよい麻素材(写真右)や、あしべ織など汗取りがついたタイプ(写真左)を選ぶのも、暑さ対策になるでしょう。

六月 •June

雨の日も楽しく和装を

梅雨の時季には化繊の着物が大活躍。
また最近はおしゃれな和装雨具も増えています。
雨の日だからこそできるおしゃれをして、
着物遊びを楽しんでみましょう。

コーディネートテクニック

**化繊の単衣《ひとえ》小紋で
手入れかんたん**

化繊素材なので、雨で汚れても手軽に自宅で洗えます。楊柳素材になっているので肌に当たる面積も少なく、暑さ対策にもなります。合わせる帯や小物は涼しげに見える物で統一しましょう。

帯留め／入澤、下駄／合同履物、
バッグ／ここん.

雨の日の足元

雨対策には、すっぽりと包める草履カバーがいちばんおすすめ。屋内に入ったらはずすことができるのでフォーマルな装いには必須です。底に歯がついたタイプなど歩きやすい種類もあります。

先にビニールが付いた、雨用の草履。とり外しができないので、降ったりやんだりするときには対応できない難点があります。最近は歩きやすいヒールタイプも作られています。

下駄には爪革と呼ばれるものを先にとり付けます。下駄で歩く場合には、濡れたアスファルトは滑りやすいので注意が必要です。

下駄・爪革／合同履物

季節のメモ

梅雨のモチーフ

雨の多い梅雨時期は気分が沈みがちですが、梅雨ならではのかわいらしい小物を身につけ、外出を楽しみましょう。

紫陽花

細かい細工が美しい、紫陽花の帯留めは、梅雨の空気をさわやかにしてくれます。

傘

水紋に傘を合わせて、梅雨を連想させるモチーフをユニークに表現。

帯留め／小海有希

カエル

「無事に帰る＝カエル」から、縁起のよいモチーフとして親しまれているカエルは、梅雨にも大活躍。

帯留め／ここん

かたつむり

象牙の台にかたつむりをあしらった根付けで季節を表現。

根付け／おそらく工房

季節のアイテム

道行き衿

胸元を四角く囲むような衿を道行き型の衿といいます。

誂えの雨ゴート

自分の寸法に合わせて誂える雨ゴートには、撥水加工をほどこした生地が用いられます。写真は着物衿仕立て。

既製品の雨ゴート

既製品にはひと続きになったものと、二部式があります。二部式は丈の調整が可能で、安価で気軽に扱え、また小さく折りたためばバッグの中にも収納できることから、一枚あると重宝します。

洋装用の雨傘

和装用の雨傘以外にも、洋装の雨傘を持つのもおしゃれです。

袷《あわせ》から単衣に衣替え　梅雨対策も万全に

　この月から、袷の着物と長襦袢、袷用の帯、小物類から全て、単衣の着物と長襦袢、単衣用または盛夏用の帯と小物に衣替えをします。そして六月といえば梅雨入りです。梅雨に入る前に、雨ゴートを用意しておきましょう。現在は誂え物から仕立て上がりまで、さまざまな種類から選べるようになりました。素材は生糸系の紬など、比較的水に強い正絹に、防水・撥水加工を施したものと、化繊があります。正絹に比べて比較的安価な化繊は、色や柄も豊富にあるので、明るめの色やかわいらしい柄を選べば、雨の日でも気持ちが華やぐことでしょう。

　気軽なお出かけなら、コートで雨を防ぐのではなく、多少濡れても生地が傷まない、化繊などの着物や小物を活用するのもおすすめです。泥はねで多少汚れても、自宅ですぐに洗えるのも安心です。雨用アイテムを上手に利用して、雨の日も明るく和装を楽しんでください。

七月 •July

見た目も着心地も涼しく

いよいよ夏本番、盛夏の着物の出番です。初心者の方におすすめの夏着物は、自宅で手軽に手入れができる麻の着物。小千谷縮なら、着物としても浴衣としても着られます。

コーディネートテクニック

ポイントの色使いでメリハリを

小千谷縮の着物に絽《ろ》の染め帯を。江戸切り子ガラスの帯留めとかごバッグでさらに涼を感じさせるコーディネートです。夏の色合わせは、涼しげに見える寒色だけではなく、挿し色にピンクや赤などの暖色を入れることで、メリハリの効いた着こなしになります。

バッグ／竹巧彩

単衣《ひとえ》から薄物に衣替え透ける素材の出番です

七月は、単衣から薄物の着物と長襦袢、盛夏用の帯と小物に衣替えをします。この時期に用いられる素材は透け感のあるものが多く、

季節のメモ

涼の裏ワザ

すそよけからステテコに替えるだけでも足さばきがよくなります。ただし透ける着物の場合は居敷当《いしきあて》をつけてステテコを履くようにしましょう。また着付けに使う帯板や帯枕も、ヘチマ素材を使えば通気性に優れていて快適です。

ヘチマ帯枕

楊柳ステテコ

季節のアイテム

日傘

炎天下での和装には日傘は必需品。紅型《びんがた》風の藍染めの日傘は、涼しげで装いのアクセントになります。日傘／ここん.

レース風扇子

うちわもよいけれど、扇子を扇ぐ仕草は情緒があります。着物に合わせるなら、少し高級感を感じさせるものを選びましょう。

扇子／京扇堂 東京店

絹縮反物

盛夏用絹織物の明石縮は、ほかの盛夏用ほど透けない特徴があります。単衣の時期に着る方もいて、幅広く活用できます。

夏柄の手ぬぐい

朝顔市にちなんで朝顔の柄の手ぬぐいを。吸汗性にも優れている手ぬぐいは、この時期バッグに忍ばせておきたい必須アイテムです。

てぬぐい／ふじ屋

長襦袢を透かせておしゃれをするのが醍醐味とされています。ただし長襦袢に色柄があると、着物の邪魔をすることも。薄物の着物の下には、すっきりとした白無地の長襦袢がいちばんおすすめです。

着物の素材に合わせて、長襦袢も絹と麻を選ぶことが重要です。これは麻や綿、夏紬など張りがあり堅い素材の着物に絹の長襦袢を合わせると、滑りのよい長襦袢が着物の袖からのぞいてしまうから。逆に絹の着物に麻の長襦袢では、やわらかな着物の下がごわついてしまいます。着物と長襦袢の生地感を合わせるのも、美しい着姿には重要なポイントです。

上質な素材が贅沢な盛夏限定の夏着物

盛夏の着物には絽や紗《しゃ》、麻以外に、上質な麻で織られる「上布」（P155）と呼ばれる素材があります。着心地のよさと適度に汗を吸う機能性が特徴の、盛夏限定の普段着ですが、現在は希少価値の高さから大変高価な着物になりました。涼しげな顔をして、さらりと着こなしたいものです。

八月

August

夏祭りには大人の浴衣

各地で行われる、大小さまざまな夏祭り。この時期は浴衣の出番が多くなります。一般的なコーマ地の浴衣もよいけれど、二枚目や三枚目に選ぶなら、着物風に装える大人の浴衣も着まわしが効いておすすめです。

コーディネートテクニック

絞りの浴衣で大人の装いを作る

絞りの浴衣に名古屋帯と帯揚げ、帯締めを合わせれば、着物風の装いに。花火大会を屋形船や特別席で観覧するときなどは、こんな特別な装いもすてきです。レストランでの食事など、よそゆき着として着る場合は、長襦袢か半襦袢を着て半衿を見せる装いにしましょう。

アイテムを加えて浴衣で味わう着物の風情

七月と同様に、絽《ろ》や紗《しゃ》、麻など薄物の着物と長襦袢に、絽や紗、羅《ら》など盛夏用の帯と小物を合わせます。また八月は夏着物のほか、

季節のメモ

浴衣の素材いろいろ

コーマ地と呼ばれる木綿のほか、透け感を楽しむ織り方や、通気性のよい麻混、表面のシボが肌にあたる面積を少なくする楊柳などさまざまな素材が使われています。

綿コーマ

もっとも一般的な木綿浴衣の生地。型染めの一種である「注染」をほどこした藍染めのコーマ地は、クラシカルに装うことができます。

綿絽

横に隙間が見えるのが特徴の織り方である絽の手法を木綿に用いた綿絽は、夏着物の感覚で楽しみましょう。

綿紅梅

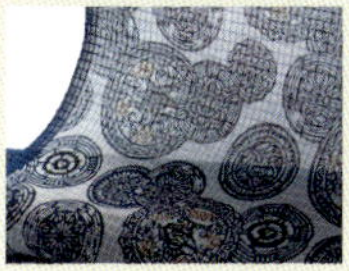

格子状に透け感が出るように織られた変わり織りの一種。綿紅梅は着物風に装える浴衣、絹紅梅は盛夏用の夏着物になります。

季節のアイテム

伝統的な紺白浴衣を今風に

紺地の浴衣は昼、白地は夜に着るといわれていますが、半々くらいの分量であれば昼夜問わずに着られます。博多帯を合わせればクラシカルな装いになりますが、あえてタイシルクで作った個性的な半幅帯を合わせて今風にコーディネートしてもすてきです。

反物／梨園染、帯／タイシルクハウス、根付け／おそらく工房

うちわ

お祭り気分を盛り上げるうちわ。形や大きさ、絵柄のバリエーションが豊富なので、気に入ったものを見つけて。

数寄屋袋

麻素材のミニ数寄屋袋は、単体で持つほか、ポーチとしてバッグに忍ばせても。

夏祭りや花火大会で浴衣を着る機会も多い時期でもあります。浴衣には種類があり、もっとも一般的なのがコーマ地と呼ばれる平織りの浴衣です。仕立て上がりの状態でも購入でき、半幅帯と素足に下駄を合わせます。

浴衣はあくまでも遊び着で、ホテルや高級レストランなどには不向きな装いですが、変わり織りや麻縮、麻混などの上質素材の浴衣に半衿と足袋を合わせ、帯を着物用に替えることでワンランク上の装いになります。とくに絞りや麻縮の浴衣は、着物風に装えるうえに、自宅で気軽に洗濯ができるので、夏着物の感覚で浴衣を装いたい方におすすめです。

旅行のおともに浴衣を1枚忍ばせて

着物と比べて軽く、道具も少なくかさばらない浴衣は、旅行にも気軽に持っていくことも可能です。避暑地だけでなく、古都の町並みにも浴衣姿はよく似合います。趣向を変えた夕涼みに、そぞろ歩きをしてみるのも一興です。

九月 •September

旅行に向くワードローブ

暑さも遠のき始めるこの時期からは、ふたたび単衣《ひとえ》の装いになります。ひと足先に秋を求めて、着物で旅行してみてはいかがでしょう。すぐに洗いに出せない旅先では、汚れにくくシワになりにくい素材が適しています。

コーディネートテクニック

軽くてシワになりにくい大島紬は旅行におすすめ

水に強く、軽くてシワになりにくい大島紬は、旅行に適した着物です。気軽な半幅帯を合わせれば、長時間の移動もラクチン。畳表の下駄はクッション性もあり、普段よりも歩くことの多い旅先でも快適です。和装に向く大きめの籠バッグなら、一泊くらいの荷物もまとめられます。

帯／タイシルクハウス、バッグ／竹巧彩

カジュアルな普段着なら暑い日には盛夏の着物を

本来は単衣の着物を着る時期ですが、ここ最近は九月に入っても残暑厳しく、30度を超える日もめずらしくありません。礼装では暦

季節のメモ

旅行での和装のポイント

着物で旅行へ行くなら、期間や目的、行く場所に合わせて用意する着物や小物を用意しましょう。

連泊する場合

荷物が多くなるので、事前に宿泊先に送っておくと身軽に移動ができます。半衿を二枚重ねて縫っておき、汚れたら1枚目をはずすのも裏ワザです。

遊び&カジュアル旅行

ウールや木綿、化繊、紬、カジュアルな小紋などに半幅帯など軽装が気軽でおすすめです。履物は下駄が軽くてらくですが、神社仏閣へ行く予定がある場合は砂利道で足を痛めることもあるので、舟底タイプを選んで。

高級料亭などへ行く旅行

あらたまった場所や高級なお店で食事をする予定があるなら、小紋や色無地を用意します。旅先だからとカジュアルにするのは大人のたしなみにはずれてしまうので、注意しましょう。

季節のアイテム

付け帯

帯を胴に巻き、すでに形が作られた帯結びを付けるだけでかんたんに帯が結べる付け帯は、鏡のない場所でも着付けができて便利です。チェックアウトなどなにかと慌ただしい朝の身支度も、手早く終えることができます。

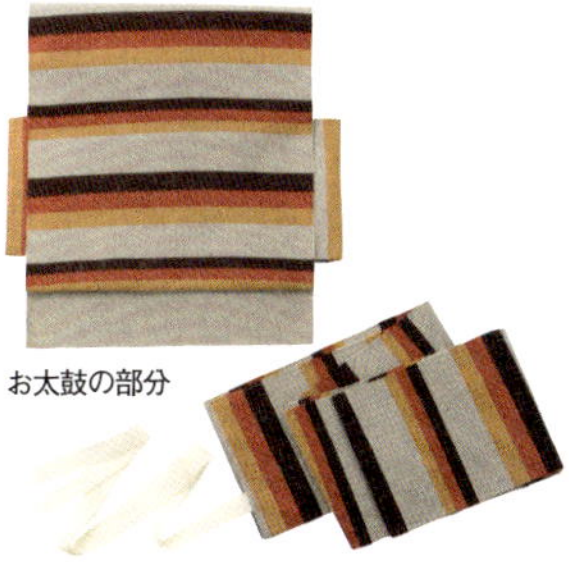

お太鼓の部分

胴に巻く部分

和のバッグハンガー

バッグの取っ手につけておけるバッグハンガーは、旅先で荷物の置き場に困ったときに役立ちます。月にコウモリのモチーフで、和の気分も盛り上がります。

エコバッグ

ついつい買いすぎてしまったお土産を、ビニール袋に入れるのではせっかくの着物姿も台無しです。エコバッグを持ち歩くと便利です。

化繊の風呂敷

荷物をまとめるほか、ひざかけにしたり外のベンチに腰を下ろす際にお尻に敷いたり、風呂敷が一枚あると重宝します。

風呂敷／唐草屋 東京店

化繊の小紋反物

化繊の着物は汚れても手軽に洗えるため、旅行にもおすすめです。上品な小紋柄なら、高級料亭にも着ていくことができます。

通りに単衣を着ますが、カジュアルな普段着やお出かけ用のおしゃれ着であれば、盛夏の着物を着てもよいでしょう。ただし透け感の強い着こなしは避け、九月下旬を過ぎたら単衣の着物を着るようにしましょう。

盛夏の着物を着る場合には、帯や小物も盛夏用になりますが、寒色ではなくあたたかみのある色合いの物を選ぶと、秋の訪れを感じさせることができます。また単衣の着物を着る場合には、九月中旬頃までは絽《ろ》や紗《しゃ》を、それ以降は単衣用の帯や小物を合わせるのを目安にするとよいでしょう。

秋色や秋の風物をモチーフにとり入れて

大地が色づき始める九月。中旬頃までは残暑を思わせていた景色も、下旬になると日ごとに秋を感じられるようになります。この時期は、六月の単衣とは違って茶系など濃く深い地色がおすすめです。帯や半衿に、紅葉する植物や中秋の名月など、秋色や秋の風物をとり入れて季節感を表現してみてください。

十月 •October

秋を装いに とり入れて

紅葉のシーズン到来です。この時期の装いは、深まる秋を感じさせるアイテムやモチーフをとり入れた装いが素敵です。

鱗《うろこ》文様の刺繍半衿

栗をかたどった象牙に漆《うるし》で彩色した帯留め

コーディネートテクニック

紅葉の帯を合わせて
観劇の装いに

秋を連想させる深い色合いの紬に、紅葉の柄を染めた帯を合わせて、歌舞伎の演目「紅葉狩」の観劇に。鬼女の衣装に用いられた鱗柄をさり気なく半衿に用いた、上級者のおしゃれです。草履／合同履物

単衣《ひとえ》から袷《あわせ》に衣替え 帯付きで軽やかに装って

秋は着物を存分に楽しみたい季節です。単衣から、ふたたび袷の着物と長襦袢、帯、小物に衣替え

をします。色や柄はそれぞれの季節に合わせますが、十月から翌年五月までは袷の時期が続きます。

着物が肌に心地よくなじみ始める十月は、四月と同様に「帯付き」で装うことができます。残暑の名残から、羽織を合わせると周囲に暑苦しい印象を与えてしまうかもしれません。帯付き、もしくは透ける素材や薄手のショールを羽織るのもおすすめです。

豊かな実りの秋をどこか一か所とり入れて

十月は栗や柿、瓢箪《ひょうたん》などあらゆる植物がたわわな実を色づかせ始めます。これらのモチーフは一つ用いるだけでも、情緒あふれる季節感を表現することができるので、初心者の方でもとり入れやすいでしょう。また菊は季節を問わない文様ですが、秋が代表的な季節です。光琳菊や遠州菊など意匠化された菊文様や、写実表現された菊を楽しむのもよいでしょう。そのほか神無月にかけて七福神や、それにまつわる宝袋や琵琶などをとり入れるのも一興です。

季節のメモ

「芸術の秋」をとり入れた着こなしアイディア

コーディネート上手になる早道は、着て行く目的に合わせて装いのテーマを絞り込むことです。たとえば美術鑑賞ならば開催展示のテーマや、観劇では演目に合わせたモチーフや小物をとり入れることで装いに物語が生まれます。直接的なモチーフよりも、テーマを連想させる物のほうがおしゃれでしょう。また歌舞伎であれば、菊五郎格子や高麗屋格子など、贔屓《ひいき》の役者にからめた柄をとり入れるとツウな印象に。「芸術の秋」のお出かけには、装いにも芸術をとり入れてみませんか。

季節のアイテム

薄地ショール

コートを着るにはまだ早く、着物だけでは少し肌寒さを感じるこの季節には、薄手のショールを持ち歩くと重宝します。写真は洋装用ですが、和装にもぴったり。

袱紗《ふくさ》

秋は結婚式に招かれる機会が多い季節です。祝儀袋を包む袱紗は必須ですが、写真は差し込み式で便利です。

袱紗／唐草屋東京店

秋の色柄の小紋反物

着物に紅葉をとり入れれば、情緒豊かな秋の装いに。濃い色になりがちな秋に、あえてさわやかな色を選ぶのも、ひと味違う装いが楽しめます。

紅葉に鹿の帯留め

百人一首「奥山に　紅葉踏みわけ　鳴く鹿の　声きく時ぞ　秋は悲しき」になぞらえ、紅葉と鹿を組み合わせています。

十一月 •November

羽織、コートのおしゃれ

着物1枚では肌寒さを感じ始める十一月は、いよいよ羽織やコートの出番です。室内でも脱ぐ必要のない羽織は、装いの雰囲気に合わせて色や柄をコーディネートしましょう。

コーディネートテクニック

羽織の色使いで品よくまとめて

更紗《さらさ》の小紋に唐風の帯を合わせたエスニックな雰囲気の装いには、淡い色に雪輪の柄の羽織を合わせて全体を上品にまとめます。総柄の着物やインパクトのある柄使いの着物には、大柄で無地場の多い羽織を合わせるとよいでしょう。

帯締め、帯留め／おそらく工房
草履／合同履物

羽織ひもの種類

羽織ひもには丸ぐけ（コーディネート写真）のほか、丸組やトンボ玉付きなどがあります。結ぶタイプは長いものの方がバランスをとりやすくておすすめです。トンボ玉などが付いたひもは、帯留めをしたときはぶつかってしまうので、帯留めをするなら使わないようにしましょう。

季節のメモ

羽織、コートの着こなし

羽織の衿は、肩から後ろだけ外側へ半分幅に折って着ます。肩口から下は、自然に衿幅分外へ折ります。コートはその反対で、肩から首の後ろだけ半分幅に内側に折り、肩からは自然に開きます。

羽織の前姿

衿は全体を外側へ折ります。

羽織の後ろ姿

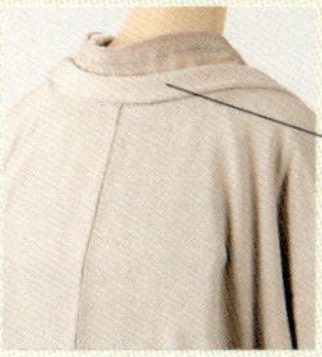

衣紋の部分は、衿を半分幅に外側へ折り、着物の衿に沿わせます。

季節のアイテム

織りのコート

変わり織りの絞りのコート。脱ぎ着するので、裏地に凝るのも羽織やコートの楽しさです。写真は鱗《うろこ》文様が印象的。

ポンチョ

遊び着や普段着には洋装使いのポンチョもあたたかくておすすめです。脱ぎ着しやすい、前で合わせるタイプを選びましょう。

ビロード風手袋

着物に合わせる手袋は、洋装と兼用でもかまいません。あまりカジュアルなものより、上質なビロードや革などを選んで。

秋冬に向く扇子

外は寒くても、屋内はきつく暖房をかけていることも。そんなときに扇子があると役立ちます。冬の扇子なら、あたたかみを感じさせる色や柄を。扇子／京扇堂 東京店

晩秋の風物をとり入れて情緒豊かな景色を表現

冬の到来を間近に過ごしやすいこの時期は、着物でお出かけするにも最適です。帯付きだった十月の装いに、十一月には羽織を加える日が多くなります。木枯らしが吹く頃からはコートを着ましょう。和装用のコートには種類があり、真冬にはビロードなど厳寒用のコートが適していますが、この時期には着物地などを利用した、袷《あわせ》のコートを着ます。

秋の散策には、散り紅葉やさまざまな落葉や落花が地面に吹き集められたさまを文様化した吹き寄せや、王朝文学をイメージした御《ご》所解《しょどき》模様などの風景模様で、秋の風情を表現してみましょう。木綿や紬での気軽なお出かけには、素朴感が味わえるかご製のバッグが軽やかです。かごバッグは年間通して使うことができます。

商売繁盛を祈願する酉《とり》の市も、十一月の風物詩です。「福をかき込む」縁起のよい熊手をモチーフにとり入れて、酉の市に出かけてみるのもよいでしょう。

十二月・December

パーティーは華やかに

クリスマスや忘年会など、イベントが目白押しの十二月。一年の締めくくりを盛り上げる装いは、いつもよりも大胆に、個性的に演出したいものです。

コーディネートテクニック

個性的な小紋で注目度大

パーティーにぴったりな個性的で華やかな小紋に、ワインを連想させる葡萄唐草文の帯を合わせて。小紋なので仰々しくなりすぎず、友人同士のパーティーにふさわしい装いです。着物と帯に色が多い分、バッグと草履は控えめな色使いにします。草履／合同履物

コートプラスアルファであたたかな装いを

冬本番を迎える十二月は、あたたかみを感じさせる色や、織りの着物であれば結城紬など温かみのある素材を選ぶとよいでしょう。

季節のメモ

小物でイベント感を楽しんで

クリスマスパーティーや忘年会など、イベントが多いこの季節は、着物でおしゃれを楽しむチャンスです。手軽に用意できる小物でアレンジを。季節感をとり入れた小物を身につければ、特別感も盛り上がるでしょう。クリスマスをモチーフにした直接的なアイテムもありますが、連想させるような控えめなモチーフの選び方をすると、ツウな雰囲気を演出できます。

クリスマスを連想させる柊《ひいらぎ》の葉をモチーフとした帯留めは、クリスマスパーティーに華やかなアクセントになります。
帯留め／小海有希

雪の結晶をモチーフにした根付け。小紋や紬につければ、さり気なく季節を演出できます。
根付け／おそらく工房

季節のアイテム

パーティーに向くしゃれ袋帯

アラベスク柄の袋帯は、色無地やシンプルな柄付けの付け下げのドレスアップに最適です。

懐中時計

着物に限らずパーティーで腕時計をつけるのは野暮というもの。懐中時計を帯中に忍ばせてはいかがでしょう。金の鎖を根付けに替えて使うこともできます。
時計／井登美 東京店

雪に見立てた小紋反物

蛍ぼかしを舞い落ちる雪に見立てた柄付けが上品で、厳かな冬の装いに合わせました。控えめな柄だからこそ、帯を主役にしたコーディネートが映えます。

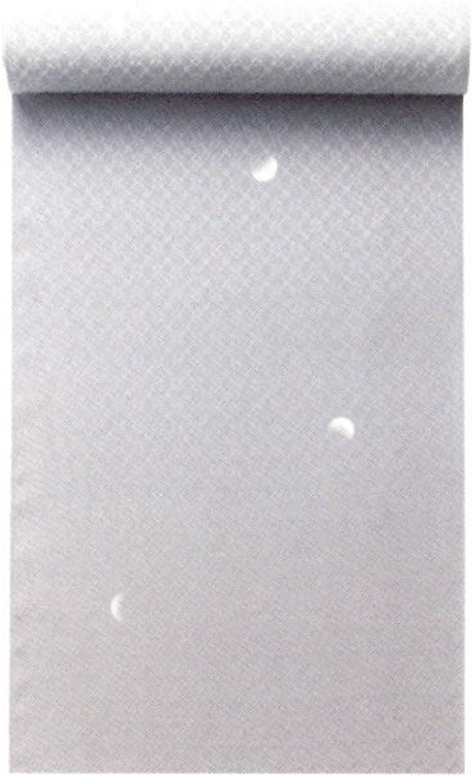

パーティーバッグ

洋装用のバッグを着物に合わせて華やかに。パーティーでは、デザイン性豊かな洋装のアイテムが大活躍します。

草履留め

お座敷など履物を脱ぐ必要のある会場では、草履留めがあると他人のものと見分けがつきやすく、間違える心配もありません。草履／合同履物

コートのほかにショールやマフラー、手袋などで防寒も万全に。普段着であれば、別珍のように厚みのある足袋を履いても、見た目も履き心地もあたたかく、寒さ対策になります。ショールやマフラー、手袋は洋服用でもかまいません。

年末にかけてはイベントが目白押しです。会場や立場、催事の趣旨に合わせて装いの格やコーディネートを決めるとよいでしょう。個性的な小紋にしゃれ袋帯を合わせれば、ワンピースに準じた装いに。カジュアルなパーティーなら、後染めや、細かい縞などの無地感覚のよそゆき紬も素敵です。染めの着物が多い中、ほかとは違うおしゃれを楽しむことができます。

十二月中旬からは年始の着物の準備を始めましょう

年末年始は休みをとる呉服店が多いので、お正月の初詣に着物を着て行く予定があれば、足りない物がないか、必ず事前に確認をしておきましょう。足袋など何か一つでも新調して新年に新しい物を身に付けるのも、気持ちがあらたまってよいものです。

自分らしさを和装で表現しましょう

イメージ別コーディネート

和装は柄の組み合わせや色使いによって、装いの雰囲気がガラリと変わるもの。
ここでは五つのイメージ別に、コーディネートのコツを紹介します。
自身の好みや同席する相手、出かける場所に合わせて選ぶとよいでしょう。

かわいい

メリハリのある色使いでコーディネートをすると、ポップなかわいらしさを表現できます。パステルカラーの着物は、古典柄や上品な花柄を選べば子どもっぽくなりすぎず、大人のかわいらしさを演出できます。

ポップな色遊びで軽やかに

赤紫の地色に青と黄色の格子柄の大島紬に、小花を散らしたような更紗《さらさ》柄の生紬の帯を。パンチの効いた帯揚げの色で、ポップな色合わせを楽しみます。

帯留め／おそらく工房

柄がかわいい帯

意匠化されたうさぎの柄を配したしゃれ袋帯。帯はかわいらしさをとり入れやすく、シンプルな着物と合わせるとお太鼓の柄が引き立ちます。

上品なパステルカラー

大人になると避けがちなパステルカラーも、飛び柄や上品な古典柄の着物なら、大人の女性のかわいらしさを引き立てます。

女らしい

ピンク系でも青みがかったトーンにすると、大人っぽくエレガントな雰囲気に。淡い色でも寒色系を選ぶと、しっとりとした女性のやわらかさが引き立ちます。クオリティの高い素材選びも、女っぷりを高めます。

色で見せる 女性らしいやわらかさ

着物と帯を淡色でまとめることで、女性らしいやわらかな雰囲気が出ます。全体に淡いトーンなので、帯締めの色で引き締めて、パールの帯留めでエレガントさを強調します。

帯留め／おそらく工房

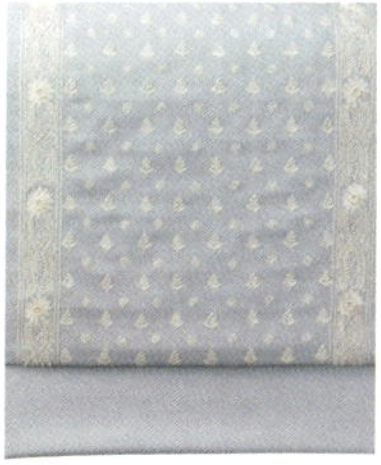

優美な刺繍帯

インドの伝統工芸カンタ刺繍をほどこした淡い水色の刺繍帯。ロマンチックな雰囲気だけでなく、手仕事のよさを感じる上質さが優美さを演出します。

ナチュラル

根強い人気のナチュラルテイストを着物で表現。自然をイメージさせるアースカラーなどをベースに色柄の数を控えめにし、自然素材を用いたアイテムを組み合わせます。絞りなど素朴さを感じさせる素材もよいでしょう。

素朴な色とデザインで 洋服感覚に装って

淡いベージュを基調とした格子柄の紬に、北欧デザインを思わせる花柄の帯を合わせて洋服感覚の装いに。つや消しの石でできたトンボ玉や帯留めも、ナチュラルな装いに向いています。

ぼかし染めの着物

飛び交う蛍の様子を、やさしいぼかしで表現した小紋。冬ならわた雪、春ならたんぽぽのわた毛など、季節の自然をイメージしてコーディネートを。

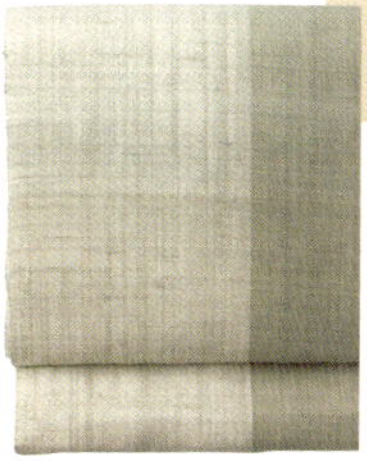

自然素材の帯

ざっくりとした風合いと、素朴な雰囲気が魅力の自然素材の帯。石や木の実などを組んだトンボ玉や、根付け、帯留めとも相性抜群。

かっこいい

染めの着物であれば、柄は控えめにし、地紋の美しさにこだわるとシックな雰囲気になります。織りであれば、無地や細縞がおすすめ。幾何学柄や意匠化された文様はすっきり見えます。

幾何学柄で知的にクールな雰囲気に

無地紬（黒八丈）の着物に、淡色の幾何学柄の帯を合わせてすっきり見せています。あえて強い色の帯締めにすることで、全体の印象を引き締める効果もあります。

渋い柄の帯

間道柄の一種、めがね柄の織り名古屋帯。粋な装いには縞がぴったりです。

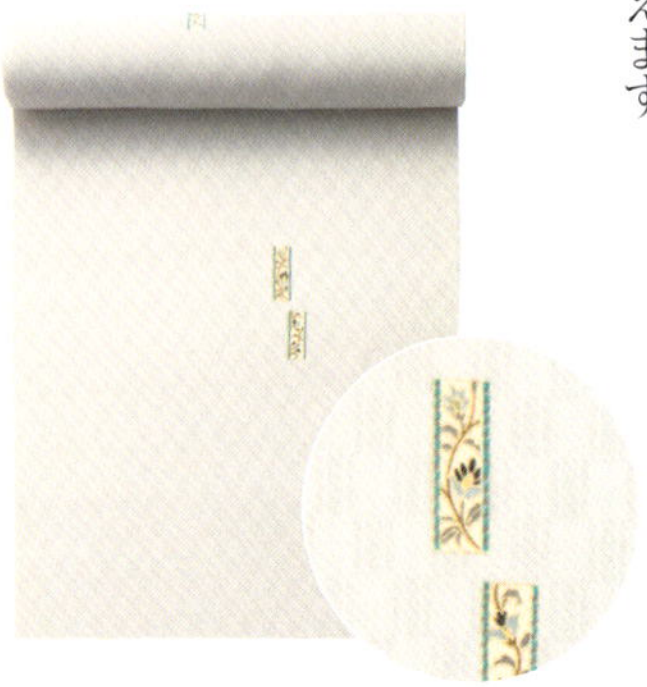

飛び柄の着物

小さな飛び柄は、凛とした雰囲気が漂います。格子状の地紋を生かし、小さな枠の中に描かれた唐花が、洗練された女性のかっこよさを感じさせます。

古典風

大胆なデザインや、どこか新しさを感じさせる柄使いのほうが、現代感覚の古典になります。江戸好みの粋な古典であれば、博多献上の帯や縞柄を用いれば京好みのみやびなはんなり感を演出できます。

江戸好みの古典柄を合わせて粋に

カーキグレーの江戸小紋に、抹茶色の博多献上帯を締めれば、江戸好みの情緒溢れる装いに。帯揚げや帯締めに縞を用いることで、きりりとした江戸の粋も演出できます。

古典柄の着物

意匠化された葵の文様はモダンさを感じさせる古典柄。京都好みのはんなりとした雰囲気が楽しめます。

第4章

そろえる楽しみを知る

着物・帯・小物について

和装のアイテムを少しずつ増やしていくのはとても楽しいものです。上手にそろえるためには、それぞれの種類や特徴、ＴＰＯなどを知っておくほうがよいでしょう。もともと家にある着物や小物をワードローブに加える場合にも必要な知識です。

ここでは、着物や小物の購入方法や、着物初心者に向く選び方について、アドバイスします。

購入スタイルについて

初めての着物だからこそ、納得のいく1枚と出会いたいものです。それには購入方法による特徴を把握しておくことが必要です。自分の好みや目的に合ったスタイルを見つけましょう。

それぞれの特徴を把握して購入スタイルを選びましょう

和装アイテムの買い方には大きく分けて4通りの方法があります。以下を参照に、メリットとデメリットを知ったうえで購入方法を検討しましょう。

たとえば礼装なら呉服店やデパートで自分サイズに誂え、普段の遊び着なら気軽な仕立て上がりを選ぶ、というように着物の種類によって購入方法を分けるのも一つの手です。着付け練習用の着物は安価なリサイクルでと思われがちですが、サイズが合わない着物は着付けが難しいので初心者には向きません。なるべく自分サイズの着物を用意しましょう。

そのほか自分の思い描く着物を着ている方に相談したり、雑誌やインターネットで口コミ情報を調べるのもよいでしょう。

呉服店

長い付き合いのできる着物コンシェルジュ

呉服店のよいところは、手持ちの着物を把握してもらい、メンテナンスも含めて長い付き合いができることです。少し入りづらい感じがしますが、最近ではセレクトショップとしてカジュアルな雰囲気の店も増えました。店ごとに個性があり、扱う商品の雰囲気や種類などが異なります。店頭の商品からその店の傾向をうかがったり、インターネットなどで調べてみる方法も。また店員の着こなしで判断するのもおすすめです。

デパート

品ぞろえの豊かさと品質と価格の安定感が特徴

現存するデパートのほとんどが、呉服店からスタートしました。そのことから呉服売り場を設置していることが多く、町の呉服店と変わらないサービスを受けることができます。デパートの呉服売場の特徴は、なんといっても確かな品質と安定した価格です。同じ商品でも店によって売値に差が生じる呉服ですが、デパートでつけられている価格がほぼ正規の価格と考えてよいでしょう。

ネットショップ

見極める〝目〟があれば、便利で比較的低価格に入手可能

インターネットのみで展開する店と、小売店や問屋が運営する店があります。運営経費が低コストに抑えられるため、実在する店舗で購入するよりも安価で手に入ることも。ただし、買い物の手段として定着したネットショップですが、呉服に限らず商品トラブルや悪質な店が存在することも否めません。信用できるサイトから探したり、商品についての質問など気になる事項はメールを介してしっかりと確認し、納得してから購入しましょう。

リサイクル店

気軽で安価ですが、サイズや傷みに要注意

気軽に入れて、安価で着物が手に入るのが魅力でもあるリサイクルショップ。すでに仕立て上がっているものが多く、自分に合ったサイズが見つかればすぐに着ることができます。ただし着物の状態や妥当な価格かどうかなど、初心者では判断が難しい場合もあり、気軽な分、ある程度の目利きが必要。必ず羽織ってサイズを確認し、細かいところまで生地の状態を調べることをおすすめします。

誂《あつら》えの流れ

1

服装は自由ですが、衿まわりがあいているほうが、反物を合わせたときに雰囲気が分かります。畳に上がる可能性があるので、靴下やストッキングを履いて行くか持参します。

2

反物を選ぶ際は、着る目的や好みなどを事前にイメージし、店員に伝えて選ぶとスムーズ。価格を比較する際は、仕立て代が含まれているかどうか確認しましょう。

3

反物が決まったら、着物を着たように反物を体に巻きつける「着装《ちゃくそう》」をしてもらいます。帯や小物も一緒に購入する場合は、この状態であててもらうとよいでしょう。

4

ゆきの長さや身長、腰まわりなどを測ります。すでに決まった寸法がある場合はそれを伝えます。また寸法表はもらっておくと、次回購入する際に便利です。

5

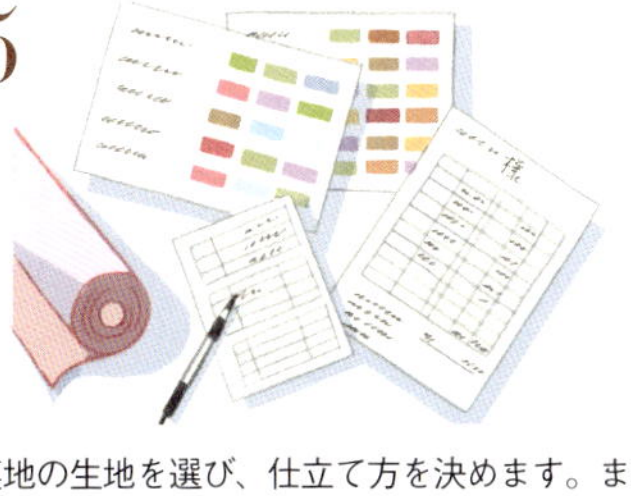

裏地の生地を選び、仕立て方を決めます。また袖丈や衣紋の抜き加減など、好みがあれば伝えましょう。支払いは現金、カード一括払いのほか、分割ができる場合もあります。

6

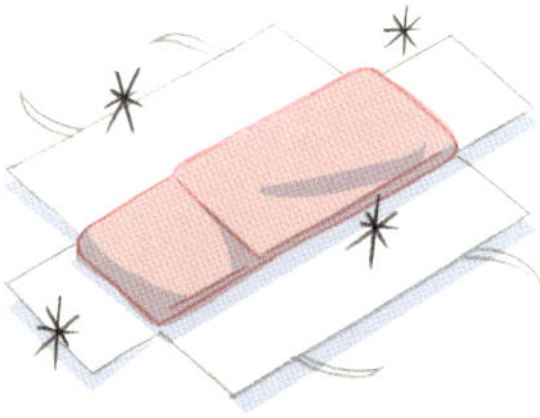

仕立て上がりは送ってもらうか直接店にとりに行きます。初めての場合は、店で実際に羽織ってみて、店員に一緒に見てもらうと安心です。着る前にしつけ糸をはずします。

仕立て上がりの購入のコツ

誂えだけでなく、新品ですでに着物の形になっている、「仕立て上がり」を購入するのも一般的になっています。仕立てはミシン縫いや海外生産が多く、その分、比較的安価で着物が購入できるのが特徴です。おもに小紋や紬、化繊、浴衣などカジュアルな装いがほとんどなので、普段着のワードローブとして気軽に活用できます。

たいていの場合、MとLの2サイズで展開していることが多いようですが、ブランドやメーカーによって同じMサイズでも若干の差が生じるので、必ず購入する前に羽織ってサイズを確認しましょう。ネットショップなどでは、さらに細かいサイズ展開がある場合もあります。

また呉服店やネットショップによっては、モデル撮影用に仕立てた着物を店頭に出していることも。通常の料金よりも大幅にディスカウントされていることもあり、サイズさえ合えば上質な着物をお得に購入できるチャンスといえます。

着物まわりの小物の選び方

格を合わせて選ぶ着物以外の和装アイテム

着物まわりの小物には、帯や半衿、帯揚げ、帯締め、バッグ、履物などがあり、どれもおしゃれの要素のほか、着姿のTPOを左右する役割があります。基本的な組み合わせ方は、礼装着物にはフォーマル用の小物を合わせ、普段の遊び着であれば、カジュアルな小物の中から好みで色柄合わせをし、それぞれの格をそろえるようにします。またフォーマルとカジュアルの中間に位置するよそゆき着には、仰々しすぎないよう上品な色や柄の物を選ぶとよいでしょう。

これらの小物は全て、呉服店やデパートの呉服売り場、リサイクルショップなど、着物を購入する店で求めることができます。初心者はばらばらにそろえるのではなく、着物を購入する際に店員と相談しながらそろえることをおすすめします。

※夏の小物はP115で紹介しています。

和装に欠かせない小物の選び方は、着物か帯と格をそろえるのが大前提です。それぞれの小物にはフォーマル向きとカジュアル向きがあるので、混在しないようにコーディネートをしましょう。

帯

長さと幅、仕立て方によって種類が分かれます。もっとも格上なのが袋帯で、続いてしゃれ袋帯、名古屋帯、八寸帯（P156参照）、半幅帯の順にカジュアルダウンしていきます。礼装用の袋帯は織りですが、ほかは染めと織りがあります。基本的には染めより織りのほうが格上で、金銀の分量や柄の種類によっても格は上下します。

袋帯

唐織《からおり》や佐賀錦、錦織など金糸銀糸を織り込んだ袋帯はもっとも格の高い礼装用の袋帯として、留袖や訪問着など格上の着物に合わせます。長さ約4m20㎝、幅約31㎝で、二重太鼓や変わり結びにします。

名古屋帯

袋帯を簡略化した帯として考案されたのが名古屋帯です。長さ約3m50㎝、幅約30㎝で一重太鼓や角出しにします。てを半幅に縫い閉じる名古屋仕立てと、閉じない開き名古屋が一般的です。染めと織りがあり、格調高い柄で金銀を用いたものはセミフォーマル用、そのほかはカジュアル用になります。

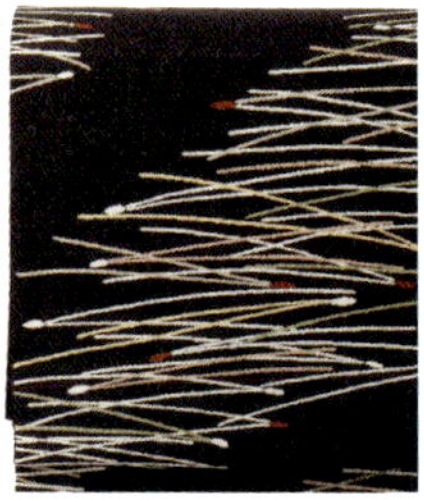

しゃれ袋帯

形状は袋帯と変わりませんが、金糸銀糸を控えめかもしくは使わず、くだけた柄の袋帯をしゃれ袋帯と呼びます。あくまでもおしゃれ用になり、モダンな訪問着に合わせれば気軽なパーティー着になります。

半幅帯

おもに浴衣や紬、小紋、木綿、ウールなどのカジュアルな普段着に締める帯で、袋帯や名古屋帯の約半分の幅になっていることから名付けられました。帯揚げや帯締めを使わずに締めることができ、絹のほか麻や木綿、化繊などの素材が使われます。

帯まわりの小物

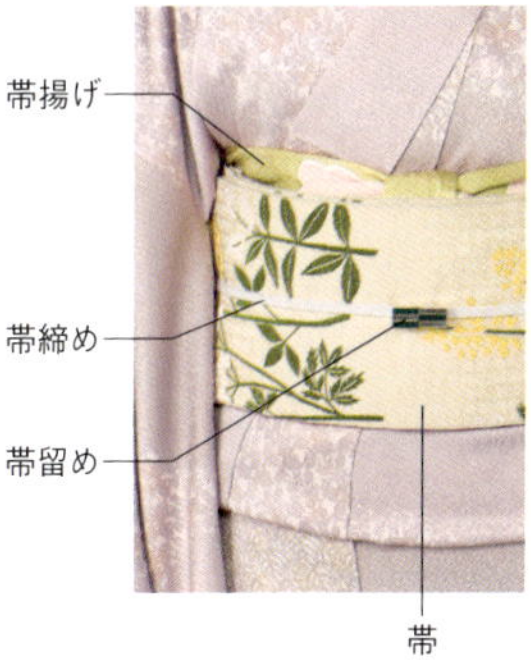

帯揚げ

おしゃれだけではなく、帯枕を包み隠す目的としても使われます。正礼装である黒留袖には必ず白の帯揚げを合わせるのがルールです。淡色で金銀が用いられたタイプはフォーマル用、金銀は使われず、遊びを効かせた柄などはカジュアル用に合わせます。

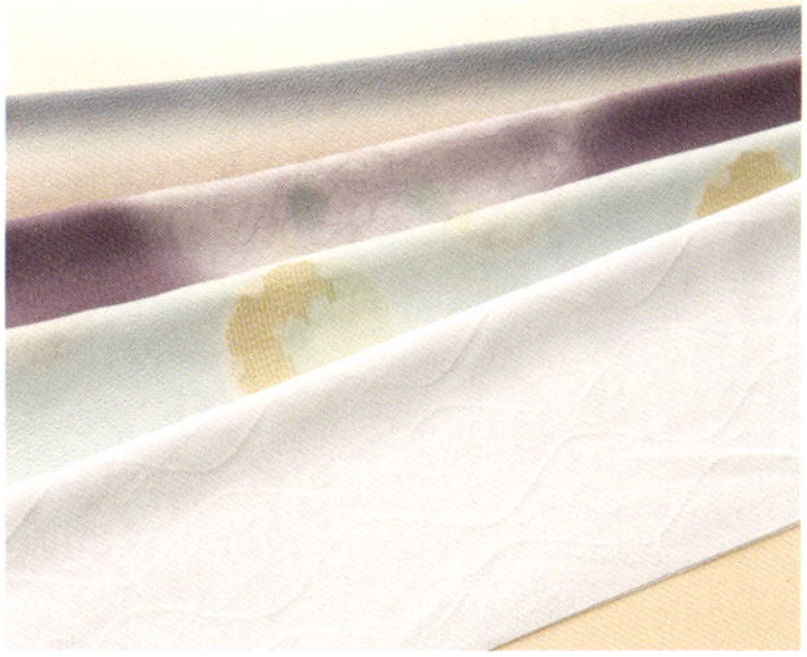

上から、光沢がなくシンプルなデザインのカジュアル全般用、上品な色柄の略礼装からよそゆき・カジュアル用、淡色に金を少量配した準・略礼装用、地紋に格調高い「立涌《たてわく》」をあしらった白の正礼装用。

帯締め・帯留め

全体の挿し色になるほか、お太鼓の形を支える重要な小物。正礼装には必ず白に金銀を用いた物を、淡色で金銀を使用したものはフォーマル用、それ以外はカジュアル用に。写真のほか、丸く組まれた丸組、布をひも状にした丸ぐけなど。二分ひも、三分ひもは帯留めを通して使います。

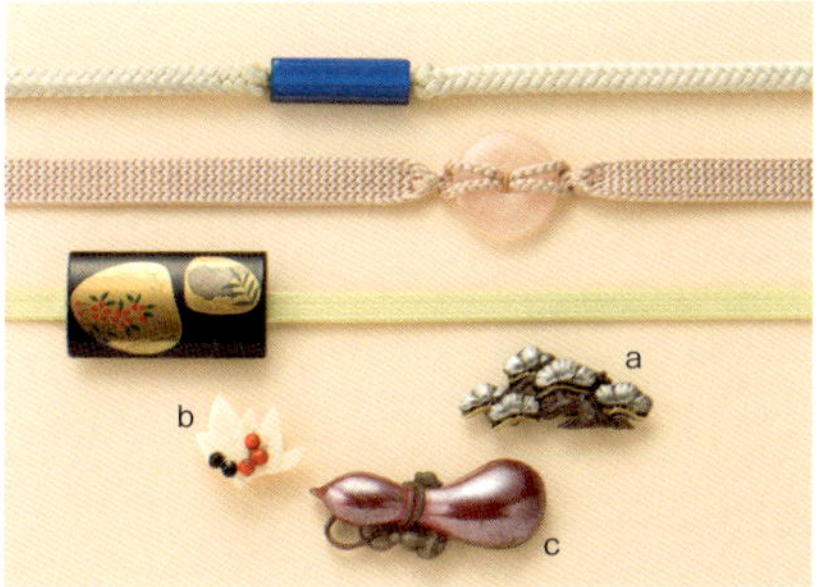

上から、トンボ玉を組み込んだ帯締め、石を替えて楽しめる帯締め。三分ひもに漆に金で貝合わせを表現したフォーマル用の帯留め、松の帯留め(a)もお祝いの席に合わせられます。葉と実を組み合せたもの(b)と、ひさご(c)はカジュアル用に。

帯留めｂ／おそらく工房

上から、白地に金を配した正礼装用の平組、淡色に金銀を入れた準・略礼装用の平組、よそゆきからカジュアルに向く平組よりふっくらした冠組、おしゃれ用の平組、カジュアル用の平組。

帯飾り

根付けとも呼ばれ、胴に巻いた帯の中に柄の部分を挿し込み、飾りが外に出るようにして使います。基本的にはカジュアル向きです。

左は象牙の台にバラをかたどった珊瑚が付いた根付け。木の柄の部分を帯中に挿し込みます。右は木の実をモチーフにした銀素材の根付け。根付け／おそらく工房

長襦袢

着物の着付けのベースとなる長襦袢は、着物とサイズを合わせる必要があります。正礼装には絹の白無地を合わせ、淡色やぼかしを効かせた上品な色柄はフォーマル用に。濃い色や遊びを効かせた柄を用いた長襦袢はカジュアル用で、袖口や袂《たもと》の振りからチラリと見える色柄でおしゃれを楽しむのが粋とされています。

右の白無地は黒留袖に合わせるもっとも正式な長襦袢の生地。黒喪服には、吉祥文様ではない地紋の白を選びます。左は色柄を楽しむ長襦袢の生地。濃い色目ならカジュアルな紬や木綿、ウールなどに合わせます。

淡色の絞りの長襦袢はセミフォーマルからおしゃれ着、カジュアル用に。袖無双胴抜仕立てになっています。

長襦袢の仕立ての種類

- 袷《あわせ》仕立て……身頃に裏地を付け、袖は表地と同じ裏地をつけて「無双仕立て」にし、寒い時期に着ます。
- 袖無双胴抜《そでむそうどうぬき》仕立て……身頃に裏地を付けず、袖だけ「無双仕立て」にします。夏以外で着られるので、もっとも一般的な仕立て方です。
- 単衣《ひとえ》仕立て……一切裏地を付けずに仕立てます。夏用もこの仕立て方になります。

半衿

長襦袢の衿にかぶせる半衿は、着物や長襦袢の衿を清潔に保つ役割があります。正式な場面には白半衿を、金銀白の刺繍半衿もフォーマルな装いに合わせられます。色半衿はカジュアル用です。塩瀬《しおぜ》の白半衿は格を問わずどの着物にも合わせることができます。季節によって素材は変わり、袷の時期は塩瀬や縮緬《ちりめん》、単衣は絽《ろ》縮緬や楊柳《ようりゅう》、薄物には絽《ろ》や紗《しゃ》、麻素材を用います。

右から、礼装用から普段着まで合わせられる、最も一般的な塩瀬の白半衿、白地に白や金銀の刺繍がほどこされた半衿はフォーマルに、濃い色柄を染めたものはカジュアル用として使います。

伊達衿

昔の礼装は着物を重ねて着たものですが、それを簡略化したのが伊達衿です。着物の衿に重ねて使います。装いに重厚感や華やかさを出す効果があります。

履物

和装の履物には草履と下駄があります。草履はコルクが土台になっていて、表や周囲に布や革を張られ、底は平らで革張りされています。木製の下駄は、歯のあるものと、無い右近と呼ばれるものがあります。草履は表の素材や色によって格が変わります。かかとは高いほうがフォーマル度は高めです。下駄はすべてカジュアル用です。

淡色で白い鼻緒や台に高さがある草履はフォーマルとおしゃれ兼用です。

白っぽい台に金銀をあしらった草履はフォーマル用です。最も正式なのは佐賀錦など金銀を織り込んだ布製になります。

畳を重ね、表を皮にしたおしゃれ着用の草履。表も畳にしたものは「畳表《たたみおもて》」といわれる上級者向けの履物です。

下駄はカジュアルな装いに合わせます。底が平らな草履のような形の舟底タイプは比較的格上。紬などにも合います。

履物の購入方法

着物の店でも購入できますが、初心者なら履物専門店で購入することをおすすめします。その場でサイズを見て鼻緒を調整してもらえますし、メンテナンスもお願いできます。また台と鼻緒、前つぼ（鼻緒を台に留めている部分）を選べる楽しみもあります。

足袋

和装用の靴下。礼装からカジュアルまで基本は木綿の白。普段用ならストレッチ素材も楽です。カジュアル用に色柄物もありますが、大人の女性なら白がいちばんでしょう。

あらゆる格に合う木綿の白足袋。

バッグ

正礼装には布製を合わせます。金銀を用いたものはフォーマル用、パーティーであればドレス用のパーティーバッグとも合わせられます。おしゃれやよそゆき用には洋装のブランドバッグもすてきです。かご素材はカジュアルなシーンに。

上から、白地に金の入った礼装用、宝尽くしの織り柄のセミフォーマル用、カジュアル用のかごバッグ。

アンティークの着物と小物

アンティークをとり入れるコツ

個性的な色柄使いが魅力のアンティークの着物。着物や小物の持つ味わいを最大限に生かしつつ、今風に素敵に見せるコーディネートを目指しましょう。

レトロモダンを目指しましょう

現代では表現しにくいめずらしい色や、着物が日常着だった時代だからこその遊びのある柄など、戦前に作られたアンティークの着物や帯には、現代のものにはない魅力があります。ただしとり入れ方次第では少々古くさい印象に。

アンティークの着物や小物を選ぶときは、できるだけ色褪せやくすみの少ない物を選ぶようにしましょう。また、いかにもアンティークという装いは現代の街並みでは浮いてしまいます。帯をアンティークにするなら着物は今の物にしたり、肌なじみのよい色やきれいな発色のものを選ぶなど、洗練された雰囲気が出るようにします。レトロモダンを意識することで、アンティークの長所が引き出され、すてきに装えるでしょう。

現代の紬に合わせるアンティークの刺繍帯

シックな織り地に、多色使いで更紗《さらさ》柄を刺繍した帯は、シンプルな紬に合わせて、季節を問わずに着られるおしゃれ着に。白半衿よりも色の入った半衿を使えば帯の色とバランスよくまとまります。

もう一歩

色のコーディネートは合っていますが、箔糸使いの重厚感のある礼装用の帯は、紬と格が違い過ぎるため不向きです。

身丈を継いだ着物

身丈が足りない着物は、おはしょりで隠れる部分に足し布をして、身丈の寸法を出します。カジュアルな普段着であれば、おはしょりを作らずに対丈《ついたけ》で着ることもできます。

アンティークの訪問着の帯合わせ

絞りと刺繍で桜と藤、菖蒲を表現した訪問着は、シックな色使いで華やかさの中にも落ち着いた大人っぽさを感じます。桜と横笛など古典調の丸帯を合わせて、クラシカルな雰囲気を楽しみます。

もう一歩

訪問着の柄の季節が春から初夏にかけてなのに、帯と半衿に紅葉が刺繍されているため、着物と帯の季節が合いません。アンティークには季節限定の柄が多いので注意しましょう。

アンティーク入門者におすすめアイテム

初心者でも気軽にとり入れやすいアンティークの小物を紹介します。

着物端切れ

端切れはサイズが合えば帯揚げや半衿としてとり入れることができます。

絞り染めの端切れを帯揚げに。30㎝×120〜130㎝あれば作れます。

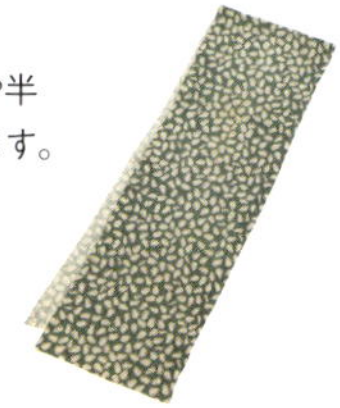

岡目柄のアンティークの端切れを半衿に。15㎝×100㎝あれば作れます。

帯留め

アンティークの帯留めは現代のものにはない味わいのものが多く、装いのアクセントになります。

個性的な色合わせの石の帯留め。

刺繍半衿

アンティークには刺繍半衿も多くあります。くすんだ色は顔に近い分、古っぽさが目立つので注意を。

肌馴染みのよい色なら、アンティーク特有のくすみも目立ちません。

幾何学柄や抽象的な柄、文様化された柄なら、季節を問わずに合わせられます。

アンティークをすてきにリメイク

仕立て替えも和装の魅力

譲り受けたものや一目ぼれしたアンティークの着物や帯。サイズが合わなかったり、少々古くさかったり、生地の劣化が目立っていたりすると、なかなか着る機会もなく、箪笥《たんす》の中に眠ったままになりがちです。そこで、現代の装いにも合うリメイク方法をご紹介します。

アンティーク特有のインパクトのある色や柄で派手過ぎる場合、着物は羽織にリメイクしたり、羽織は片身替わり（P154）にして表面に出る分量を少なくするなどして調整をしましょう。またサイズの補填や汚れている部分をカバーするために足した布を使う場合も、デザイン性を重視したリメイクを心がけるとよいでしょう。購入した店や悉皆屋《しっかいや》（P147）で相談するのもおすすめです。

紋付の着物→羽織

紋付の色無地や色留袖を仕立て直して羽織にしました。足りない寸法を補うための黒生地は、左右対称にするといかにも足し布に。あえてアシンメトリーにして、デザイン性を持たせます。

小紋の着物→羽織

白地に紅葉が散った小紋の着物と色無地の生地を足して羽織にリメイク。年齢を重ねて着にくくなった着物も、ほかの生地を足して分量を少なくすれば着やすくなります。

着物→コート

着物としては自分には若すぎると感じたものをコートに。大胆な柄ですが、面積が小さくなるので、着こなしやすくなります。裏地は表地の柄の１色から選んで。

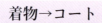

羽織→コート

2枚の羽織を片身替わりにしてコートに仕立て直しました。派手な柄の羽織でも、片側に無地を持ってくることで、着やすくおしゃれに。これはコート以外の着物や羽織など全てに共通する、派手なアンティークを活用する方法です。

絣の着物→コート

昔の舞妓さんは、濡れて汚れてしまっても手入れができることから、木綿の絣を雨ゴートにしていました。写真は身丈の足りない着物を仕立て直し、防水・撥水加工をほどこして雨ゴートに。

男物→女物

男物の着物の振りをあけ、衿を広衿にして女物に仕立て直しを。足りない着丈は足し布をしてもよいでしょう。無地が多い男物は、しゃれ紋がよく映えます。濃い色の男物は、八掛を明るい色に替えてもすてきです。

丸帯→名古屋帯

勾玉《まがたま》や銅鑼《どら》など魔除けを意味する柄をあしらった丸帯を、名古屋帯に。表と裏から2本とることができます。胴に巻いて隠れる部分など見えないところをカットして表に出る柄を調整しましょう。

傷んだ夏帯→生地足し

色褪せや生地の劣化が目立つところを、足し布で隠します。お太鼓部分で表に出るため、いかにも足し布ではなく、きれいな色の布を選んだり、デザイン性を重視して加工するとよいでしょう。

付け下げ着物→名古屋帯

付下げや訪問着は、柄をうまくつなぎ合わせることでお太鼓柄と前帯を作って名古屋帯に仕立て直しができます。継ぎ目は胴に巻く部分に隠れるため、表にはひびきません。

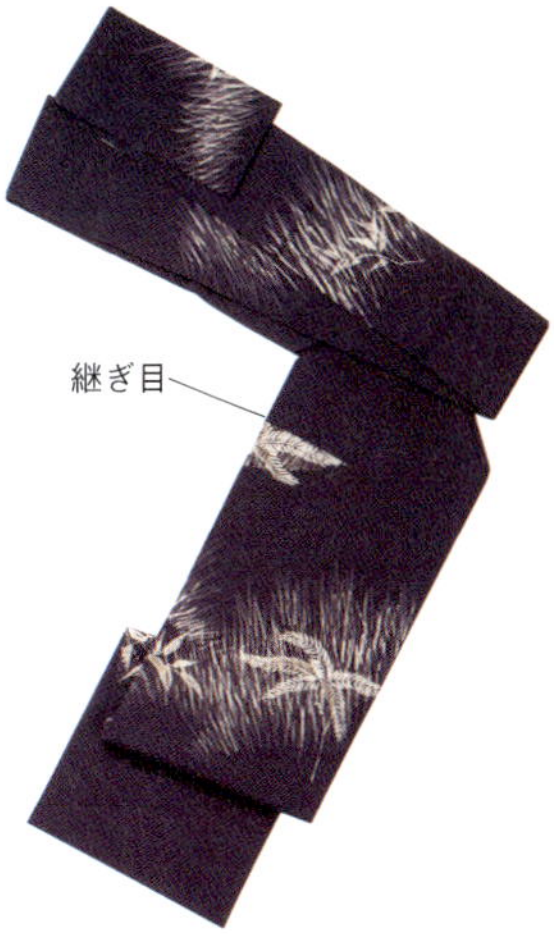

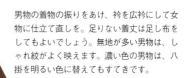

時代を超えて楽しめる柄

昔の人のセンスが光る柄いろいろ

大胆な表現方法や、西洋の美と和の伝統美を融合させた、独特な世界観のデザインなど、個性的な柄がアンティークには多くあります。さまざまな柄を紹介します。

リアルな龍

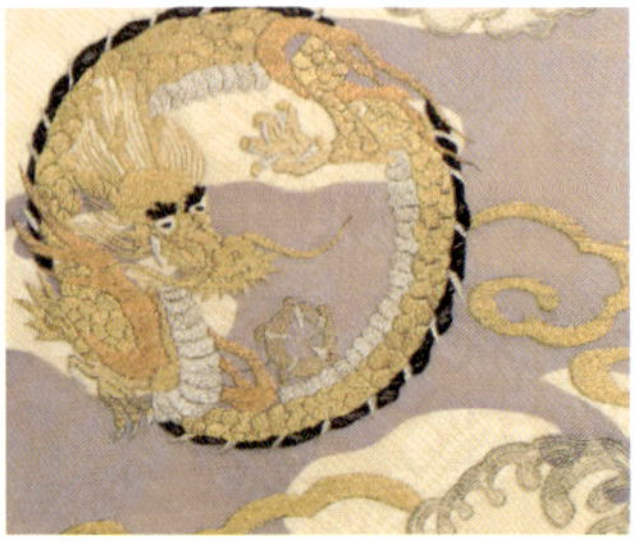

中国から伝わった龍文は、日本でも万能力を示す吉祥文様です。空想上の神獣ですが、リアルな表現が特徴です。

松竹梅と宝尽くし

古くから用いられる吉祥文様の松竹梅と、中国の吉祥思想である八宝が元の宝尽くしを組み合わせたおめでたい柄。

江戸時代の旅がモチーフ

俵屋の行灯に籠、結び文や左馬など江戸時代の旅を連想させるモチーフ。江戸情緒を思わせる、粋な遊び柄です。

西洋の雰囲気のある牡丹

華美な様から百花の王とされ、富貴の象徴であった牡丹。アール・ヌーヴォーのような優雅な雰囲気も持ち合わせています。

大胆な向かい鶴

吉祥文様の鶴はさまざまな表現で文様化されています。亀甲の中に大胆に配した鶴は、向かい鶴文をアレンジしたもの。

和とじ本

江戸時代に木版による出版物が庶民の間で人気を博し、和とじ本は着物の柄にもとり入れられるようになりました。

寿文字

古来縁起物として寿や福、喜などの字は柄として用いられてきました。ここまで大きな表現は昔ならでは。

勇壮と厄除けの唐獅子

能の「石橋《しゃっきょう》」に由来する唐獅子牡丹。獅子はさまざまな工芸品に用いられてきました。勇壮と厄除けのシンボルとされています。

第5章

大切な着物のための
手入れ・収納のコツ

着物を着るのは特別なとき。
ともに過ごした着物はていねいに手入れをして、
次に着るときまで大切にしまっておきましょう。
洋服と違い滅多に洗わない着物だからこそ、必要なこともあります。
ここではアイテムごとの手入れ方法や収納のコツを紹介します。
着物は、手入れをする時間さえ贅沢に感じるのも、魅力の一つです。

着た後の手入れの基本

一日中着物を着た後は、思った以上に汗をかいています。まずは汚れがついていないかの点検をし、陰干しでしっかりと汗を飛ばしましょう。目立つ汚れは無理に自己処理はせず、プロにまかせたほうが安心です。

脱いだらすぐに点検を

着物や和装道具のいちばんの大敵は湿気です。脱いだらすぐに汚れを点検し、必ず陰干しをして湿気をとります。汚れは無理に自己処理をしないこと。とくに礼装など高価な着物や帯は専門店にまかせましょう。

	着物	帯	長襦袢
脱いですぐ	汚れがないか点検をしてから、着物用ハンガーか、なければ厚みのある洋服のハンガーにかけて、半日から一日、風通しのよいところで陰干しをして汗を飛ばします。麻の着物などは霧吹きで汗を飛ばすこともありますが、輪じみを作ってしまう危険性もあるので、とくに大切な着物の場合は安易な自己処理は避けたほうがよいでしょう。	とくに胴に巻いた部分は湿気を帯びています。風通しのよいところで半日から一日陰干しをして湿気を飛ばします。結び目のシワが気になる場合、縦か横に引っ張り伸ばします。 **石田先生メモ▼ハンガーにかけて吊るしてしまうと重みで生地に負荷がかかってしまうので、床にもたとう紙を置いて、その上に広げて干すようにします。**	脱いだらすぐに着物用ハンガーか普通のハンガーにかけて、半日から一日風通しのよいところで陰干しをして湿気を飛ばします。十分に離れたところから霧吹きをかけて汗を飛ばす方法もありますが、目立たないところで素材の変化がないか確認してから行いましょう。化繊や木綿、モスリン素材はネットに入れて洗濯機で洗います。
しまい方	P148～149を参考にたたみ、基本は一枚ずつたとう紙（P153）に入れて収納します。湿気から着物を守る桐《きり》箪《だん》笥《す》にしまうのが理想ですが、なければエレクターやシェルフで保管してもよいでしょう。重ねるのは3～4枚まで。収納場所は直射日光が当たらず、湿気のない場所が適しています。	P150～151を参考に前帯やお太鼓部分に折りジワがつかないようにたたみ、帯用のたとう紙に入れて収納します。とくに金糸や銀糸の刺繍や箔がほどこされた礼装用の袋帯などは、その部分に薄紙をあてるなどして保護をするとよいでしょう。	P150を参考に、余計な折りジワがつかないようていねいにたたみます。二つ折りか三つ折りの着物用のたとう紙に入れて収納します。
汚れの対処	食べ物のしみや汗じみなど、目立つ汚れがついてしまったら、ベンジンなどを使って自己処理をする方法もありますが、自信がない場合や何の汚れだか分からないときには悉《しっ》皆屋《かいや》などのプロにまかせるようにしましょう。	食べ物のしみや汗じみ、カビなどの汚れは、気づいたら早めに悉皆屋などに出します。芯地の付いている帯は、扱いが難しいので、自己処理は禁物です。	麻や化繊の長襦袢は中性洗剤で自宅で洗うことが可能ですが、正絹の長襦袢は着物と同様に自宅で洗うのは、トラブルの元です。汗じみや明らかなしみや汚れが付いてしまった場合は、悉皆屋などのプロにまかせましょう。
定期的な手入れ	頻繁に着ることが、虫干しの代わりにもなります。着る機会がない場合は、半年に一度くらい箪笥から出して、風通しのよいところで陰干しするのが理想的。	着物と同様に、しまったままにせず、定期的に出して使うことで虫干し代わりになります。	着物や帯と同様に、着ることが虫干し代わりに。長期間着ない場合は、ときどき箪笥から出して陰干しをして風を通しましょう。

半衿	帯揚げ	帯締め	足袋	履物
ファンデーションなどで汚れた半衿は長襦袢からとりはずし、中性洗剤を溶かしたぬるま湯にひたし、汚れの部分をブラシなどでやさしくこすります。すすいだら軽く水気を絞り、乾いたらアイロンをかけます。ただし刺繍半衿やビーズがついたタイプ、縮みが生じる縮《ちり》緬《めん》素材などは自己処理は不向きです。	風通しのよいところで陰干しをし、汗などの湿気を飛ばします。本来帯揚げは洗いませんが、どうしても気になる場合は中性洗剤で洗ってアイロンをかけることもできます。 **石田先生メモ▼帯揚げだけでなく、絹は洗うと劣化を早める原因にもなります。飲み物などをこぼした場合など、余程のことがない限り洗う必要はありません。**	ピンと張ってゆがみを正し、風通しのよいところで陰干しをして、汗などの湿気を飛ばします。	木綿や化繊の足袋はネットに入れて洗濯機で洗うことができます。足袋の裏が黒くなっている場合は、タワシなどに石鹸をつけてこすり、汚れをとります。乾かしてから気になるシワはアイロンをかけるとよいでしょう。 **石田先生メモ▼干すときには、足の甲側にある縫い目を足首側と指側を持って引っ張ってからたたくと余計なシワがとれます。**	乾いた布でほこりや汚れを払います。固く絞った布で拭くのもよいでしょう。表面は意外に半日から一日、風当たりのよいところで陰干しをします。
桐箪笥がなければ、プラスチックなど適当な大きさの収納ケースにしまいます。 **石田先生メモ▼たたまずに端から丸めて収納すると折りジワもつかず、外から見たときにどの半衿かが一目でわかるのでおすすめです。**	たたんで収納する場合は、上に重ねず縦に重ねて並べると、上から見たときに色や柄が分かりやすく便利です。帯締めに巻きつけて収納する方法もあります。	収納場所に合わせて折りたたみます。房がついているタイプは、房カバーや紙を巻きつけて房を保護するとよいでしょう。帯締めを束ねるのに生ゴムを使うと、ゴムが溶けてくっついてしまうこともあるので避けて。帯揚げとセットのタイプは、帯揚げで帯締めをくるんでおくと整理しやすくなります。	白足袋はばらばらになると組み合わせが分からなくなってしまうので、右と左がセットになるように重ねてしまいます。	鼻緒にクッションなどをあてて型崩れを防ぎます。購入したときの箱の外側に写真や履物の特徴を書いた紙などを貼っておくと、いちいち箱を開けなくても中身が確認できて便利です。
刺繍半衿やビーズが付いたタイプ、縮みやすい縮緬素材などの半衿に汚れが付いた場合は、プロにまかせたほうが安心です。	大切な帯揚げや縮みやすい縮緬素材などの帯揚げを洗いたい場合は、プロにまかせたほうが安心です。	色落ちや絹糸の劣化につながるため、いかなる場合にも、帯締めは自己処理しません。よほど目立つ汚れが付いてしまった場合には、プロにまかせましょう。	どうしても落ちない汚れがあれば、プロに相談してみましょう。	鼻緒がゆるんできたり、底が削れてきた場合には、専門店に持ち込みます。とくにゴム底が張られた下駄は木の部分まで削れてしまうと修復できないこともあるので気をつけましょう。

着物のお手入れのプロ「悉皆屋《しっかいや》」

「悉皆」は訓読みにすれば「ことごとくみな」となるよう、和装に関する全てのケアをすることです。丸洗い（P157）や洗い張り（P154）、しみ抜き、紋付け、染め替え、仕立て直しなどをまかせられます。その歴史は古く、江戸時代よりあらゆる和装の専門職人を抱え、消費者との仲介的な役割を果たしてきました。初心者は知人からの紹介や口コミで信頼できる店を探しましょう。

着物と帯の基本のたたみ方

しっかりと汗などの湿気をとり除いたら、余計な折りジワがつかないようていねいにたたんで収納しましょう。もともとのたたんだ跡に沿って折っていくと、きれいにたたむことができます。

礼装の紋と加工を保護する 夜《よ》着《ぎ》だたみ

別名「大名だたみ」と呼ばれ、大きくたたむためシワがつきにくいのが特徴です。おもに留袖などの礼装と振袖は、紋や豪華な刺繍などの加工を守るために夜着だたみにします。

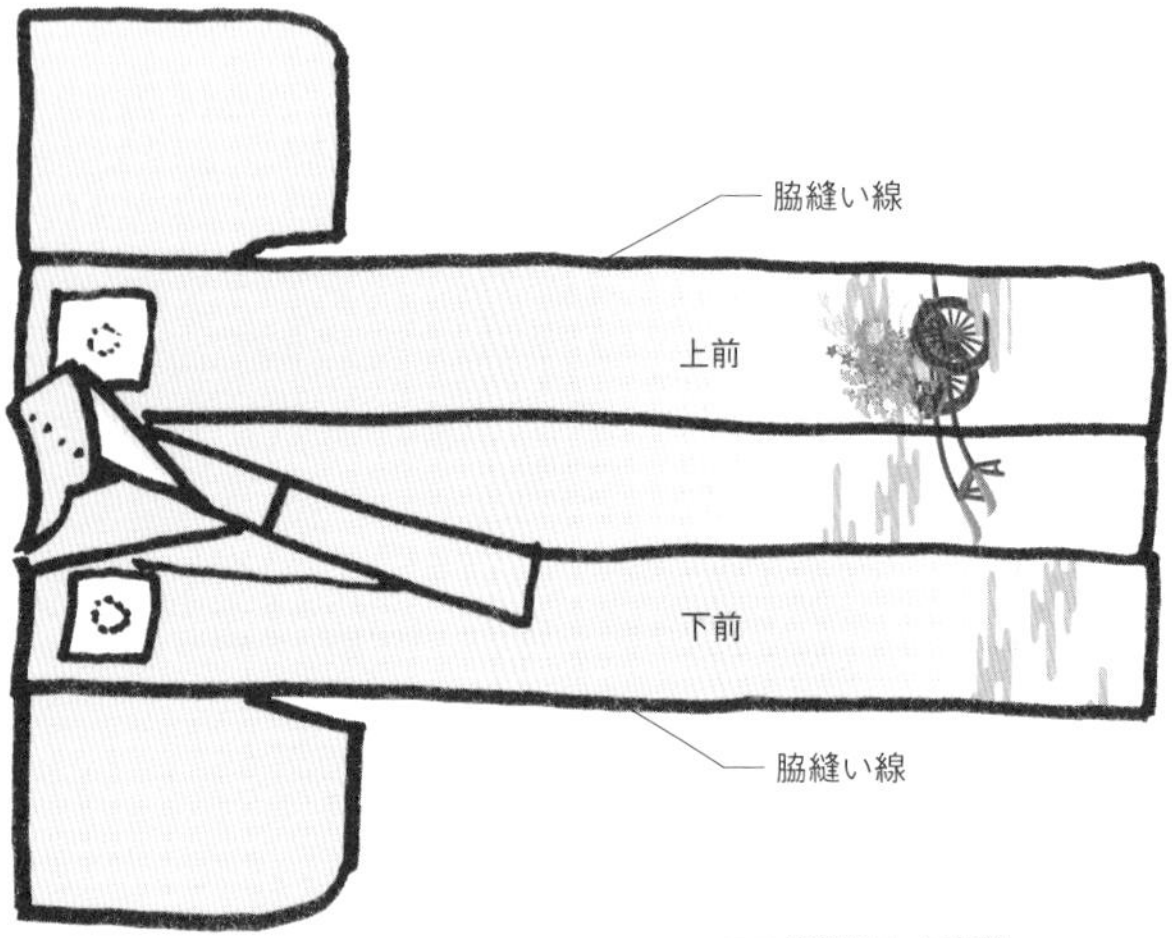

1 形を整える

衿を左側にして着物を広げます。下前の脇縫い線で折って整え、続いて上前も同様に重ねます。衿は縫い目で内側に折ります。紋に白い和紙などをあてて保護します。

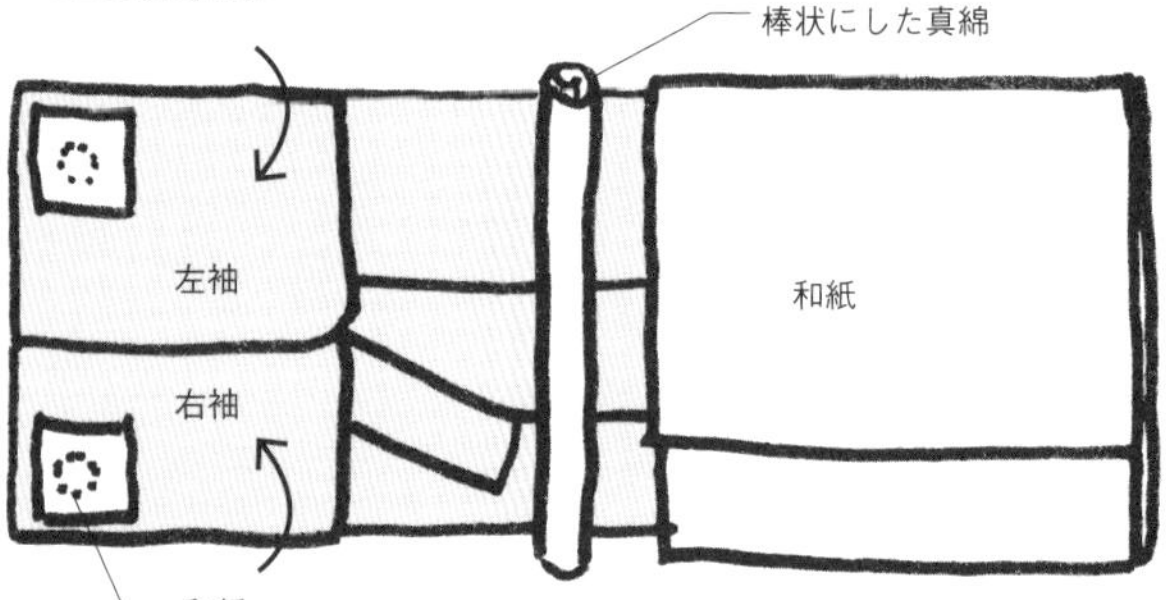

2 袖をたたんで和紙をのせる

両袖は縫い目で折り、右袖・左袖の順にたたみます。すそ回りに刺繍や箔など加工がほどこされている場合は白い和紙などでくるんで保護します。棒状にした真綿をこれから折る部分にあてて折りジワがつくのを防ぎます。

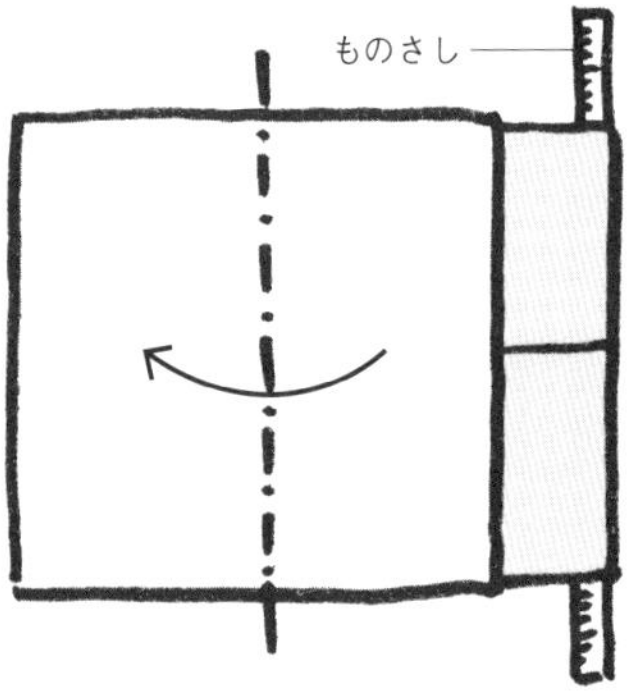

3 長さを折る

2の真綿が折り目にくるようにして、長さを半分に折ります。さらに半分に折りますが、棒を挟んだ部分にものさしなどを固い棒を当てて持ち上げると、これまでたたんだ部分が崩れにくくおすすめです。

4 背紋をカバー

背紋にも和紙をあてて保護します。

もっとも基本のたたみ方

本だたみ

礼装用の着物から浴衣まで、着物の種類を選ばずにたたむことのできる、もっともオーソドックスなたたみ方です。収納場所に合わせて、二つ折りかまたは三つ折りにします。

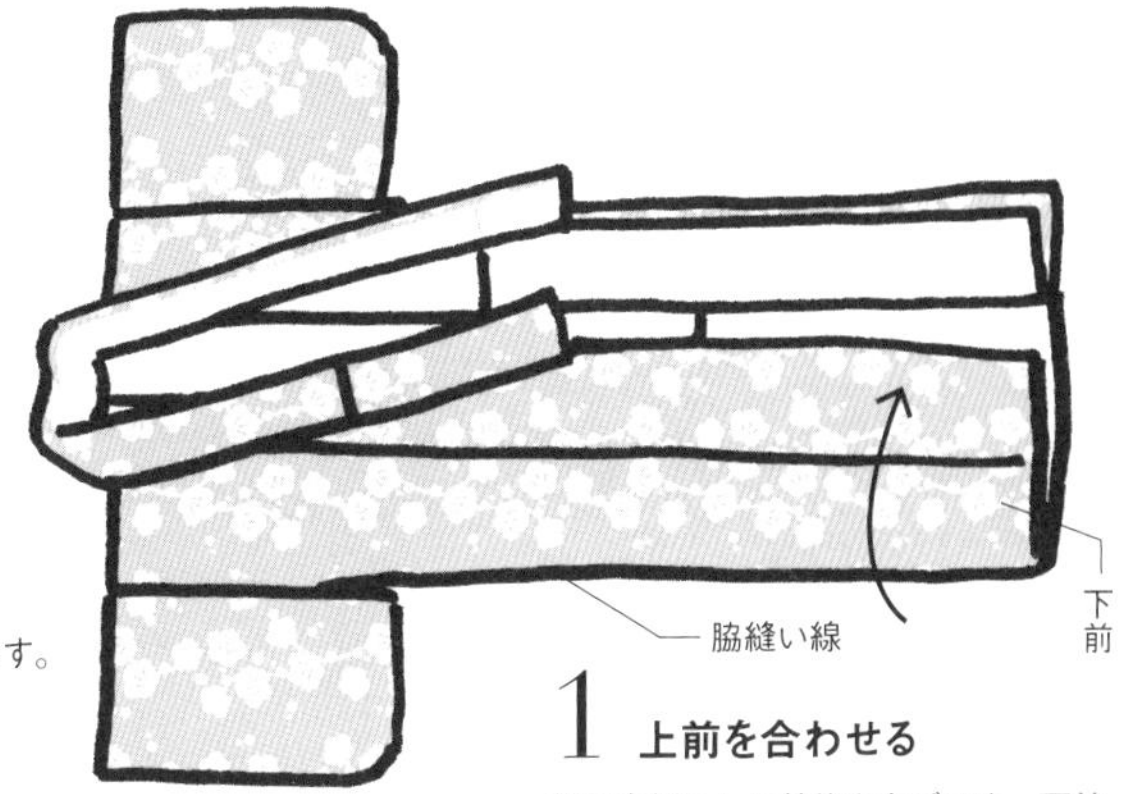

1 上前を合わせる

衿を左側にして着物を広げます。下前の脇縫い線を折ります。

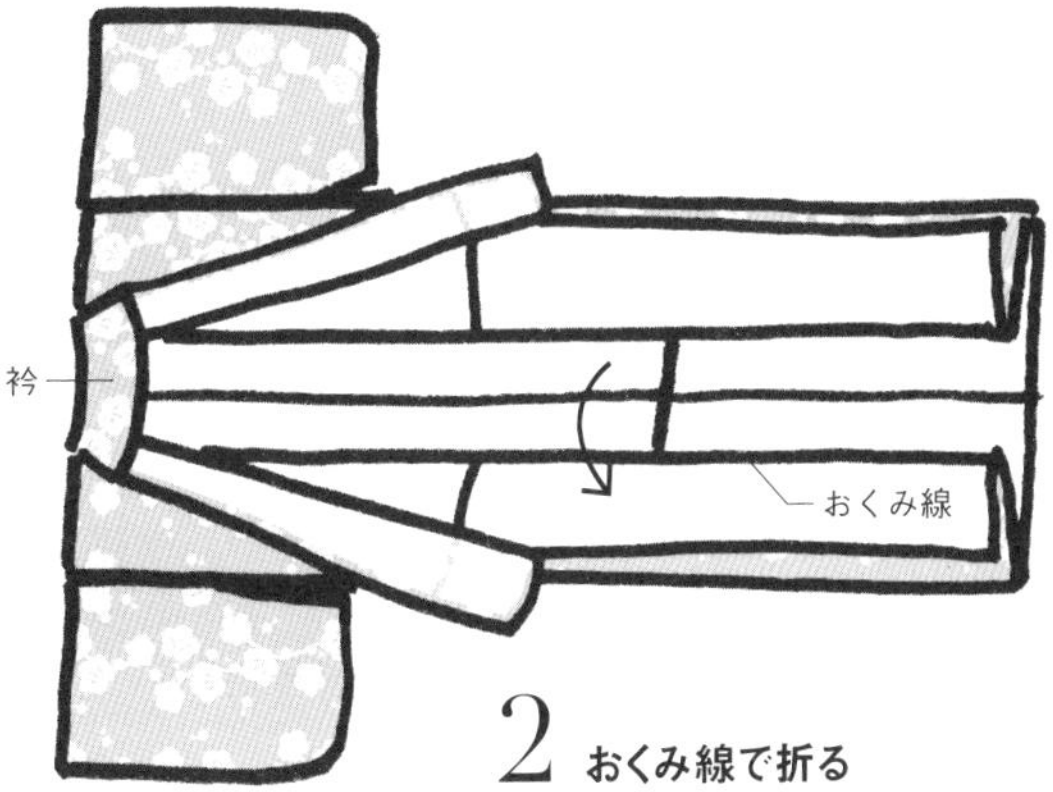

2 おくみ線で折る

下前のおくみをおくみ線から手前に折り、衿を内側に折ります。

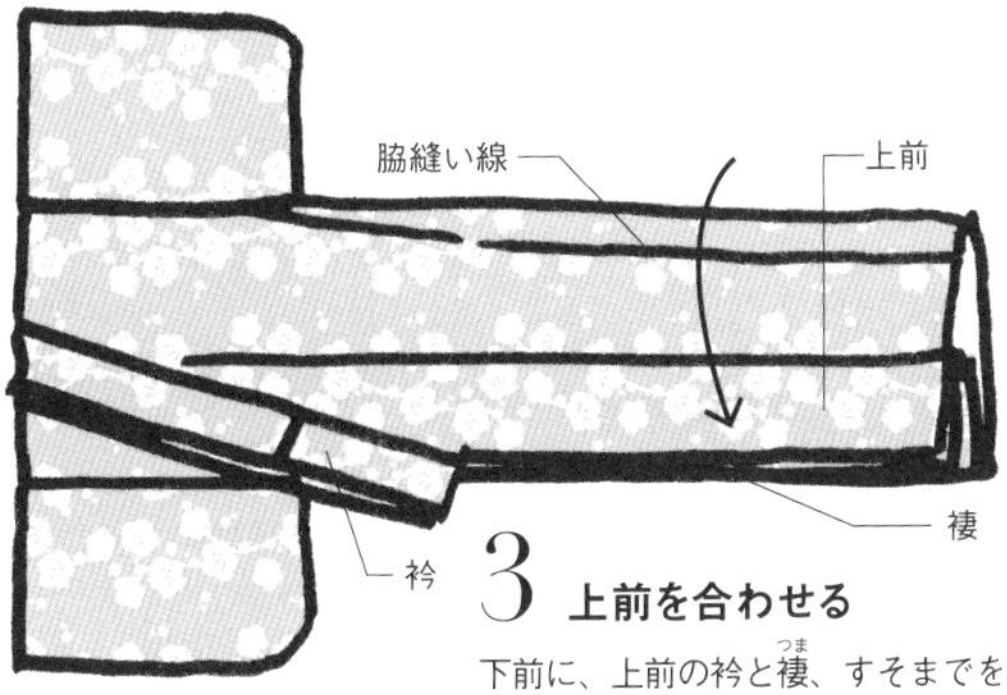

3 上前を合わせる

下前に、上前の衿と褄《つま》、すそまでを重ねます。

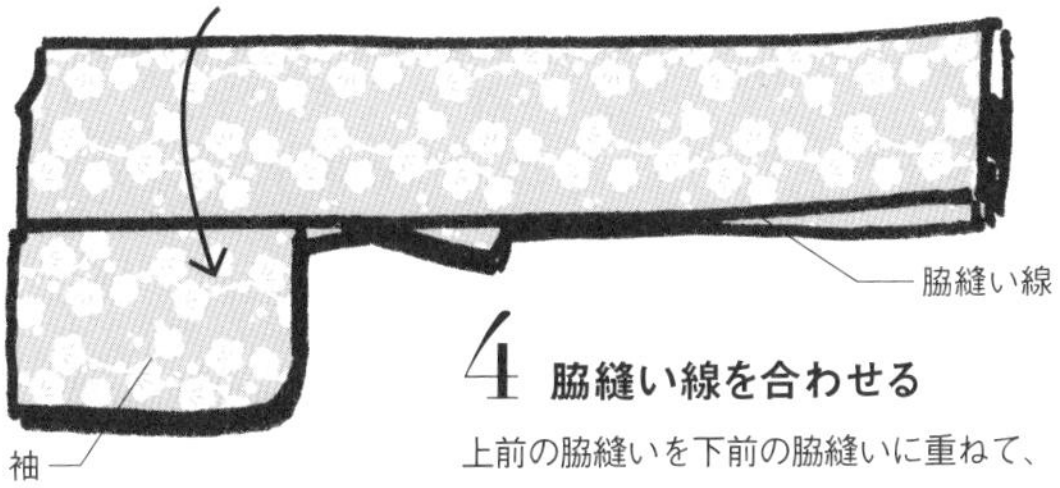

4 脇縫い線を合わせる

上前の脇縫いを下前の脇縫いに重ねて、両袖も重ねます。

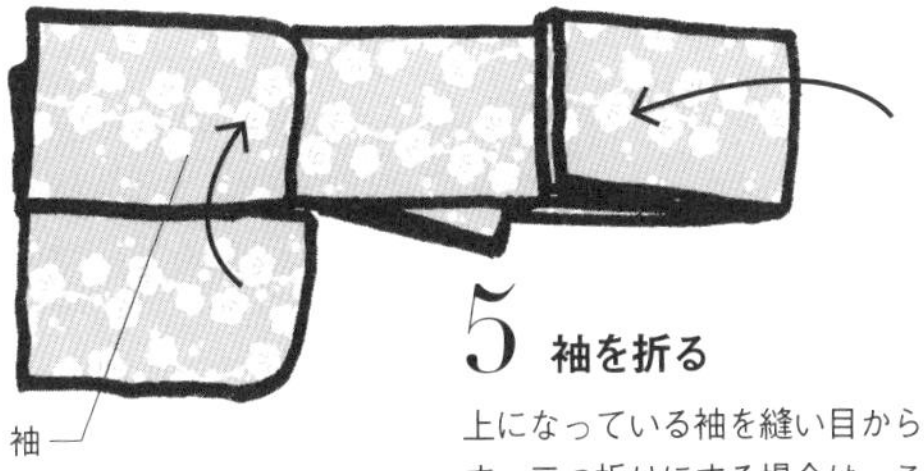

5 袖を折る

上になっている袖を縫い目から折り返します。三つ折りにする場合は、ここですそを一度折ります。

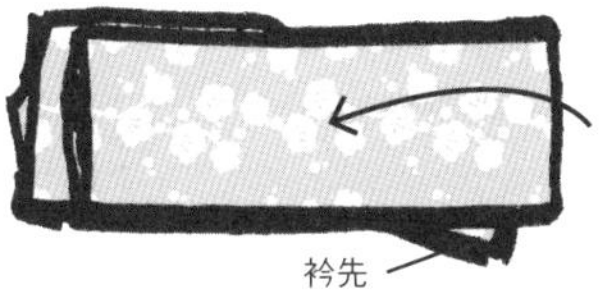

6 長さを折る

衿先にかからない位置で、さらに身頃を折り返します。最後に右袖を反対側に折り返します。

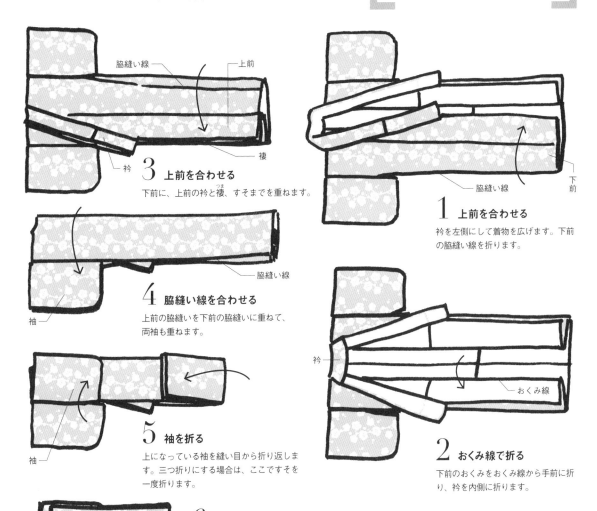

袖口と衿はとくにていねいに

長襦袢

やわらかい素材が多いので、折り目に沿ってたたみ、余計な折りジワがつかないようにしましょう。とくに表に出やすい袖口と衿はていねいにたたみます。肌襦袢も同様にたたみます。

1 形を整える

衿を左側にして着物を広げます。下前の脇縫い線で折って整え、続いて上前も同様に重ねます。

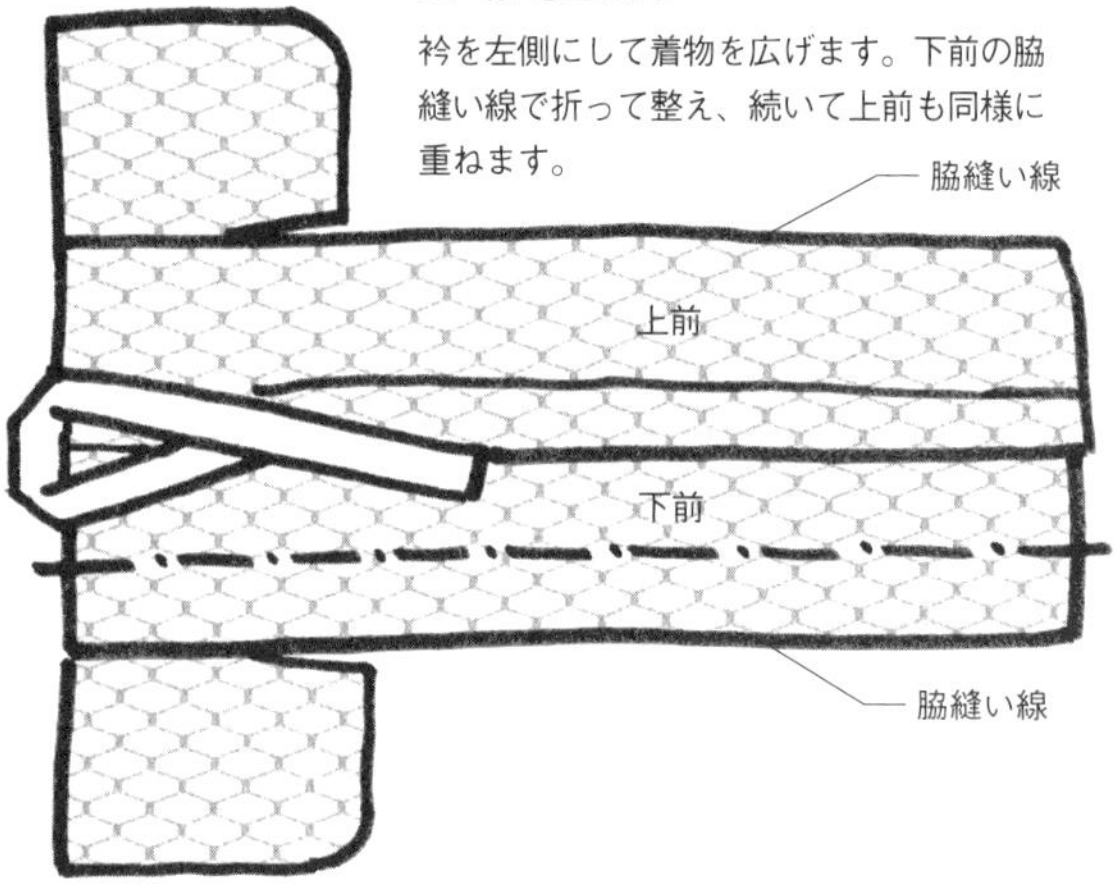

2 下前をたたむ

下前側を1の折り線から折ります。

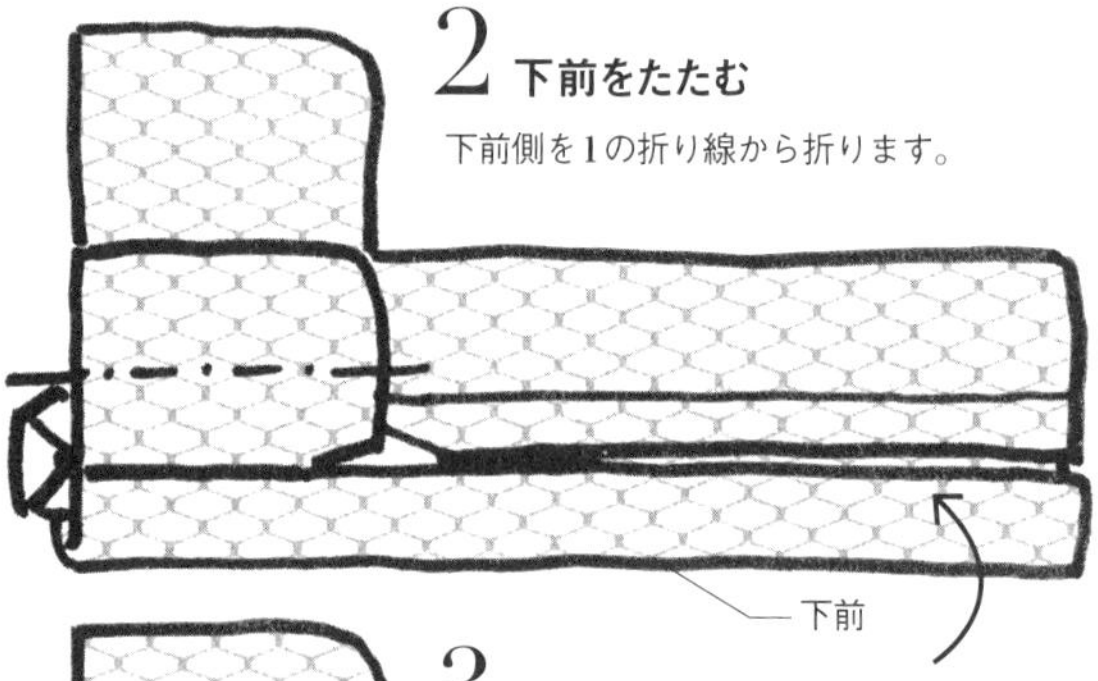

3 袖を折り返す

右袖を外側に折ります。

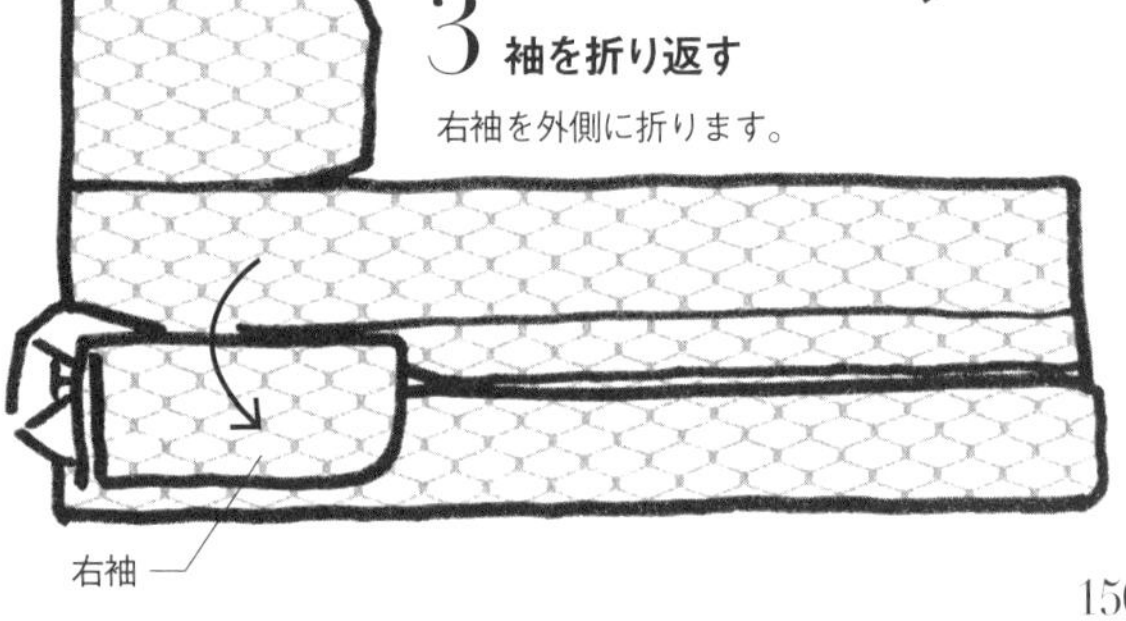

4 上前も同様に折る

上前側も同じように、折り線から折って、左袖を外側に折り返します。

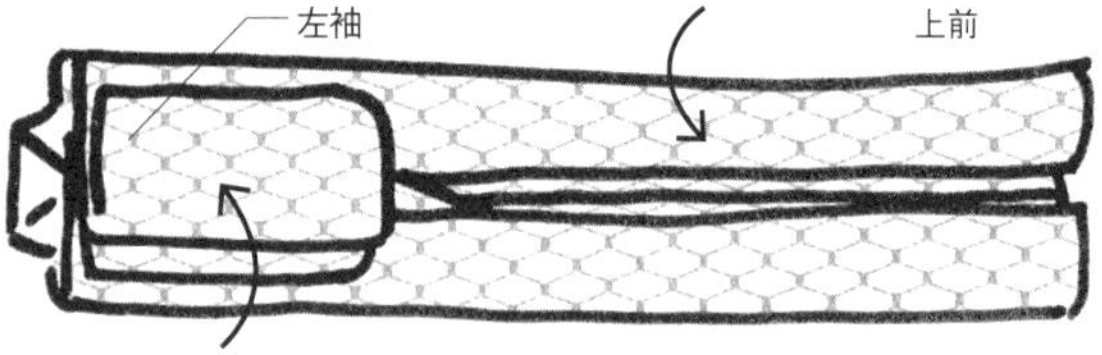

5 長さを折る

長さを半分に折ります。

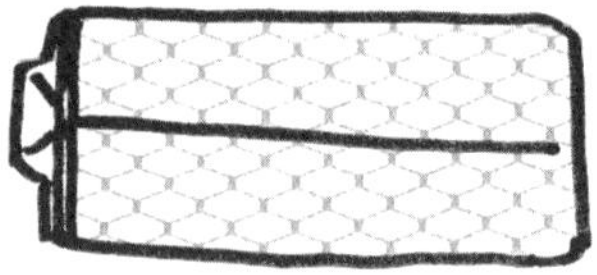

袋帯・半幅帯をたたみ方

次ページで名古屋帯のたたみ方を紹介していますが、礼装用の袋帯の場合は、豪華な刺繍や箔などが傷つかないように薄紙をあてたり、和紙を丸めた棒などを挟んで折り目がつきにくくなるようにします。またお太鼓や前帯になる部分は折らないようにしましょう。半幅帯は折りたたむほか、端から丸めておくと折りジワがつきません。

名古屋仕立てのたたみ方

名古屋帯

名古屋帯は仕立て方によってたたみ方が異なります。ここではもっとも一般的な名古屋仕立ての名古屋帯でたたみ方を解説します。

1 縫い止まりを三角に折る

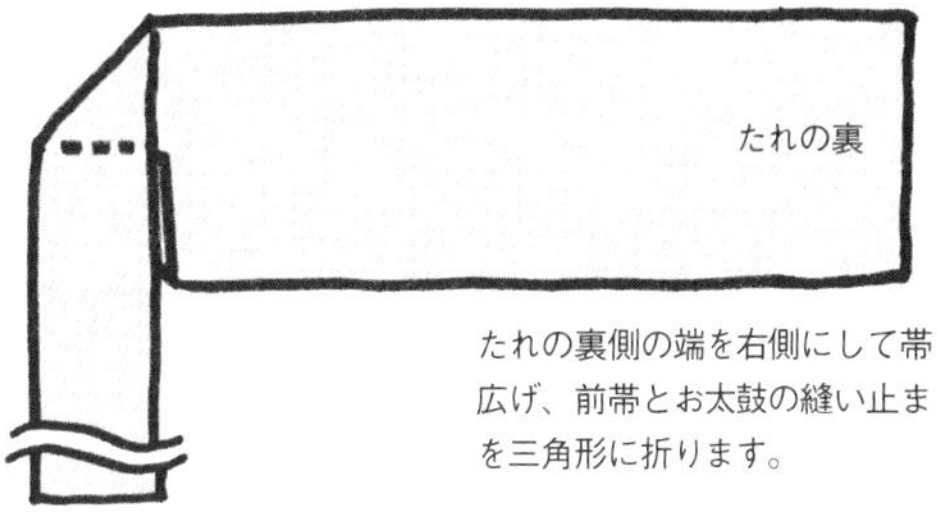

たれの裏側の端を右側にして帯を広げ、前帯とお太鼓の縫い止まりを三角形に折ります。

2 てをたれに重ねる

てを右側に三角に折り、たれに重ねます。

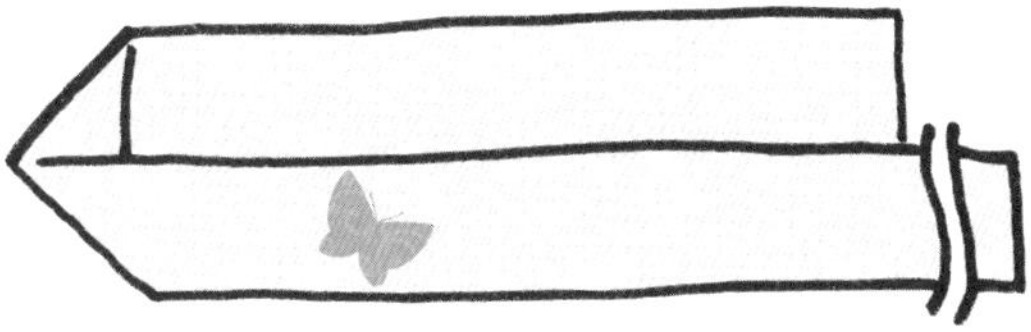

3 たれの長さでてを折る

たれ先まで重ねたら、たれの端に沿って折り返します。

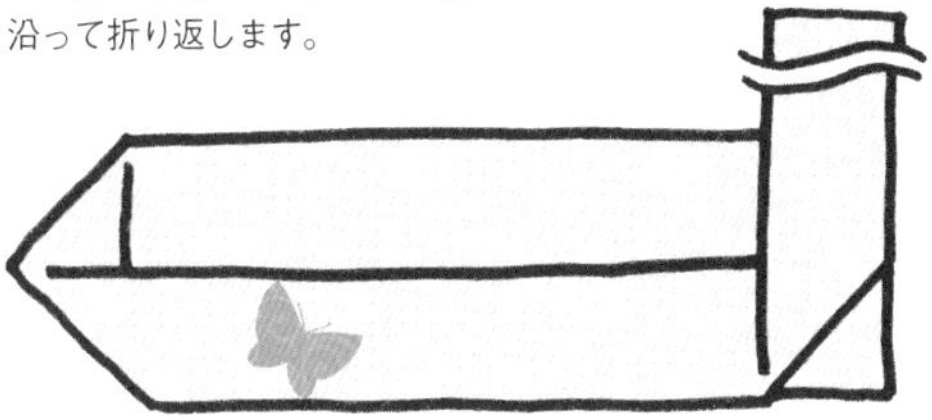

4 てをたれに沿って戻す

てを2と同じように三角形におり、たれに重ねます。

5 余ったてを折り返す

縫い止まりの先端からはみ出したて先は、三角形よりも内側でもう一度折り返します。

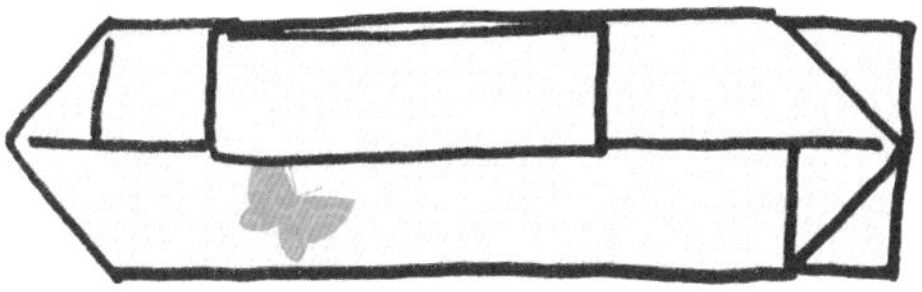

6 縫い止まりを内側に折る

縫い止まりの三角形を内側に折り返し、全体が長方形になるようにします。

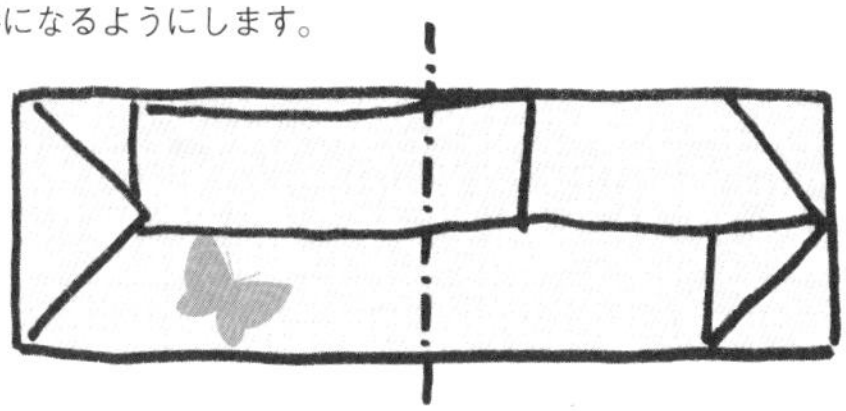

7 全体を二つ折りにする

全体を中央で二つ折りにします。お太鼓の柄がちょうど真ん中に出るようにします。

きれいに保存、見やすく収納

次回また着るときのために、ていねいにたたんでしまいましょう。収納の仕方は、湿気と防虫、シワに気を付ければとくに決まりごとはありません。自分にとっていちばん分かりやすく、見やすい収納方法を見つけてみてください。

美しい状態を保つためにも湿度と虫食い対策は万全に

ハンガーに吊るしたまま保存できる洋服と違い、着物や帯、和装小物は湿気をとり除いたら、たたんで収納します。収納で気をつけるべき点は湿気によるカビと防虫、折りジワの3点です。カビと虫食いは、収納場所を工夫して定期的に虫干しをすることで解消できます。また折りジワはたたむ際にもともと付いている折り目に沿ってていねいにたたむことで、余計な折りジワがつくのを防げます。

収納するときは、どこになにが入っているのかが分かるように、中身の写真を表から見えるところに貼ったり、特徴や名称をたとう紙などの入れ物に書いておくと、次回着るときにわざわざ開いて確認する必要もなく、便利です。

収納・保存の基本

その1 湿気を避ける

着物や帯、和装小物の大敵は湿気です。収納場所にはとくに気をつけましょう。外部の湿度によって膨張したり収縮する桐《きり》箪《だん》笥《す》が理想です。ない場合には、虫除け効果のあるウコン染めの風呂敷に包み、すのこを下に敷いた上に置く方法も。また液体タイプの除湿剤はこぼれる可能性もあるので、必ず着物用の除湿剤を使うようにします。

その2 着ることが虫干し

長期間収納したままではカビや虫食いの原因に。定期的に袖を通して着ることが、虫干し代わりにもなりますが、年に一度は虫干ししましょう。広げられない場合は、湿度の低い晴れの日に、箪笥の引き出しを開け放して風通しをしましょう。

その3 手入れをしてから収納

食べこぼしや汗じみをそのままにしておくとカビの原因になります。脱いだらすぐに汚れなどの点検をして、十分に汗などの湿気をとってからしまうようにしましょう。とくに衿や袖口、すそまわりは気づかないうちに汚れがついてしまうこともあるのでよく確認しましょう。

その4 見やすく収納

たとう紙（P153）に入れて収納する場合は、中を開かなくてもすむように、表から見える場所に、写真や中身の特徴などを書いた紙を貼っておくと便利です。また箪笥に収納する場合も、紬の段、小紋の段など種類ごとに収納する段を分けておくと目的のものを探しやすくなります。

その5 正しくたたむ

着物や長襦袢は元から付いている折り目に沿ってたたみ、余計な折りジワがつかないようにします。わずかな生地のよれも、長い間放置しておくととれにくいシワとして残ることも。次回気持ちよく着るためにも、ていねいにたたみましょう。

各アイテムの収納方法

着物

形崩れと防湿のために、一枚ずつたとう紙に入れて収納したほうがよいでしょう。収納場所は桐製の箪笥や衣装箱のほか、プラスチックケースやつづら、一閑張《いっかんばり》と呼ばれる紙製の衣装箱、エレクターやシェルフでも代用できます。ただし重みで余計なシワがつくこともあるので、底の深いタイプではなく、着物が4枚くらい入る浅めの箱のほうがおすすめです。たとう紙には入れずに重ねて収納する場合は、生地がよれたりしないよう、気をつけましょう。

帯

防湿のために、帯用のたとう紙に入れます。なるべく帯は帯同士で重ねて収納するようにします。着物とたたんだ長さが違ったり、帯のほうが重いなどの理由で、着物に影響してしまう可能性があります。

帯揚げ

長さを四つに折り、さらに三つ折りにして箱に並べると見やすくなります。桐箪笥の小物入れのほか、透明のプラスチックケースを活用しても、外から中身が見やすく便利です。

帯締め

房をそろえて半分に折り、さらに半分に折って浅い箱に並べます。房には房カバーか紙を巻いて保護するとよいでしょう。房がボサボサになってしまった場合には、湯気をあてて伸ばし、紙を巻くと形が整います。

たとう紙の扱い方

防湿性にすぐれ、着物の型崩れを防ぐ役割のあるたとう紙は、着物や帯の収納にかかせないアイテムです。デパートの和装小物のコーナーや呉服店などで購入でき、着物を二つ折りにして入れるサイズと、三つ折りサイズ、帯用があります。収納場所とアイテムに合わせて選びましょう。

呉服店で着物や帯を購入すると、店の名前が入ったたとう紙に入ってくることがほとんどです。そのまま使えばどこで購入した着物かが分かり、お手入れに出すときにも便利です。古くなったたとう紙は紙じみが着物にうつってしまう危険性があるので、新しいたとう紙に買い替えるようにしましょう。また最近は和紙ではなく洋紙を使ったたとう紙も売られています。和紙とは違って洋紙は通気性が悪く湿気がたまりやすいので、あまりおすすめできません。その場合はたとう紙から出して収納するか、和紙のたとう紙に入れ直すようにしましょう。

防虫のコツ

絹やウールなどおもに動物性の繊維を素材とする着物や帯、和装小物には虫が付くことがあります。とくにウールは虫が付きやすく、絹の着物とは別の場所に収納しておくほうが安全です。防虫剤は種類を混ぜず、一種類に決めて半年を目安にとり替えます。変色の危険性があるので、直接着物や帯に触れないようにします。防虫剤のほか、写真のような防虫香もおすすめです。

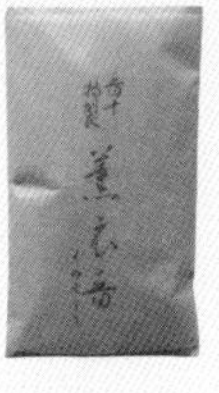

着物や帯などの箪笥に入れて虫除けにする防虫香。呉服店やお香を扱う店などで購入できます。
防虫香／香十

アロマ系のデザインもかわいらしい防虫香。イラストの花の香りが楽しめます。防虫香／ここん．

着物にまつわる用語集

本書の中で登場する着物に関係する用語を集め、解説しています。着物の各部の名称はＰ４～５、着物の種類についてはＰ12～25、帯の種類についてはＰ136を参照してください。

あ

袷　あわせ

裏地をつけて仕立てた着物のこと。一般に一～五月、十～十二月が袷を着る時期とされています。（⇔単衣Ｐ157）

後染め　あとぞめ

糸を布状に織ってから、色を無地や柄などに染めたものを指します。（⇔先染めＰ155）

雨ゴート　あまごーと

↓Ｐ117参照。

洗い張り　あらいはり

仕立てた着物や帯の縫い目をほどき、反物の状態に戻してから洗う方法。水洗いして汚れや糊を落とし、新たに糊を引くことで生地の風合いがよみがえります。洗い終わったら仕立て直します。寸法を広げるときに行うと、折り筋が目立たなくなるという利点もあります。

アンティーク着物　あんてぃーくきもの

第二次世界大戦前に作られた物を指します。戦後の物はおもに「リサイクル着物」として扱われます。

居敷当　いしきあて

単衣《ひとえ》着物、薄物、浴衣など裏地を付けない着物に、補強や透け防止のために付ける裏地のこと。後身頃の腰から下全体に付けます。

色喪服　いろもふく

灰、青、緑、茶、えんじなどの色無地に一つ紋以上を入れ、黒喪帯を締めた弔事の装い。通夜や法要などでの略礼装の装いです。

うそつき袖　うそつきそで

↓Ｐ113参照。

鱗文　うろこもん

鋸歯《きょし》文とも呼ばれ、三角形が並んだ幾何学文様。厄除けとして古くから古墳の壁画や埴輪、衣類などに用いられてきました。

江戸小紋　えどこもん

単色の型染めの柄または染められた布のこと。元は江戸時代に武士の裃《かみしも》に用いられ、家ごとの模様がありましたが、庶民に広まってからは多様な文様が生まれました。

↓Ｐ21参照。

絵羽柄　えばがら

↓Ｐ15参照。

衣紋　えもん

↓Ｐ５参照。

大島紬　おおしまつむぎ

鹿児島県奄美大島と鹿児島市周辺、宮崎県都城市で作られる平織の絹織物。蚊絣《かがすり》と呼ばれる細かい絣柄を用いて、さまざまな模様を表現するのが特徴。奄美大島産を本場奄美大島紬、鹿児島、宮崎産を本場大島紬と呼びます。

小千谷縮　おぢやちぢみ

新潟県小千谷市を中心に織られる麻縮。苧《ちょ》麻《ま》の手積み糸を地機で織ったものは重要無形文化財に指定されています。現在はラミー糸を用いたものが主流で、こちらは伝統的工芸品に指定されています。

帯付き　おびつき

羽織り物を着ないで、着物と帯だけの姿のこと。昔は良家の子女は帯付きでは外出しないとされていました。

か

絣　かすり

模様になる部分を染め分けた「絣糸」で作られる先染めの織物または模様のこと。紬や上布、御召、木綿などに用いられます。

型染め　かたぞめ

型紙を用いた染色技法。色数により、型を複数使用します。

片身替わり　かたみがわり

背縫いを中心に左右で、色や模様の違う別

の布を用いる仕立て。能装束にも多く見られます。

唐織《からおり》
室町時代に中国から伝わった織り技法。綾織地に色緯糸を刺繍のように織り出すため、模様が浮いて見えるのが特徴。

柄付け《がらつけ》
柄の配置のこと。

柄ゆき《がらゆき》
着物や帯の絵柄や模様、その大小や分量、色味などを含めたデザイン、全体の印象のことをいいます。

吉祥文様《きっしょうもんよう》
おめでたく縁起がよいとされる模様の総称。晴れ着や慶事の着物や帯などに多く用いられます。

組ひも《くみひも》
細い絹糸もしくは綿糸の数本の糸束を一定の手順で組んでいったもの。日本伝統の工芸品で、角打ち、平打ち、丸打ちの3種類があります。

黒喪帯《くろもおび》
黒喪服または色喪服に合わせる弔事用の帯。名古屋帯と袋帯があります。

古典柄《こてんがら》
古来より用いられてきた伝統的な模様のこと。ほとんど場合、古典柄には厄除けや祈願などの意味があります。

さ

佐賀錦《さがにしき》
経糸に金銀を使った箔糸を用いるため重厚な輝きが特徴的な織り技法または生地のこと。おもに正礼装用の袋帯、草履やバッグの生地として織られます。

先染め《さきぞめ》
糸を染めてから織った布で、縦のみ、横のみで色を変えれば縞に、縦横で変えれば格子になります。

晒《さらし》
木綿の布を、水にさらして糊を落として天日に干した物や、染めない木綿布を染色せずに裁断・縫製した物の総称。「さらし木綿」などともいい、肌襦袢やすそよけの腰まわりの布に用いられます。

更紗《さらさ》
型染めと手描きがあり、多彩な配色が特徴です。室町時代に南蛮船によって日本に運ばれてきたのが始まりとされています。

三大紬《さんだいつむぎ》
大島紬と結城紬のほか、残りのひとつは上田紬、牛首紬、塩沢紬と諸説あります。

三分ひも《さんぶひも》
幅約9㎜の平組のひも。和装としては、帯留めを通して使います。さらに細い二分ひも（P158）もあります。

塩沢紬《しおざわつむぎ》
新潟県旧塩沢地方で織られる絹織物。さらりとシャリ感のある手触りと、細かな亀甲や十字絣模様が特徴です。

塩瀬《しおぜ》
厚地でツルリとした風合いの絹織物。半衿のほか、帯地としても多く使われます。

悉皆《しっかい》
→P147参照。

絞り染め《しぼりぞめ》
白く残したい生地の部分を防染することで模様を表現する染め技法。糸で括ったり板で挟むなど、防染にはさまざまな方法があります。

地紋《じもん》
糸や織り方の組織の変化によって布全体に織り出された模様のこと。おもに白生地に用いられます。

紗《しゃ》
もじり織りの一種で、メッシュ状になっているのが特徴です。夏の着物や帯、半衿に用いられます。

しゃれ袋帯《しゃれふくろおび》
→P136参照。

正絹《しょうけん》
混じり物のない絹糸、または絹織物のこと。

上布《じょうふ》
苧麻を用いた平織の麻織物。光沢を持つ布で献上布とされてきたことから麻の高級品として上布と呼ばれるようになりました。

末広　すえひろ

祝儀扇のこと。開いた扇子の形状や、次第に末に広がる形をした茶道具を指すことも。漢数字の八はその形から末広がりと呼ばれ、繁栄、繁盛も意味します。

た

宝尽くし文　たからづくしもん

吉祥文様のひとつ。中国の八方の思想にもとづいて、八つの宝を配した文様。時代や地域によって宝の内容は異なります。

畳表　たたみおもて

畳の材料である、い草を編んだ台を用いた草履または下駄の台を指します。

縮み　ちぢみ

糸に強い撚りをかけて織ることで、表面にシボを出す技法のこと。

縮緬　ちりめん

一越《ひとこし》縮緬や紋縮緬など種類があり、表面に細かいシボがある絹織物。ふっくらとした風合いが特徴です。

紬　つむぎ

繭から紡いだ紬糸で織られる絹織物。生産地によって製法が異なり、風合い、手触りともに多種多様に存在します。

留袖　とめそで

既婚女性が礼装に用いる着物で、袖が（振袖に対して）切られ、上半身に模様が無くすそだけに絵羽柄が入った物。黒留袖、色留袖（P18）があります。

飛び柄　とびがら

各模様が、空間を離して着物全体に散点させた柄付けのこと。おもに小紋に用います。

な

名古屋帯　なごやおび

→P136参照。

生紬　なまつむぎ

特殊な精錬方法により、通常の紬よりもやや茶色味がかった色合いと、独特なシャリ感としっかりとした風合い、光沢感を持つ絹織物です。

錦織　にしきおり

多彩な絹糸を用いて模様を織り出す紋織物の総称。唐織、佐賀錦なども錦織の一種。おもに礼装用の袋帯として用いられます。

西陣織　にしじんおり

もっとも歴史ある産地、京都の西陣地区で織られる先染め織物の総称。綴《つづれ》、錦など12の品種が伝統工芸品に指定されています。

二分ひも　にぶひも

幅約6㎜の平組のひも。現在三分ひも（P155）が主流ですが、戦前のアンティークの帯留めには小さいものが多く、二分ひもでないと入らないものがあります。

は

博多織　はかたおり

福岡市を中心に織られる絹織物で、おもに帯地として用いられます。締めやすく崩れにくく、しなやかな風合いが特徴。

博多献上帯　はかたけんじょうおび

幕府に献上されていたことから、独鈷《とっこ》と華皿の連続文様の間に縞を配した伝統的な柄を博多献上柄と呼びます。その帯が博多献上帯です。

八掛　はっかけ

着物の袖まわりとすその裏に、胴裏と合わせて付ける布地のこと。留袖や訪問着など格の高い礼装には、一般的に着物と同じ布を用います。

八寸帯　はっすんおび

別名袋名古屋帯、かがり名古屋帯、八寸袋帯などとも呼びます。地厚の帯地に芯を入れずに一枚で仕立てた帯です。金銀糸を用いた綴帯以外は基本的にはカジュアル用になります。

羽二重　はぶたえ

やわらかく軽く光沢のある布で、着物の裏地の最高級品。礼装の着物に用いられます。

半衿　はんえり

→P138参照。

半幅帯　はんはばおび

→P136参照。

単衣 ひとえ

裏地を付けない仕立ての着物で、おもに透けない素材を指し、透ける物は「薄物」として区別します。(⇕袷P154)

比翼仕立て ひよくじたて

着物を二枚重ねて着ているように見せる仕立て方。着物の衿やすそ、袖口、振りに別布を縫い付けます。現在はおもに黒留袖に用います。

平組 ひらぐみ

平たい形の帯締めの組み方の一種。フォーマルに用いる場合が多く、幅広になるほど格が高くなります。

袋帯 ふくろおび

→P136参照。

ま

丸洗い まるあらい

ドライクリーニングのことで、おもに石油系の洗剤で洗います。仕立てを解かずにそのまま洗うため、この名称で呼ばれます。

丸帯 まるおび

現在使われる帯の原型。広幅の生地を折って作るもっとも重い帯で、現在は花嫁衣装や舞妓の衣装で結ばれます。

丸ぐけ まるぐけ

布に綿芯を入れてひも状にすることで、和装では帯締めに用います。太いものは花嫁衣装や振袖に使います。

真綿 まわた

木綿のことではなく、繭を煮て引き伸ばし袋状にしたものを指します。この真綿を少しずつ引き出して手で撚り合わせて紡いだものが紬糸となります。

綿コーマ めんこーま

→P121参照。

モスリン もすりん

綿やウールの薄地の平織物のこと。肌触りがよく軽くて通気性がよいため、おもに襦袢や腰ひもの素材として用いられます。

紋 もん

→P26参照。

紋織 もんおり

ジャカード機を用いて複雑な模様を織り出した織物の総称。紋縮緬、紋羽二重、繻子《しゅす》、唐織などがあり、帯地や着尺などあらゆる和装に用いられます。

や

やわらかもの やわらかもの

染めの着物のこと。留袖や訪問着、色無地、小紋までを指します。

結城紬 ゆうきつむぎ

茨城県と栃木県をまたがる地域を中心に生産される紬。重要無形文化財の本場結城紬は希少価値の高いものとされます。

友禅染め ゆうぜんぞめ

友禅糊を用いて布の上に絵を描くように模様付けする技法です。手描き友禅と型友禅があり、産地ごとに京友禅、東京友禅、加賀友禅などと呼ばれます。

有職文様 ゆうそくもんよう

公家が用いた装束や調度品に描かれた文様の総称。礼装用の帯に多く用いられます。

冠組 ゆるぎぐみ

衣冠装束の冠の緒に用いられたひもの組み方で、平組よりもふっくらしています。女性用の和装では帯締めや羽織ひもなどに用いられます。

楊柳 ようりゅう

表面に細かい凹凸がある織物。

ら

羅 ら

もじり織りの一種。網目状に隙間があり、通気性がよい盛夏用の帯に用いられます。

綸子 りんず

地紋を織り出した絹織物。光沢があり、滑るような風合いが特徴です。

絽 ろ

もじり織りの一種。縞状に隙間が見えるのが特徴で、夏用の生地として、着物、帯、襦袢、半衿、帯揚げなどさまざまに用いられます。縞は横が一般的で、縦のものは「縦絽」と呼ばれます。

着物の疑問解消Q&A

着物のそろえ方から洗い方まで、和装に関するよくある質問例に解答しています。着慣れない方はとくに、些細な疑問にもつまずきがちなので、ここで紹介する解決法を参考にして、よりすてきな着物ライフを楽しみましょう。

Q 草履、下駄を履くと足の指が痛くなるのですが、我慢しながら慣れるしかないのでしょうか?

A おもな原因は鼻緒の締め付けによるものです。鼻緒を上方向に引いて伸ばすと痛みが緩和されます。購入時に店で調整してもらうとよいでしょう。また鼻緒がすれて痛いときは、鼻緒の内側にロウを塗るのもおすすめです。

Q 祖母か母のフォーマル着物が家の箪笥《たんす》にありましたが、そのまま着たら変でしょうか?

A サイズと色、柄次第です。とくに礼装はゆきが短すぎるとみすぼらしい印象になるため、短い場合は可能ならお直しをしましょう。次に色と柄です。洋服ほど流行はありませんが、時代を感じさせる色や柄のものはやはり古めかしい印象に。周囲の意見を聞いたり、必要であれば悉皆屋《しっかいや》で色の染め替えをしてもらうのも手です。

Q 寸法を測る場所と、測るときの注意点はありますか?

A 腰まわりとゆき、身長を測ります。お店で測る場合はおまかせで大丈夫ですが、長襦袢を別に仕立ててある場合は、持って行くと安心です。またはゆき、肩幅、袖幅を測っておくとよいでしょう。ネット販売やリサイクル店を利用する場合は、自分のサイズを知っておく必要があります。一人で採寸するのは難しいので、必ず誰かにお願いしましょう。

■寸法の測り方

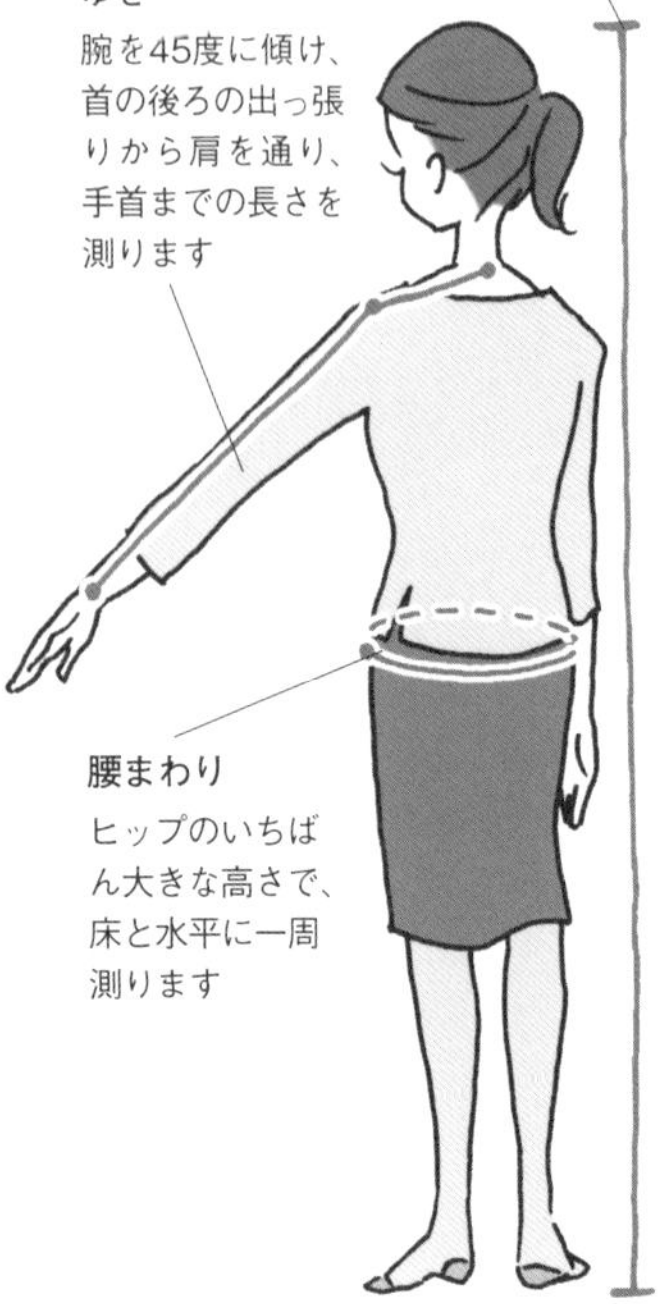

身長
着物の身丈に相当します

ゆき
腕を45度に傾け、首の後ろの出っ張りから肩を通り、手首までの長さを測ります

腰まわり
ヒップのいちばん大きな高さで、床と水平に一周測ります

Q 着物を始めるにあたり、最低どんなワードローブがあればよいのでしょうか?

A 着る目的によって異なります。普段のおしゃれ着として着物を楽しみたいのであれば、無地感覚の紬か小紋に名古屋帯か八寸帯から始めてみましょう。子どもの卒業・入学式や結婚式参列など、フォーマルな装いとして着たい場合には、あっさりとした柄付けの付け下げや色無地に、礼装用の袋帯をそろえておくと着まわしがききます。

Q 自分の家の紋が分かりません。紋付きを作る場合どうすればよいでしょうか?

A 約1万種類はあるといわれる家紋の中でも、よく使われる「五三の桐」や「梅鉢」などを代用することができます。購入先で相談してみましょう。

Q 八掛でおしゃれしてみたいのですが、注意したほうがよいポイントはありますか?

A 紬やカジュアルな柄の小紋までは好みの色や柄の八掛を選べま

す。しかしあらたまった古典柄の小紋や礼装用の着物には、着物と同系色で上品な色合いの単色かぼかしを、また訪問着と留袖は着物と同じ共布を付けるのが一般的です。

Q 江戸小紋の三役は格が高い柄と聞きましたが、カジュアルな装いには向かないのでしょうか？

A 紋付きでなければ、染め名古屋帯や八寸帯を合わせておしゃれ着として着られます。しかし格としては小紋よりも上になるため、色足袋や下駄を合わせた装いは不向きです。

Q 美容院で着付けとヘアをしてもらう際の注意点は？

A 早めに予約を入れ、用意するものを確認します。美容院によって着付けの方法や道具が違いますから、大切なことです。数日前に一式を持って行き、内容を見てもらうのも安心です。半衿付けも確認し、自分で付ける場合には前日までに余裕を持って付けましょう。ヘアスタイルは、着て行く目的を伝えて決めるとよいでしょう。

Q 木綿や麻、化繊の着物、浴衣などは家で洗えると聞きますが、洗い方を教えてください。

A 中性洗剤と洗濯用ネットがあれば洗濯機で洗えます。ネットの大きさに合わせて袖だたみにしてネットに入れます。あとは洗剤を入れてドライまたは手洗いコースで洗うだけ。糊付けする場合は、最後のすすぎで薄めに入れます。脱水後はシワを伸ばしてハンガーにかけ、陰干しします。目立つシワはあて布をしてアイロンで伸ばしましょう。

■着物を洗う準備

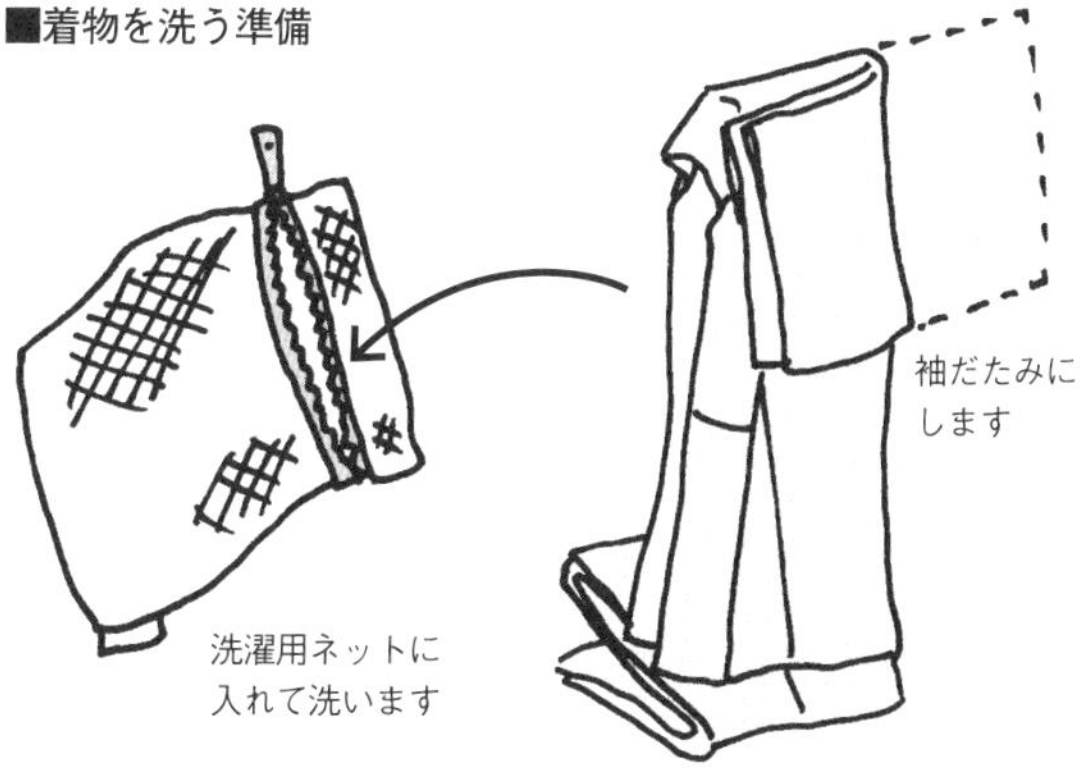

Q 北海道に住んでいますが、桜が咲くのは五月です。桜柄の着物を五月に着てもよいのでしょうか？

A 柄の季節は暦上のことなので、実際に桜が咲いていれば問題ありません。満開の頃には散り桜の柄にするなど、季節を先取るとよいでしょう。

【掲載商品問い合わせ先】

衣裳らくや	東京都中央区日本橋浜町2-5-1 東洋浜町ビル	☎03-5623-9030（代表） ☎03-5623-9032（着付け教室） ☎03-5623-9033（レンタル）	（取扱い：おそらく工房／きものギャラリー凜／竹巧彩／タイシルクハウス／梨園染／小海有希／江紋屋／ワタマサ）

衣裳らくや（最寄り駅：地下鉄人形町駅）

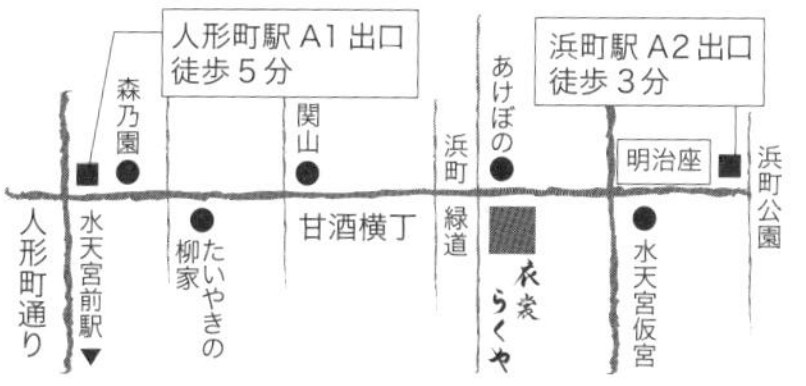

井登美 東京店	東京都中央区東日本橋3-6-2	☎03-3662-2661
唐草屋 東京店	東京都中央区日本橋人形町3-4-6	☎03-3661-3938
かんざし屋の山口	東京都世田谷区玉川台2-31-12 大塚コーポ205	☎03-3700-2625
京扇堂 東京店	東京都中央区日本橋人形町2-4-3	☎03-3669-0046
合同履物	東京都台東区花川戸2-4-15	☎03-3844-2225
ここん．	東京都新宿区神楽坂3-2　林ビル2階	☎03-5228-2602
三勝	東京都中央区日本橋人形町3-4-7	☎03-3661-8859
ふじ屋	東京都台東区浅草2-2-15	☎03-3841-2283
堀井	東京都中央区日本橋久松町5-3 （取扱い：源氏物語／源氏小紋）	☎03-3664-7181

着物ことはじめ事典

美しい着こなし 装う楽しみ

2015年12月20日　初版第1刷　発行

監　修　　　　石田節子（衣裳らくや）
スタイリング　斉藤房江（衣裳らくや）

発行者　滝口直樹

発行所　株式会社マイナビ出版
〒101-0003
東京都千代田区一ツ橋2-6-3 一ツ橋ビル2F
TEL：0480-38-6872（注文専用ダイヤル）
03-3556-2731（販売部）
03-3556-2736（編集部）
E-mail：pc-books@mynavi.jp
URL：http://book.mynavi.jp

※本書で紹介している着物および小物類は、クレジット掲載しているもの以外は全て監修者私物です。
※本書は、2012年11月に刊行した『おうちでできる着物の基本 BOOK』を再編集したものです。

定価はカバーに記載しております。

ISBN978-4-8399-5770-4 C2077
Printed in Japan

監修
石田節子
着物スタイリスト　「衣裳らくや」店主

スタイリスト
斉藤房江
着物スタイリスト　着付師

【STAFF】

撮影技術協力
石田節子流着付け教室 講師
甲斐智枝／小谷野スミレ／高橋知子／月崎真澄／長谷川裕子／林妙子／邑口昌子

モデル
髙島摩依（P4,5,11,32〜69）
渡辺由香子（石田節子流着付け教室 講師 P72〜95）
松嶋恵里（スペースクラフト P98〜101）
むらたさき（P98〜101）

ヘアメイク
橋本康子（P4,5,11,32〜69）
橋本奈緒美（P72〜95、P98〜101）

カバーデザイン
津嶋佐代子

本文デザイン
鷹觜麻衣子

撮影
小塚恭子（YK スタジオ）

イラスト
斉藤房江（P15,30,31,45,P148〜151）
岡本典子（P98〜101,P135）

執筆
富士本多美

編集
チャイルドコスモ／山田桂
童夢／白井光子

印刷・製本
株式会社加藤文明社